増補

霊符の呪法

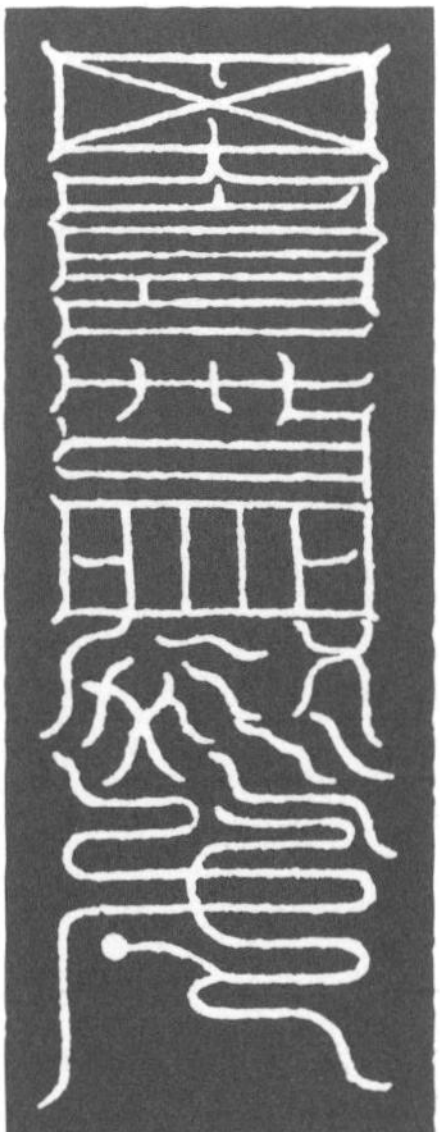

大宮司朗

八幡書店

増補 霊符の呪法

はじめに

これまで洋の東西を問わず、人間の力をはるかに超えた摩訶不思議な力を活用する手段として、さまざまな霊符（符籙、神符、御符、呪符、護符、おふだ、タリズマンなどとも呼ばれる）が用いられてきた。その中でも最も数多くの霊符を伝えてきたのは、やはり中国の伝統的な宗教である道教だろう。道教で使用される霊符はどれもこれも、一見、奇妙な文字や図形が描かれた不可解なもののように見える。しかし、それらの文字や図形には、すべて深遠な意味が存在するのだ。そして、霊符は伝説に名を残す神仙をはじめ、優れた道士たちに用いられてきた。

これらの霊符の効験は実にあらたかで、天災から人災にいたるまであらゆる災いを断つのはもちろん、邪を払い、病魔すら退散させるという。いつまでも若々しく長生きしたいのは、誰しもが願う夢だが、霊符はそれもかなえ、国家の運命すら左右したといわれている。

このように絶大な力をもつとされる霊符だが、単にコピーするだけで、その霊験を発揮するわけではない。人が念を凝らして符を書き上げることによって、天上の神々が人界に降り、その力が符に乗り移って、はじめて霊応あるものとなるのである。したがって、神に念をより強力に伝えるために、多くの場合、呪文もセットになっている。

なお、道士たちの経典ともいえる道書にはさまざまなものがあるが、それぞれに多くの霊符とその使用法が、具体的に紹介されている。くわしくは本文で述べるが、一例として簡単にあげてみよう。

たとえば、邪を祓う(はら)ためのもの、山に入って修業する際に身につけて災いを避けるもの、体内に宿るといわれる神々に不老長生の体をつくってもらうもの、天に輝く星の神々の力を借りて物事をなしとげるもの、人生全般に用いることができるオールマイティ的なもの、などなど。実際、霊符はどんな状況においても、それにふさわしいものが存在する、といっても過言ではない。

これほどの効験があるとされるだけに、現在でも台湾、香港、東南アジアに住む中国出身者たちの間では、霊符に対する信仰は根強い。巷では各種の霊符はもちろん、多くの霊符を集載した書物などが売買され、道観(どうかん)(道教寺院)に行けば、道士が希望者に霊符を書いてくれる。台湾などでは、祖先の霊を祭る場所である廟(びょう)にも、印刷されたものとはいえ、霊符が必ず置かれている。これは、誰でも自由に持ち帰って、使用してもいいものである。

現在、共産主義体制下にある中国では「迷信撲滅」をスローガンとするだけあって、宗教の一種である道教はおおっぴらな存在ではない。そのため、道観はあっても霊符は出せない。しかし人々はそのかわりに、毛沢東の肖像が描かれたカードを交通安全のお守りに使ったりしている。

だが、道教の霊符がこれほど人気が高いにもかかわらず、実はその学問的な研究は、それほど進んでいない。中国の道観や仏寺の発行する霊符を最初に研究した人物は、皮肉なことに中国人ではなくオランダ人学者デ・ホロートであった。デ・ホロートは、その著書『中国宗教制度』の中でおふだの解説に若干のページを割（さ）いている。しかし、本格的な研究は、フランス人宣教師アンリ・ドレー（一八五九～一九三一年）の『中国迷信研究』に始まるといっていいだろう。この本の内容のほとんどが、霊符の研究で占められているのである。

しかし、その後の研究はさほど進んでいるとはいえない。それはひとえに、霊符そのものが、信仰の対象として神聖視されてきたからだ。さらにそのために、本当に効験あらたかな霊符は、裏市場などで高値で取り引きされるようになった。したがって本物はなかなか表に現れず、研究者たちの手にもほとんど渡っていないともいわれる。昨今、台湾などで売られている市販の霊符集などには、実は本物と微妙に異なるインチキ商品も少なくないという。

本書は、読者が自らの手で霊符を作成する一助となるよう、道教に伝わる数多い霊符の中から、すでに明らかな効験が認められたとされるものを厳選して収録した。

霊符を扱った本は、これまでも決して少なくないが、それらはただ単に霊符を羅列し、効能を述べるだけにとどまっている。その霊符の由来や書写の際の心構え、作法にまで踏みいったものは、皆無に近い。有名な『陰隲録（いんしつろく）』*に「符法（ふほう）を知らざれば、ただ鬼神の笑うところとなるのみ」という一節がある。これは、正しい作法を知らずにつくったのでは、神々の力が符に乗り移るどころか、逆に侮（あなど）られるという意味である。これらの霊符本はまさしくこの一節のとおりで、結果として「仏つくって魂入れず」となり、たまたま由緒正しい霊符が収録されていたとしても、本来の効験を発揮させることはきわめて難しい。

「敵を知り己を知らば、百戦危うからず」という格言があるが、どんなものであれ、その特性などをよく知って扱うのと、知らずに扱うのとでは、扱いの結果に大きな差が出る。ましてや霊符といえば、文字どおり霊的なものである。扱う者の霊符に対する思いが、少なからずその効験に反映されるのは、ごく当然のことだろう。たとえば、自分の用いようとする霊符にどんな由来があり、どんな特性をもつかも知らず、ただでたらめな点や線からなる単なる図形としか見ない者が書いた符と、その由縁を知ったうえで、神聖な図形として敬虔な気持ちで書写した符では、それだけでも効験に大きな違いが出るにちがいない。

したがって本書には、読者にあらかじめ知っておいていただきたい霊符の起源や歴史、祖となった神仙たち、その不可思議な特質についても、可能な限りくわしく述べた。加えて霊符の書写法や使用法についても、類書に見られないほど詳細に記してある。

また、かつて著者のもとに数多く寄せられた霊符に関する質問の中から、初心者がとまどいがちなものを取り出し、それに答える「Q&A編」も収録した。

もともと霊符というものは、道術をきわめた道士が書写し、用いてこそ最大の効験が得られるものである。とはいえ、霊符を正しく理解し、その真髄に迫る努力を怠らない人々に限っては、ふさわしい霊験が得られることもまた確かなはずだ。読者の方々が本書を通じて、霊符に対する何らかの信念をもち、正しい書写法を用いて符をつくれば、その熱意に応じた効験を、必ずや得られるのではないか。

霊符を用いる状況は、人の世にはそれこそ数限りなく存在する。読者の方々が、本書を道しるべに霊符をおおいに活用され、よりよい人生を送られることを願う。

【はじめに　注】

*……明の袁了凡が著した勧善の書。陰隲とは、『書経』に見られる「これ天は下民を陰隲す」にもとづくもので、天が人間の行為をひそかに観察し、それに応じた禍福を与えるという意味。

増補 霊符の呪法

目次

はじめに……2

第一章 霊符……その歴史と伝説……11

道教の霊符とは何か……12
「五岳真形図」に見る霊符の起源……16
霊符の歴史と変遷……21
霊符と籙や印のかかわり……29
霊符の祖とされる神と人……33
霊符を題材にした物語……46

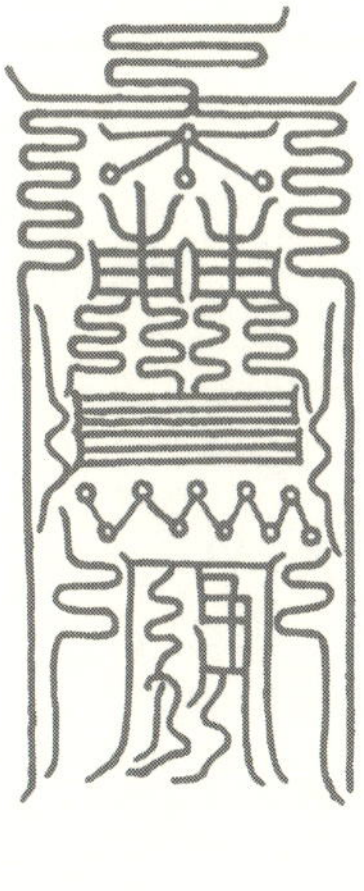

第二章　霊符の種類と解読法……61

霊符にはどんなものがあるのか？……62
図字で判断する霊符の効験……65
霊符に用いられる書体……68
霊符はどう読み解けばいいのか？……75
道教以外の霊符について……80

第三章　霊符の書写法と使用法……87

霊符を書写する前の注意点……88
霊符書写は吉日を選ぶ……90
霊符を書写する際の心がまえ……91

霊符の書写に必要なもの……100
霊符の筆順を知っておく……104
実際に霊符を書写する……107
霊符書写の略式作法……115
七種に大別される霊符の用い方……118

霊符に関するQ&A……129

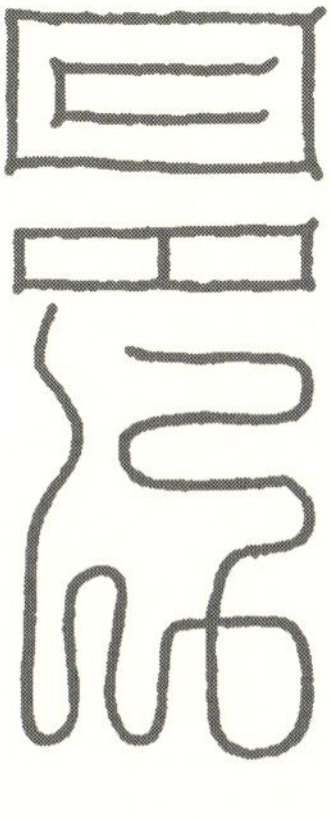

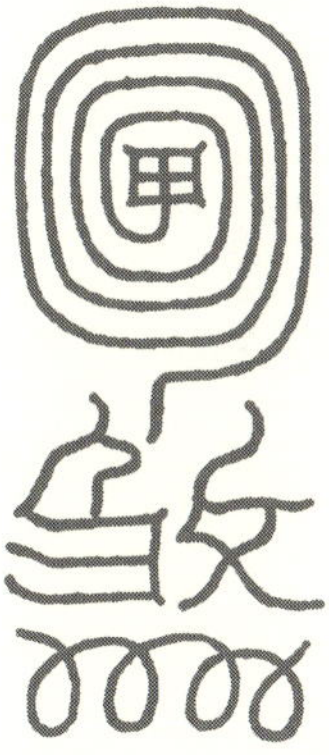

厳選・霊符カタログ……147
太上秘法鎮宅霊符…148　霊宝三部八景真玉符…167　武帝應用霊符…174　天罡正三十六霊符…190
二十八宿曜霊符…200　正対化霊天真坤元十二支霊符…208　除三尸九蟲符…215　北斗七星霊符…218
長生不老丹符…221　四季消災降福符…222　老君入山佩帯符…224　五岳真形図…228
錦嚢五斗符…234　五帝治病符…236　張天師符…238　神通符…240　除災鎮宅符…242
元覧人鳥山形図…244　酆都山真形図…245　禁壓夢魔符…246　制鬼符…247　集万神符…247
訴訟必勝符…248　正気鎮心符…248　六丁予知符…249　六甲予知符…249　解穢符…250
開運符…250　病気平癒の霊符…251　息災の霊符…258　招福の霊符…267　破邪の霊符…280
敬愛の霊符…288　秘奥の霊符…292

増補付録 **霊符集纂**……297

あとがき……312

参考文献……314

第一章
霊符……その歴史と伝説

霊符とはいったい何なのか？
また、いつ、どのようにして生まれたのか……？
本章では道教における霊符の起源や歴史、
その祖となった神仙たちについてくわしく見ていきたい。
あわせて霊符を題材にした伝説や物語をも紹介してみる。

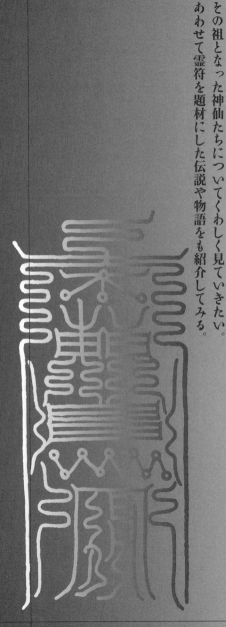

道教の霊符とは何か

霊符といえば、どうしても紙に書かれたものが、真っ先に頭に浮かぶ。しかし、広い意味では、天上の神仙がもつ、何らかの霊的能力が備わっていると信じられている物体なら、何であれ霊符、または霊符と同等の働きをもつ呪物（じゅぶつ）の一種といえる。それは紙のみならず、石であったり、竹や木であったり、縄であったり、特定の魚などであったりもする。たとえば、日本の正月風景でおなじみの門松や注連縄（しめなわ）飾りなども、これら呪物の一種である。神社などで授かる家内安全などのおふだにいたっては、霊符以外の何物でもない。

これらさまざまな霊符や呪物の中で最も長い歴史をもち、民衆の中に深く根づいたものが、道教の霊符なのだ。

中国において、これら道教の霊符は、はるか大昔から用いられてきたといわれる。

くわしくは後述するが、伝説的には中国神話に登場する太上老君（たいじょうろうくん）（老子（ろうし）が神格化された存在）や黄帝（こうてい）が、霊符を使用したとされる。また、後漢（二五～二二〇）の事跡を記した『後漢書（ごかんじょ）』[*1]に登場する仙人・費長房（ひちょうぼう）なども、霊符を使用して奇跡を現したといわれる。

歴史時代に入っては、後漢末期の道士・張角（ちょうかく）の始めた教団・太平道（たいへいどう）が、符水（水に霊符を浮かべたもの）を服用させる医療を行って人々の信頼を得た。ただし、この太平道は一八四年に起こした反乱・黄巾（こうきん）の乱で敗れて以降、急速に衰退することになる。

さらに、同じく後漢末期の五斗米道（後に天師道）でも、始祖の張道陵が霊符を作成している。霊符が一般的なものとなったのは、この張道陵以降といえる。ちなみに五斗米道の語源は、信徒に五斗の米を献納させたことにあるという。

元（一二七一～一三六八）の頃に正一教と改名した天師道は、霊符だけでなく、籙（神々の名を記した一種の名簿。後述）の伝授と、その神々を使いこなす術法を特質として、符籙派の代表となった。

道教の大きな要素となっている方術（神仙の使う術）を集大成し煉丹術[＊2]を唱えた、東晋（二六五～四二〇）初期の道士・葛洪も、その著書であり、道教の経典ともなっている『抱朴子』に「太上老君入山符」など数十にのぼる霊符の名称を載せ、その効用を述べている。

また、道教の教団としては、呪術的な要素が比較的少なく瞑想を主とした上清派や、仙丹づくりと誦経を主とする霊宝派でも、霊符は用いられている。

さらに、金（一一一五～一二三四）の時代、符籙を中心とする儀礼至上主義に対抗するものとして、禅の影響によって生まれた王重陽に始まる丹鼎派の全真教でさえも、後には霊符が用いられるようになっている。

では、いったい道教における霊符とは、どのようなものなのか？

それは道士によって書写される特殊な図形であり、一般的には、紙や絹布の上に篆書、隷書などによる文字、または字に似て字ではない奇妙な屈曲した文様、不可思議な形をした図柄、星や雷の形などが組み合わされて描かれたものだ。

道書によると、霊符は天地開闢（かいびゃく）のとき、太上老君が、東方に発する気の形状や、蛇のようにうねって文字に似た形となった地上の山岳、川の様子などを上空から見て、その姿を霊写したもの（「八会之書（はっかいのしょ）」や「五岳真形図（ごがくしんぎょうず）」などと呼ばれる）にはじまるとされている。つまり「八会之書」や「五岳真形図」が、最古の霊符ということになる。

また、霊符は、三光（さんこう）つまり日、月、星の流動する真気の象（しょう）をとったものという説もある。

葛洪の師匠にあたる鄭君（ていくん）も「符は老君よりいでて、みな天文なり」と語っている。

これはつまり、道教における霊符は、もともと太上老君など古来の神仙が、天地自然のさまざま

八会之書

五岳真形図

な姿を写しとったもので、それが人に授けられたことを示している。そこに宿る玄妙な力も、霊符自体が宇宙の生成化育、変化流転の相をあらわすものだからこそ生まれる。ひとつひとつの符の形には深遠な意味があり、宇宙間に律動する神秘的な力がその形に共鳴を起こして、普通では考えられないような不可思議な力を発揮する。また、それを授けた神仙と人との幽契（ゆうけい）により、霊符をもつ者には、ある種の神霊の加護もあるという。

　要するに霊符に描かれた文字は元来、天界の神々が使用するものだが、それが地上界にもたらされたものであると考えられているのだ。たとえば、天神は空に彩なす雲の形状により、符を蒼空に描き出す。道（タオ）を会得した優れた道士はこれを見て神意を感じとり、布や紙に書きとどめ、世に伝える。あるいは天神が直接、求道する人にそれを授けることもある。

　つまり霊符のはじまりは神秘の天界から漏れ伝わったもので、地上界にもたらされた神の指令であり、同時にそれは天の威力を顕示し、神が求道者に与える神通力の賜物（たまもの）なのだ。霊符は天神の意向を伝える符信（しるし）ということもできる。

　したがって、念を凝らして書き上げた霊符を用いれば、さまざまな神を召喚し、悪鬼を裁き、妖邪を降し、魔神を鎮め、諸病を治癒し、諸災を除くことができるというわけだ。

　その他、多くの道書に霊符についての記述が見られる。

　たとえば、梁（りょう）（五〇二～五五七）の時代の道士・陶弘景（とうこうけい）の著書『真誥（しんこう）』には、神仙の言葉として、霊符は「神霊符書の字」であり、天界の神仙が用いる「明光の章」と記されている。[*3] 道教の経典のひとつである『雲笈七籤』[*4] には「符は、三光の霊文、天真の信なり」[*5] と記されている。三光については前にも述べたが、要するに符とは日・月・星の姿をかたどった文章であり、天の神々の印であるということだ。同じく『雲笈七籤』には、神符とは龍章鳳篆という神界文字で書かれた割符[*6] のようなものであり、その霊妙な効験によって人々に益をもたらし、いくら用いても尽きないと記されている。[*7]

さらに、やはり道教の経典である『太上老君説益算神符妙経』には、太上老君の言葉が紹介されている。それによると、符とは太古の虚無の中から出現し、これが天地を生み出し、今なお道とともにあるという。さらにこれをもつ者は災いが消え、真の道を得、その身は天にある神仙の都に昇ることができるとも記されている。

この他、どの道書を見ても、霊符が「鬼神を招き、真の道を達成し、国を保ち、民を安定させる」ものとして、偉大な力をもつことを強調しないものはない。霊符がいかに道教の秘術中の秘術ととらえられてきたかがわかる。

「五岳真形図」に見る霊符の起源

この項では、霊符の起源を、道教で最も重要視されている「五岳真形図」のひとつ「霊宝混沌五岳真

台湾道教の総本山とされる木柵指南宮。

木柵指南宮・凌霄寶殿の上階内陣。最上位に玉皇上帝が置かれている。

形図」の開巻の序に求めて述べてみたい。まず、それを紹介しておく。

「蓋し聞く、乾坤既に判れて、天に日月星辰を流し、地に山川草木を布く。ここに於て、三天太上大道君、虚空に在りて六合を下観し、斗柄の発動を窺い、これを日月の出没に考え、東西を安竪し、南北を制正し、中央を定め、河海の盤曲を瞻、崑岳を九海の中央に植て、天地の心と為す。四岳を巨海の四隅に設けて鎮護と為し、五帝に舎とし、以て五緯を固めしむ。東天結気文と五岳の形象を画取し、これを五帝に授与し、或いは以てこれを七宝の玄台に秘し、出して霊真之信と為す」

これを、もう少しわかりやすく記すと、こうなる。

――天地が分かれて、天には日月星辰が出現し、地には山川草木が生じた。このとき、三天太上大道君（太上老君の別名）が、虚空から天地四方を見下ろし、北斗の旋回する様子を窺った。そして、それと日月の出没の軌道などをあれこれと照らし合わせ、東・西・南・北・中央を定めた。さらには、河や海の曲がりくねった形勢を観察し、九つの海の中央に崑崙山を樹立して、天地の軸心とした。そして四岳（崑崙を中央として、その四方に位置する東岳、西岳、南岳、北岳）を四方に設けて、世界の鎮護とし、五帝（中岳［崑崙］には黄帝、東岳には青帝、西岳には白帝、南岳には赤帝、北岳には黒帝）の住むところとした。そして天にあって、一切を化有し、万物を形成する五星（五緯）の気を調和させた、というのである。

さらに、霊符の起源と関連して重要なのは、太上老君が「東天結気文」「五岳の形象」を描きとったという部分だ。東天結気文は、東方結気文ともいう。

太上老君が天地四方（六合ともいう）を観察して、北辰太一の霊機を察知した折りに、まず東方の玄気が発動し、自然と気が凝り結んで文をつくった。この結気の文の形象を太上老君が書写したものが、東方結気文である。これは神仙のひとり、東方朔がいうところの所謂「太上之書法（群方飛天八会之霊書法）」の起源となっている。

実は、これこそが霊符における字符の発祥とされているのである。霊符が始元の霊気をもつものとして、十分に気を結んで感応し、神を招くとされ、昔から仙家できわめて重視されてきた理由は、ここにある。

ちなみに『雲笈七籤』に収録された「五岳真形図」にある東方朔の序には、「五岳真形図の首題に記された文字は、神農（中国伝説上の帝王・後述）の代より昔、最初に鳥のつけた足跡から文字が発明される以前のもので、人界の字ではない。そのため、神仙の訳注がついていなければ、決して読むことはできない」とある。[*8]

また、五岳の形象を描きとったことについては、同じく東方朔の序や『漢武内伝』にある神話によると、太上老君は大地に五岳をつくった後、天に翔け上がり、虚空から下を俯瞰した。そして、その神聖な眼に映る五岳の真象の書字に似たものを、自ら書写した。これが「五岳真形図」であり、道教におけるさまざまな神秘的な霊符における図符の発祥とされるものなのだ。なお、この「東方結気文」と「五岳真形図」は五岳の五帝に授けられて、元気の発動と五気の生成化育・変通造化に役立つとされた。またその原図は、太上大道君の幽宮にある七宝の玄台の龍窟（りゅうくつ）に秘蔵され、霊真の徴（しるし）として人に授受することが定められた。霊真とは、「霊威の徳が備わって、神真の位階に至った真人」の意。これは、その位階を許された者に、そのしるしとして「東方結気文」と「五岳真形図」が授受されることを表している。[*9]

　では、こうした授受がなぜ行われるのだろうか？

「五岳真形図」には太上老君が霊書で記した「三皇（さんこう）内文（ないぶん）」という奇文の勅章がしたためられている。それには「三天太上大道君、命有り、天地山川丘陵の神、我が子を護りて害患を慎み、久安を念いて長全ならしめよ」とある。これは、太上老君が「五岳真形図」を受けた者をわが子とし、その徳を長く保つために、天地、山川、丘陵にいる多くの

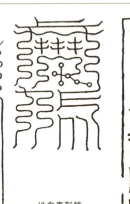

天皇真形符

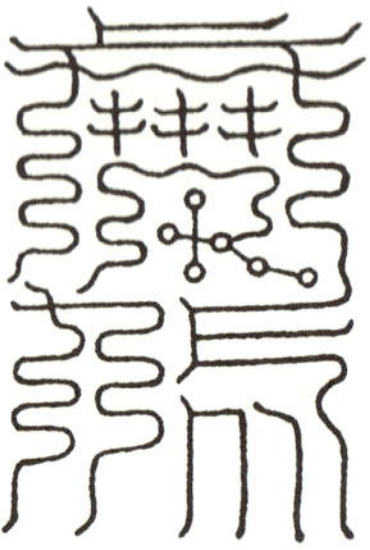

地皇真形符

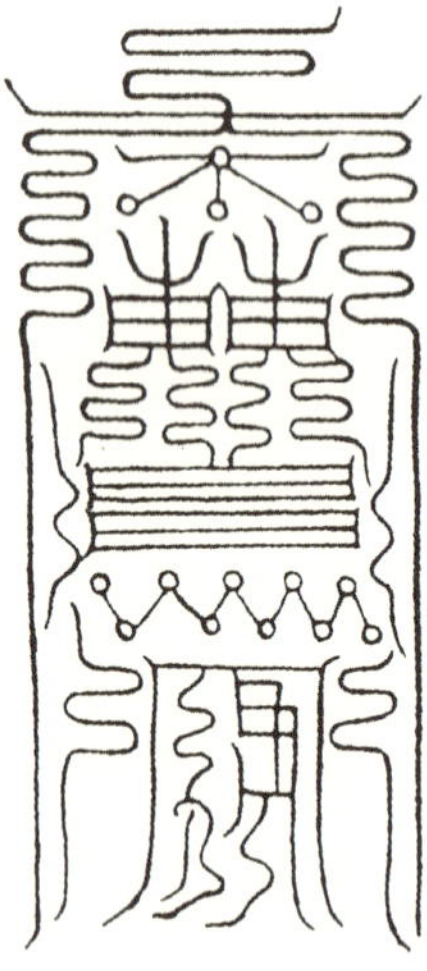

人皇真形符

神々はこの者を守護して、害患に犯されることのないようにせよ、ということだ。

さらにくわしくいえば、真人の位階に到達した者は、災いを除いたり、福を招いたり、自由自在に変化したり、さまざまな神霊を使い、天変地異をも起こすことができる。この者は、すでに神に通じる徳を備え、天地造化の作業を神と分担できる神仙である。

そこで太上老君は「東方結気文」と「五岳真形図」を五帝に与えて元気の発動、五気の変通を助けたのと同様に、わが子のような真人の霊徳を長く養い、霊威を増大させようという配慮で、霊書の中でも最も貴いとされる神物を授けるというのだ。

道教の中核をなす仙道は、「僊道」とも表記されるように、人間から変化して神に遷るための道でもある。真人となった道士は、この神仙道をきわめたのだから、「五岳真形図」と「東方結気文」が与えられることとなったのだ。

他の霊符もやがて同様の趣旨のもとに、これら優れた道士に授受されるようになっていった。

道教における霊符の発生や授受には、このような霊的起源があったのである。

霊符の歴史と変遷

さて、霊符の歴史上の起源は、どのあたりに求められるのだろうか?

多くの研究者たちは、霊符は中国古代の敬天崇地（けいてんすうち）思想に由来するものと考えている。この思想は文字どおり、天を敬い地を崇拝する、つまり自然を尊ぶ考え方である。

古代中国の人々は大空に輝く太陽、月、星を仰ぎ、あるいは峻厳な山岳河川の姿を見、風雨雷電の自然現象に驚き怖れ、いつかそれらを神格化して祭祀するようになった。

道教の起源はこの敬天崇地思想にあり、同時にそれが道教における霊符のもとともなったというのだ。実際、道教の霊符を仔細に見てみると、その複雑な図形の中に、日月星を象徴し、あるいは山岳、大河、風雨、雷電などを意味するものが多く確認できる。

なお、霊符の最も早い文献上の記載は、後漢・霊帝（れいてい）の光和（こうわ）年間（一七八～一八四年）の『三国志』に見られるものだ。ここには、前述の張角が始めた太平道で、霊符を使って病人を治したという記述がある。[*10]

また『後漢書』には、「河南に麹経卿（きくけいけい）という人物がいて符術をよく用い、鬼神を呪い殺し、また使いこなす」とある。[*11]

さらに、同書には前述の費長房にまつわる、次のような逸話も載っている。

かつて、費長房は売薬翁（ばいやくおう）[*12]に師事し、道（タオ）を学んだ。売薬翁はある霊符をつくり、これを使って地上の鬼神の主になるよう費長房に授けた。費長房はこの霊符を用い、さまざまな病を癒し、百鬼をこらしめ、土地の神々を駆使した。

しかし、後にうっかりその霊符をなくしたばかりに、彼に恨みをもっていた多くの鬼に殺されてしまう……。

考古学上では、後漢時代の墓の中から発見された霊符の実物が、現時点で最古のものと目されている。

これは、陝西省戸県の墓から出土した陶瓶に朱書された霊符で、その右に「陽嘉二年八月己巳朔」と書かれている。鎮墓符とされているが、正確な用途は不明である。

また『貞松堂集古遺文』[*13]には鉛券が掲載されているが、それには「元嘉元年十月十一日□□袁孝刻家、如律令」と記され、さらに霊符が付属している。

陽嘉二年とは西暦一三三年、元嘉元年は一五一年にあたる。

また、後漢末期のものと推定される、江蘇省高郵県の墓から出土した木簡にも、「如律令」などの

陝西省戸県の墓から出土した陶瓶に朱書された霊符

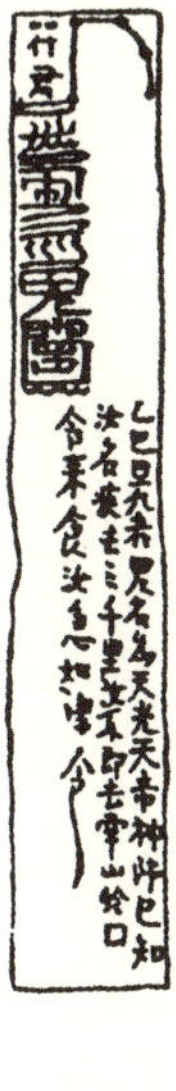

江蘇省高郵県の墓から出土した木簡

語とともに、霊符が記されている。その他、年代は不明だが、多数の霊符が洛陽、定州、高邮などの後漢時代の墓から出土している。ということは、霊符は少なくとも二世紀以前には、存在していたことになる。

おそらく、この後漢時代、発生したばかりの道教教団は、古来の霊符の術を継承した。前述のように、太平道や五斗米道などはこれを受けて符術書をつくり、符を浮かべた符水を飲ませるなどして病人を治し、その効験で組織の創建時に、多くの信徒を集めることに成功している。唐（六一八～九〇七）末期から宋（九六〇～一二七九）初期にかけては、天師道と上清派、霊宝派は、それぞれ龍虎山、茅山、閤皁山を活動の中心としたので、「三山符籙」[*14]と総称され、いずれも多くの符籙を伝承した。

その中でも五斗米道、つまり後の天師道の符籙はとりわけ多い。よく知られたところでは、「太上三五正一盟威宝籙」と呼ばれる三つでワンセットの霊符がある。

この霊符名のうち、「太上」とは最高、最上を意味し、さらに太上老君のことを示す。「三」は天・地・人の三才を指す。「五」は五行（木・火・土・金・水。万物組成の元素）の中央にあって、死んだものを包み込む黄色の土、すなわち地を意味する数で、生死をつかさどり、あらゆる霊を摂取するものの意味。「正」とは偏りなく正しいことを表す。「一」とは唯一、二つとないこと。「盟威」とは六賊（眼の賊である色、耳の賊である声、鼻の賊である香、舌の賊である味、身の賊である触、念の賊である法）を従わせることを意味する。この天師道の霊符は、一定の審査と修練を経さえすれば、老若男女誰でも受けることができた。
なお、天師道に属する家では、七歳から十六歳の子供は道術を学ぶことが義務づけられていた。子供はまず最初に調息法を学ぶ。次に、より上級の行気法を学び、その後に「太上童子一将軍籙」（図参照）と呼ばれる霊符が授けられる。ただしこれは総称であり、男子に授けられる符の「仙官一将軍籙」と女子に授けられる符の「霊官一将軍籙」に分けられる。

この籙を授けられた後で、さらに道を学ぶ子供は、散気童男あるいは童女祭酒と呼ばれ、正一生弟子となる。一将軍籙を受けた者は、北一官部諸神吏功曹力士と呼ばれる鬼神を呼び出し、自分の思うままに使うことができる。この鬼神の神通力は、非常に強いことでも知られている。道教教育と並行して、子供にもこのように霊符を授けてい

太上童子一将軍籙

霊宝五符

くのが、天師道の特徴といえるかもしれない。

霊宝派の符籙も多く、「霊宝五符」*15（図参照）、「老君六甲符」*16、「八景天書籙」*17、「五岳真形図」などがある。

これらの符籙の神通力の強さは、天師道のものと同様によく知られている。「霊宝五符」はさまざまな邪を降伏させ、鬼神を使役する。「老君六甲符」はあらゆる病を治すのに効果があり、長生不老をもたらす。「五岳真形図」を手に入れれば、山河の神が迎送し、保護してくれる。もし家にこの符籙があれば、心に思うことが実現し、家運は隆昌するとされている。

上清派の符籙の多くは、諸派の符を土台として成立したものだ。主に「太上帝君金虎符籙」、「太上神虎符籙」、「太上亀山元籙」（図参照）、「上清霊飛六甲籙」などがある。

これらの符籙は、それぞれ異なった天神を召喚する。そのため、一人の道士は一つだけではなく、何種類かの符籙を受けることも多く、これらの質や数によって道階（道士の位）の上下が定まる。たとえば「太上帝君金虎符籙」を受ければ、六天大鬼辟乾毒王、北帝魔王振拾羅旌、北豊鬼相四天磊這三王の隠名を呼ぶことで神仙を使役することが可能になり、また、多くの弱小霊を駆逐することができる。「太上帝君金虎符籙」は白絹に朱書し、紫色の錦囊に入れて携帯したり、あるいは黄緑の帯に縫い取り

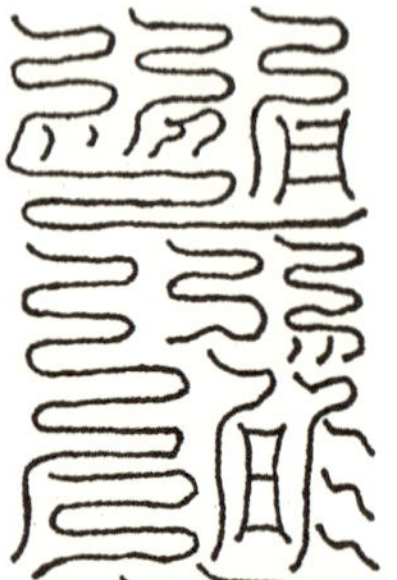

太上亀山元籙

して、腰の右に付ける決まりになっている。これをもつ道士は上清派の第一階位に属する。また「太上三景三奔籙」を受ければ、第三階位に達したことを意味する。これをもつ者が念じれば、即座に五帝およびその后がやってきて助けてくれる。なお「太上三景三奔籙」を受けた者は、三景弟子と呼ばれるが、この三景とは日・月・星のことをいう。

宋の時代以降には、「三山符籙」を基礎として[18]林霊素の神霄派、清微派など、さらに多くの符籙派が出てきた。また、金や元の時代になって、内丹法を重んじる全真教が興り、南方にある符籙を主とする正一教と勢力を二分するようになる。これより明（一三六八～一六四四）、清（一六一六～一九一二）にいたるまで、符籙を重視する正一教と、内丹法を主とする全真教が道教界を支配するようになった。

後には全真教も含む大半の道教諸派で符が用いられ、符図の書き方などもさらに研究が加えられて、筆画はさらに複雑になっていった。これによって神秘的色彩はより強くなり、符を用いる際のそれにふさわしい形式が形成されていった。つまり符籙の発展史と道教の歴史とは、互いに重なり合っているともいえる。

このように、道教は長期間にわたって符籙を世に伝える過程で、符籙道法を整え、多くの符術書をつくりあげた。歴代の道教経典のほとんどは大洞、洞玄、洞神の三洞の道典に収められているが、そこには多くの霊符が収載されている。

一例を挙げれば、道教の祭儀やそれに用いる各種の霊符を記した『道法会元』[19]があり、『太平経』[20]には「開明霊符を服す」「星象符を佩ぶ」などの記述があり、同書に記された符は実に三百種を超える。ちなみに「服す」とか「佩ぶ」は、一種の簡易な儀式であり、「服す」とは受けた符を焼いて水に混ぜて飲み下し、「佩ぶ」とは錦の袋などに密封して身につけるという意味だ。これにより災いも降りかからず、妖魔も侵すことができないとされている。

葛洪の著書『抱朴子』は、「符は、山精、鬼魅、虎狼を避ける」などの作用があるとして、「太上老君入山符」など十三符を例として紹介し、五十数種の霊符と符術書の名を挙げている。そのうちの二種は図に示す通りだ。これらの霊符は、住まいの門戸の上とか部屋の四方四隅、梁や柱の上に置いたり、道の要所に置くといい。山に入ったり、また山林で暮らすようなとき、人はこの霊符によってさまざまな害から身を守ることができるのだ。

その他の道書もまた、多くの符籙を載せている。『陰陽護救千鎮厭経』『上清霊宝大法』などは、いわば符籙の集大成であり、数多くの符籙が収められているだけでなく、異様な形象のものも多い。

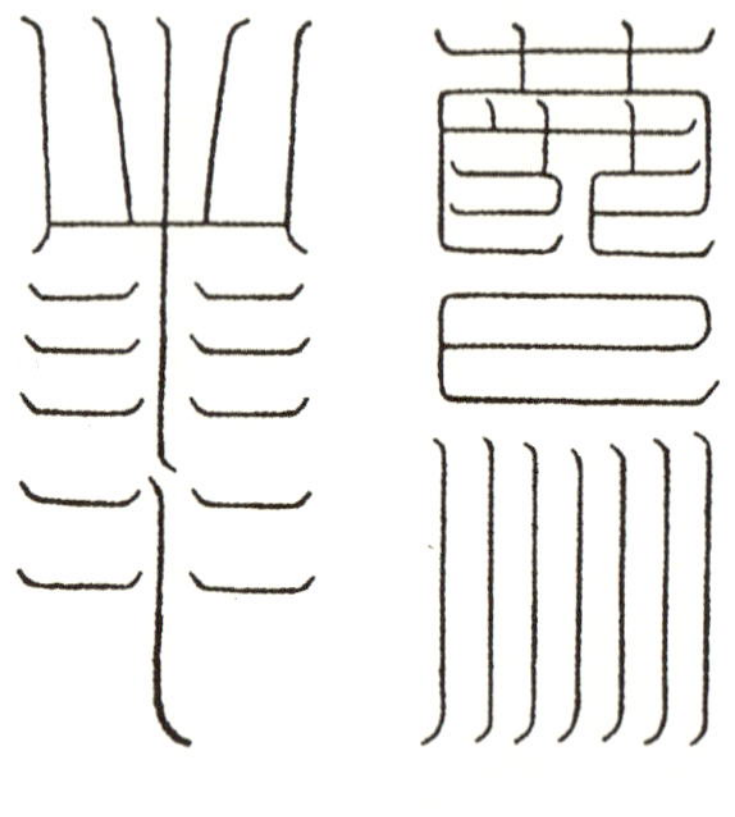

太上老君入山符の例

『抱朴子』によると、老君入山符には三組あり、この二枚はそのうちの第一之組。山などに入る際は、三組のうちどれかひと組を持参する。なお、残りの二組は本書後半の「厳選・霊符カタログ」を参照していただきたい。

霊符と籙や印のかかわり

この項では、「籙」と「印」について紹介する。厳密にいえば、この二つは霊符とは別物なのだが、ともに霊符と同様の霊験をもっている。ただし、内容と作り方は少し異なっている。

まず、「籙」について説明してみよう。

籙とは名簿とか記録のことをいい、「天神の名籙（めいろく）」と「道士の名冊（めいさつ）」の二種に分けられる。「天神の名籙」とは文字どおり天界の神々、十方の神仙の名や諱（いみな）、官属職司（かんぞくしょくし）の冊簿である。これには神々の像や、秘文などが書かれたものもある。道士は必要があればこれを使って天に訴え、神々や仙人を呼び出したり、また派遣することができる。神仙を使って邪妖を祓（はら）い、自分の身を守ることが可能になるのだ。したがって、妖魔や邪鬼などと対決する必要があるときに、これをもつ者は、霊的に有利な立場を保持することができるといえる。

次に「道士の名冊」とは、道士の姓名、道号、師承、道階などを記載したもので、「登真籙（とうしんろく）」とも呼ばれる。通俗的にいえば道籍登記簿だ。これは、そのままでは単なる登記簿にすぎないので、正式に道教儀式を挙行し、霊的に道士の名字を登記する必要がある。いったんその名が道籙に登載されれば、神の助けが得られ、またその加護によって天神の霊力を自らのものとして使用することができる。

このように道士にとって、籙は霊符と同じく神から授かった宝であり、天の神意を顕（あらわ）すものといえる。

そのため、「法籙」とか「宝籙」とも呼ばれている。

なお、籙は一般的には道教教団内部で授けられ、その働きは符とよく似ている。また、霊符が配合されて用いられることが多いために、「符籙」と呼ばれることも少なくない。

籙は、創始期の五斗米道で、すでに霊符とともに用いられている。その後、種類は増加の一途をたどり、魏、晋、南北朝の時代にはさらに発展して、法事儀式などでも頻繁に用いられるようになった。金籙斎、黄籙斎、玉籙斎など、籙の文字がつけられた儀式も多い。*21

このような霊符を伴った籙によって各種の神通力が得られるために、授籙の儀式は荘重で盛大なものとなった。この儀式によって、民衆は道門に引き入れられ、道階を授けられた。そして道士は順次、さらに高い道職の位置に昇階するようになる。道士にとって、授籙の儀式は自分の霊階を定める重要なものだったといえる。

また、道士のみならず、多くの帝王が道教を崇信し、籙を受けている。北魏の太武帝（たいぶてい）、唐の玄宗（げんそう）、宋の徽宗（きそう）などがその例だ。

次に、「印」について説明しよう。

この場合の印とは、密教で行うような指印（印契（いんげい））のことではなく、印鑑などの印と同じように、桃木などに霊符を刻んだもののことである。一般の霊符が筆で書写されるのと違い、印はある特定の日時に、特定の種類の木に、呪文を唱えなどしながら霊符を刻み込む。これを身につけたり、紙や器物、ま

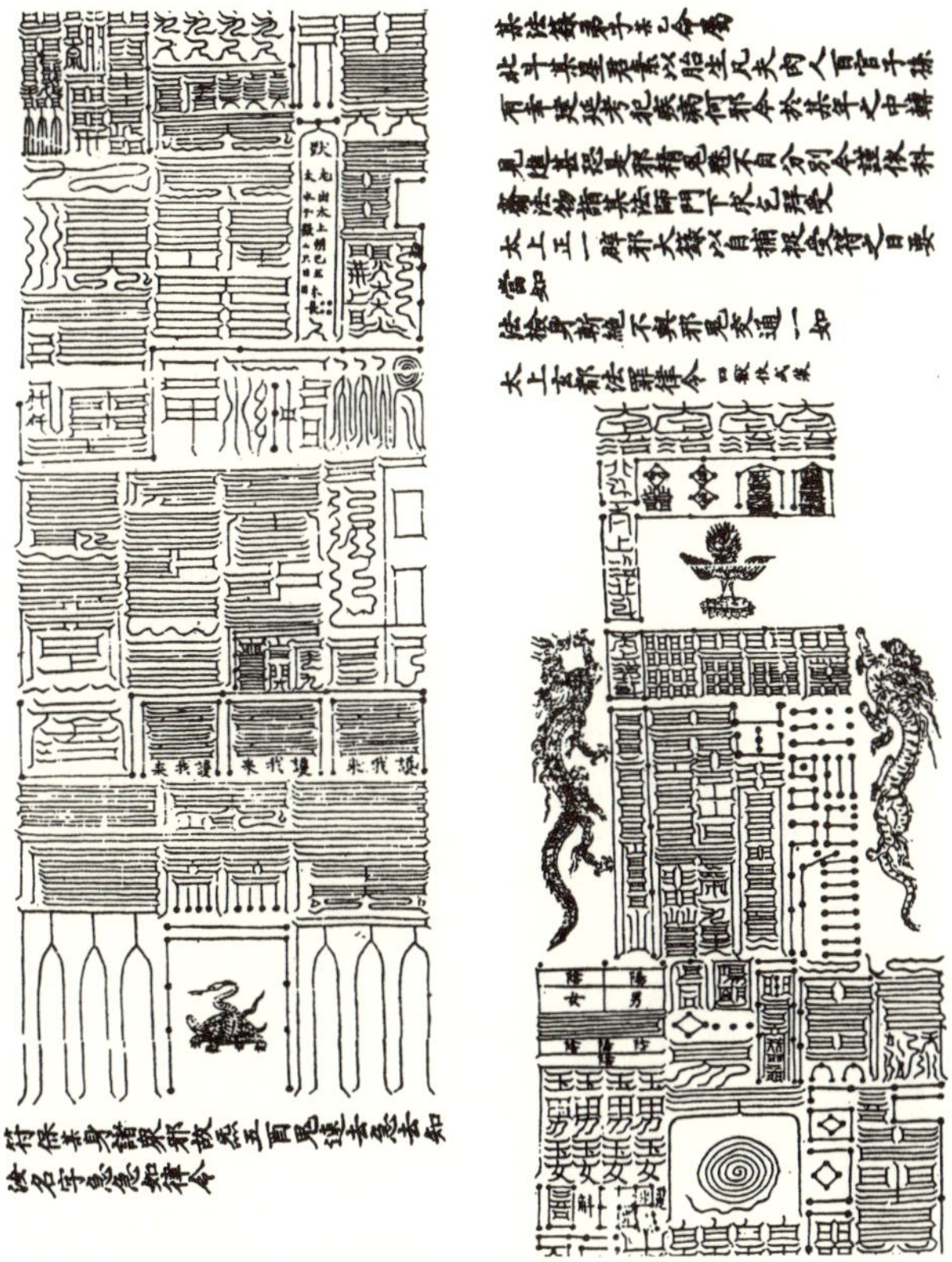

符籙の例。多くの霊符が配合されているのがわかる（実際には右と左の霊符が上下につながっている）。

たは病人などの体に直接押すなどして用いる。同じ種類の霊符をたくさん使用する場合などに、きわめて便利なものだ。漢の時代にすでに用いられていたことは、『後漢書』に「漢の五月五日、五色印をもって門戸の飾りとなす」と書かれていることからも明らかである。

また、『抱朴子』には「抱朴子曰く、この符はこれ老君の載きしところの百鬼および蛇蝮、虎狼の神印なり。棗の心木の方二寸なるものをもってこれを刻み、再拝してこれを帯ぶ。甚だ神効あり」*22とある。これは、百鬼や蛇虎狼などを避けるために、霊符を棗の木に刻んでつくった印を身につけることが記されている。

同じく『抱朴子』には、黄神越章の印のことも記されている。この印の働きは、右とほぼ同じだが、加えて虎の足跡を見たとき、そこにこの印を押せば、虎を去らせたり、呼び戻すことも可能になるとある。その他、次のような故事も記されている。

かつてある池に巨大なスッポンがいた。やがて、スッポンは年をとって妖怪となる。そして、さまざまな怪異を行って人々を困らせていた。ところが、いざつかまえようとすると、池に潜って、いっこうに姿を見せない。そこで、この黄神越章の印を押した泥の塊を数百、池に投げ込んだところ、妖怪がも

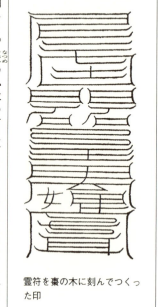

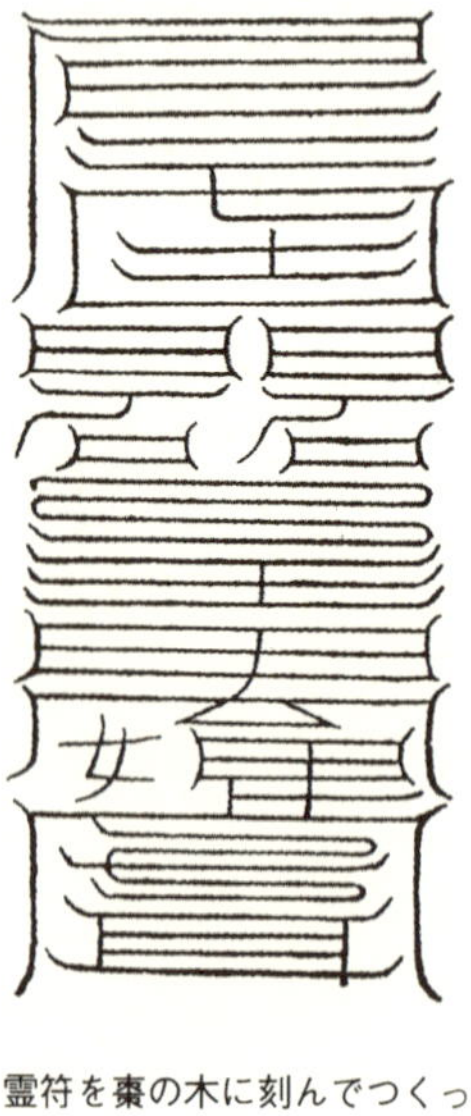

霊符を棗の木に刻んでつくった印

がきながら浮かび上がってきたので、やっと退治することができた。

以上からもわかるように、籙や印は霊符とは微妙に違うのだが、かなり密接な関係があることは確かなので、一般的には分けて考えず、霊符と同様に扱われることが多い。

霊符の祖とされる神と人

道教の霊符はその起源があいまいであり、また道士の属する派によって崇める存在も違うため、神話上ですら、太祖が誰であるかについては一定していない。ただ、玉皇太帝（ぎょっこうたいてい）、三皇（さんこう）、太上老君、張道陵は「道符四祖」としてとりわけ著名なので、まずはそれを紹介する。加えて、伝説上の中国最初の王である黄帝についても述べてみたい。

●玉皇太帝

現在、道教の最高神である玉皇太帝は、天公（てんこう）、玉皇上帝、天帝、玉皇太無元金闕太帝（ぎょっこうたいむげんきんけつたいてい）など、多くの異称をもつだけでなく、あとで述べる太上老君とは不可分の関係があるとされ、また黄帝とも、次のように密接な関わりをもつといわれる。

宋の真宗（しんそう）の時代に、帝室の祖先が天降（あまくだ）るという不思議な事件が起きた。その事件とは、真宗が夢の中で、神仙による「趙氏（真宗の祖先）が降臨するから、唐室が老子を奉じたように祀れ」というお告げを聞くことから始まる。はたして翌晩、寝室に金色の光がさして、神々しい姿をした神が従神を連れ、金色の靄の立ち込める中から出現した。そして真宗を呼び寄せ、乳色の碧玉湯を飲ませたのち、

「自分は最高神・玉皇太帝であり、趙氏の祖先にあたる。昔は軒轅皇帝（黄帝）と呼ばれたこともあった。おまえは初心を忘れず、よく人民を撫育しなければならない」

と告げ、雲に乗っていずこかに去っていったという。これをきっかけとして、真宗は軒轅皇帝を聖祖として昊天玉皇太帝と尊称し、さらに加えて、太上開天執符御歴含真体道玉皇大天帝という聖号を献上した。以後、玉皇太帝は道教の最高神とし

玉皇太帝

天皇

て尊崇され続けている。

　なお現在、玉皇太帝は万神の王として百千億の神々を統率し、世界の修理固成と生類の生成化育をつかさどっているとされ、絶大な信仰を集めている。人々は、他の神々に祈願しても効験がないときは、最後にこの神に祈るのだ。道教の最高神格といえる存在なので、当然、霊符の祖ということになる。ただし至上の神であるためか、符を直接人間に授けることはめったにないともいう。

●三皇（天皇・地皇・人皇）

　三皇とは、通常の中国史では伏羲氏、神農氏、火燧氏を意味しているが、道教では天皇、地皇、人皇のことをいう。

　これらの神々は、原始の元気が化生したとされる聖的存在で、それぞれが天地の開闢以来、三十

地皇

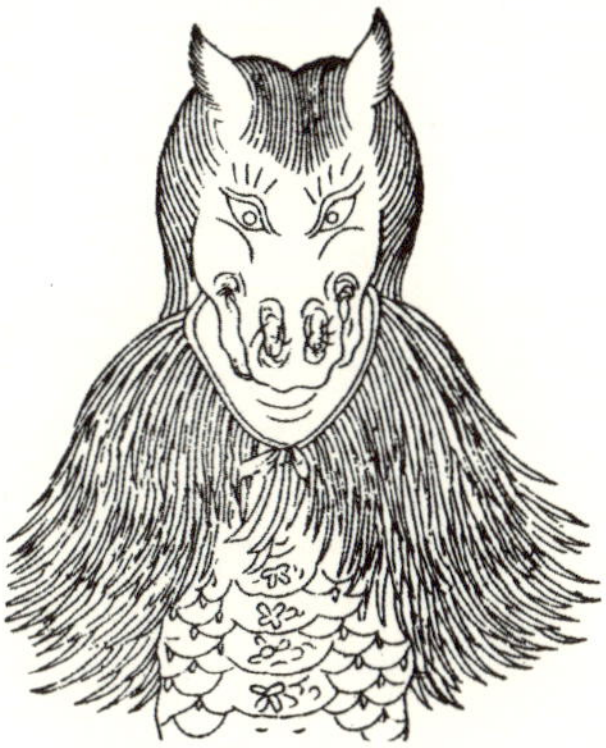

人皇

六万歳の間、天下を治めていたと伝えられる。たとえば『五行大義』には、「天地初めて起こり、即ち天皇を生む」とある。それによれば、三体の神のうち、最も高位の天皇は天界の紫微宮を治める神であり、地皇と人皇はそれを補佐する神なのだという。天皇はまた、宇宙最高の神と考えられていたこともあるようだ。この三皇は、大有の中から出現した「天皇文内字」「地皇内記書文」「人皇文」の三つの霊符、つまり「三皇文」を世に伝えた。

葛洪は、「三皇文」があれば、悪鬼災難から逃れ、神霊を招き駆使することができるとして、「五岳真形図」とともに重視した。このため、三皇を霊符の祖と考える人も多い。

だが、三皇は太上老君からそれぞれ天皇内経、地皇内経、人皇内経を授かったという伝承もある。

●太上老君（老子）

太上老君は、道が形となって現れた存在とされ、『猶龍伝』という書には、老君は無始の時に生まれ、無因で起こり、万道の祖、元気の祖、混沌の祖、天地の父母であると書かれている。また最高神・玉皇太帝のこの世に現れた姿ともされた。

ちなみに、五斗米道（天師道）では守一という静座法が説かれていたが、この「一」とはつまり道のことをいう。「一」は本来天地の外にあって、それが天地の中にも浸透し、また自在に人の体内をも往来するとされている。この「一」が形を散じると気となり、逆に形を聚合すると太上老君となると考えられた。
太上老君には、さまざまな言い伝えがある。たとえば……。
老君がまだ人間世界の中に誕生していなかったときのこと。老君はこの世に生を得ることを考えた。そのために、まず玄妙玉女（げんみょうぎょくじょ）をこの世の中に下して、尹（いん）氏の娘とさせ、仙人の李霊飛（りれいひ）に嫁がせた。そして尹氏が昼寝をしているときに、太陽の精である九龍に乗って天から降り、その胎内に入った。このようにして生まれたのが、太上老君の化身である老子である。一説では、白髪の老人になるまで尹氏の胎内にいたともいわれる。

なお、老子は変身して何度も世に現れ、人々を救い、助けるとされた。そして、天皇の時代には万法法師（まんぼうほうし）、地皇の時代には玄中先生（げんちゅうせんせい）、人皇の時代には盤古先生（ばんこせんせい）、伏羲の時代には無化子（むかし）といった具合に転生している。さらに、老子としてこの世に現れた後はインドに行き、釈迦として衆生を済度したとも伝えられている。

また、道（タオ）を求める者のためにその姿を現すとされ、北魏（三八六〜五五六）の頃、道士の寇謙之（こうけんし）の

太上老君（老子）

もとに降下したという、次のような逸話もある。

道（タオ）に傾倒した寇謙之は俗世を捨て、嵩山（すうざん）に籠もって修行していた。あるとき、太上老君が雲を呼び、龍に乗って仙官、玉女を従えて嵩山の山頂に下った。そして、修行中の寇謙之に、「天師張陵の亡き後、地上には仙骨を有するものがいなかった。だが、おまえこそ次の天師の位を授けるに値するという、嵩山の神からの上奏があった。今、おまえを見るにつけ、まさしくそれに値する人物である」と言って神書二十巻を与える。その際、服気（ふっき）、導引（どういん）、辟穀（へきこく）などの術も授けたという。

さらに、次のような、老子と霊符の関係を表す有名な伝承も見逃せない。

老子が周の国を出て、西方の関所を通って崑崙山に登ろうとしたときのこと。関守の尹喜（いんき）が、風の動きで諸事を占う風角（ふうかく）術によって、神仙がそこを通ることを事前に察知した。そこで、四十里もの道を清めて待ち受けた。通りがかった神仙とは、もちろん老子のこと。これまで誰にも道を授けたことのなかった老子だが、この一事で尹喜こそは道を伝えるべき人間であることを悟り、しばらくの間、関所に留まった。当時、老子には徐甲（じょこう）という下男がおり、若い頃から雇われていたが、なにせ仙人というのは金銭にあまり縁がないため、長年にわたって給料が未払いになっていた。徐甲は二百余年分の給料の督促状をつくり、尹喜に支払いの仲介を申し入れる。驚いた尹喜が、徐甲を老子に面会させたところ、老子は徐甲に問いただした。

「私はおまえに言ったはずだ。目的地に着いたら給料を計算して黄金で支払ってやると。なぜそれがおまえには待ちきれないのだ。すぐには払えないからこそ、そのかわりにおまえに太玄清生符（たいげんせいせいふ）を与えたのだ。そのおかげで、今まで生きてこれたのではないか」

そう言って、徐甲の口を地面に向かって開かせた。すると、たちまち太玄清生符が飛び出てきた。その朱で記された霊符は、あたかも今、書いたかのように鮮やかであった。それと同時に、徐甲は死んで、ひとかたまりの骸骨になってしまう。驚いた尹喜は、老子が本当に神仙なら、人を生き返らせることもできるはずと考え、徐甲のために地に頭をつけて助命を願った。

そこで老子が再び太玄清生符を投げると、徐甲は即座に生き返ったという。尹喜は、老子に代わって二百余年分の給金を徐甲に払い、さらに老子に対して弟子の礼をとった。そのときに老子が口述した五千言を尹喜が筆記したものが、『老子道徳経（ろうしどうとくきょう）』であるといわれる。これは各国語に訳されて、今なお多くの人々に親しまれている。

なお、ここに登場した「太玄清生符」は、人の寿命を保つ不老不死の霊符として有名なものだ。道教の究極の目的は不老不死にある。したがって、この符を自在に用いる老子を符祖の一人とするのも納得できるところである。

この逸話以外にも、老子が符祖とされる、さらに大きな理由がある。それは、これまでにもふれた、次のような伝承がもとになっている。

天地のはじまりのとき、太上老君は地上の山岳や河の様子を、上空から見ていた。まるで蛇のようにうねり、文字のような形をしていたそれらを、老君は霊写した。それが「八会之書」とか「五岳真形図」といわれるもので、霊符のはじめとなったのである。

なお、道教経典は、三光＝日・月・星の流動する真気の象をとったものが霊符であるとしている。このことに関して、抱朴子の師匠の鄭君も、「老君はよく神明に通ず。符は神明の授くるところなり」と語っている。このように、霊符と太上老君の関わりはきわめて深い。

●張道陵

張道陵は張陵、張天師とも呼ばれ、後漢末期の沛（安徽省宿県）の出身である。

もと官立学校の学生で、儒教の『易経』『書経』など五経に通じていたが、晩年になって儒教は寿命を延ばすことについては、なんの役にも立たないと慨嘆し、ついに蜀の鶴鳴山に入り仙道を修行した。

ある日、張道陵のもとに太上老君、青真小童君などの神仙が降下した。神仙たちは「正一盟威妙経三業六通之訣」を張道陵に授ける。その際、太上老君から治鬼鎮邪の天師の位を授けられたことから、張道陵はこれ以降、天師と称した。これが後に天師道を始めるきっかけとなる。

張道陵は神仙から符術を授かって、人々の病を治すことができたので、それによって多くの信徒を擁し、莫大な財物を得た。この財力でさまざまな薬の原料物を準備し、仙薬を調合したのである。仙薬が完成すると、張道陵はそれを半分服用した。すべて飲めば、たちまち神仙となって昇天し、天宮に仕えることになる。しかし、神仙は天界で官吏として働かねばならない。張道陵はすぐには窮屈な宮仕えをしたくなかったため、仙薬をすべて飲まず、人間でいることを選んだのだ。

このようにして、張道陵は符術や仙薬のおかげで分身術なども自在にできるようになった。

こんな逸話がある。

ある門弟が道陵に面会しようと庵を訪問したところ、道陵は渓流の淀んだところで舟遊びをしていた。そこで、道陵が遊び終わって帰ってくるのを待とうと、門弟が庵のほうに行くと、なんとそこでは、道陵が仙経を誦(しょう)している。邪魔をすまいと、門弟が庭に出たところ、そこでは道陵が床几(しょうぎ)に腰をかけて、客と対談している。ついに門弟が、これではとうてい今日はお目にかかれまいと外に出れば、そこには杖をついて、仙詩を吟じながら散歩する道陵がいた……。

このように道陵は、同時に何か所にもその姿を現すことができたのだ。

また、こんな話もある。

鶴鳴山の麓の住民が生活の唯一の頼みとしている井戸を、妖魔が占有した。おかげでその井戸は、

張道陵

水が溢れて池のようになってしまった。そのうえ住民が水を汲(く)もうとすると、妖魔がものすごい大波を立てるので、近寄ることもできない。

　請われてその池に行った道陵は、一枚の霊符を懐から出して、まるで石でも投げるように井戸があると思われるあたりの水面に投げた。霊符は水面に落ちると、すぐに一羽の黄金の烏となった。黄金の烏は水面を強く蹴って飛翔し、井戸の上あたりでキラキラと光る黄金の翼を広げながら、円形を描いて飛び回った。太陽の光がその翼に反射して、まばゆいばかりの白熱光が、いく筋も水底に射し込む。やがて、その光に耐えられなくなったのか、にわかに水面がざわつき、ムクムクと水が湧き上がって、一匹の巨大な龍が苦しそうに姿を現す。そして、雲に乗って逃げ去ったのである。すると不思議なことに、池となって湛えられていた水は、地中に吸い込まれ、もとのひとつの井戸が残った。

天師符

　右に記したのはごく一部で、張道陵はほかにも多くの霊異を現している。後に道陵は多くの弟子が見守る前で、高弟三人とともに白日昇天(はくじつしょうてん)した。白日とは太陽が南中する正午のこと。影が最も短くなる時間で、神秘的な時間と考えられており、『抱朴子』にも「形(からだ)を挙げて軽飛(けいひ)し、白日に昇天するは仙の上なるものなり」[*23]と記されている。

この張道陵は、民族宗教としてのカラを打ち破った、制度的宗教としての道教の開祖的存在とみなされ、伝説的、神話的な符祖を除くと、道教史のうえで最も符祖という名に値する人物と目されている。

張道陵が残したと伝えられる霊符は数多くあるが、中でも「三官符(さんかんふ)」がよく知られている。三官符の三官とは天官・地官・水官のことで、天の神・地の神・川の神に捧げる符だ。

また、「天師符」[*24]という張道陵を符化したものもある。これは、かつては華北地方で、貧乏よけの秘符として、門柱などに多く貼られていた。この風習は、千九百年余りも続けられていたという。

●黄帝

霊符の祖は、ここまで紹介してきた「道符四祖」のみではない。漢の武帝に符を授けた西王母(せいおうぼ)、太上老君から太玄生符を委託された青真小童君、左元放(さげんほう)、葛稚川(かっちせん)など、符祖の資格をもつ神仙や人物は、まだまだいる。

それらの中から、ここでは軒轅(けんえん)皇帝とも呼ばれた黄帝をとりあげてみる。

黄帝は現在、最高神・玉皇太帝と同一視されている。また、黄帝の施行したという「兵信符(へいしんふ)」が、青(チン)幇(パン)とか紅幇(ホンパン)といった道教系統の秘密結社などで崇拝されていることでも知られている。

黄帝は、中国における最初の帝王といい伝えられる人物である。一家が姫水（きすい）の近くに住んでいたことから、姫氏（きし）と呼ばれることもある。そして、その出生も常人とは異なっていた。

伝説によると……。

あるとき、母の附宝氏（ふほうし）は、体内に北斗魁星（かいせい）が入る夢を見た。その後、懐胎し生まれたのが黄帝であった。幼少よりきわめて聡明だった黄帝は、成長すると万芸に通じ、周囲に推されて帝位に昇り、国土を定めた。その後、人々に家屋の建築法を教え、繊維でできた衣服や、舟、車、弓などの利器を与えた。その他、天文、地理、暦法、文字、兵法、歌舞、医術にいたるまでを発明したといわれている。

黄帝は神仙を好んだ。そして、西王母の住む崑崙山をはじめとして、多くの霊岳名山に登り、仙聖を訪ねた。さらに自らも神仙術を学び、百霊を使役したという。中でも風山に登って紫府先生（しふせんせい）に拝謁（はいえつ）し、「三皇内文」を授けられたことは有名だ。このとき同時に、「五岳真形図」をも授けられている。そして、その縁によって、五岳の神界をつぶさに周遊し、くわしく調べた。

黄帝

その際、中、東、西、北の四岳には、それぞれ各岳を補佐する神山があるにもかかわらず、南岳のみそれがないことを発見する。黄帝は太上老君にそれを告げ、許しを得て、潜山、霍山、青城山、魯山の四山を南岳を補佐する山と定めた。さらにその形を写し、もとの「五岳真形図」の後に連ねたという。

後に黄帝は、龍に乗って白日昇天する。臣下たちもその龍の髭や、黄帝の持つ弓につかまって一緒に昇天しようとしたが、龍の髭が抜け、弓も落ちてしまったので、ついていくことができなかった。臣下たちは、空を仰いで泣き叫んだと伝えられている。

黄帝が符祖の一人とされたのは、「符は黄帝の兵信符に出づる」という『三洞神符経』の記述による。

なお「兵信符」については『史記』に、次のように記されている。[*25]

あるとき、黄帝は涿鹿の野で、蚩尤という怪物と戦った。蚩尤は周囲百里もの空間を、妖術で湧き出させた霧で覆い隠した。黄帝の軍隊は、五里霧中どころか百里霧中で、どこをどう進んでいいかわからない。そこで黄帝は部下の風后に命じて、方角がわかるように指南車をつくらせて戦った。しかし、どうしても敵を破ることができない。

ところがある晩、皇帝の夢の中に西王母の意を受けた人物が登場した。それは狐の皮衣を着た道人であった。道人は黄帝に符を授け、

「太一在前、天一在後、これを得るものは勝つ。戦わば必ず克たん」

というまじないを教えた。さらに西王母は、弟子の九天玄女をも降下させ、「三官秘略五音権謀陰陽

之術」に加え「霊宝五符真文」や「兵信符」、「不能殺傷符」といった霊符および、『陰符経』などを授けた。これらを用いることにより、ようやく蚩尤を滅ぼすことができたのだ。

右の「三官秘略五音権謀陰陽之術」は戦術の秘法であろう。「霊宝五符真文」は「霊宝五符五勝之文」と記した書もあるので、おそらく必勝を約束する符と思われる。同じく「兵信符」も勝利の符とされている。「不能殺傷符」は「刀槍不能殺傷符」などとも呼ばれることから、その符があれば、刀や槍などで傷つけられることがないのだろう。また『陰符経』とは道家の思想に基づいて書かれた兵法書だ。

こうした霊符は、一般に武符と呼ばれるが、他にも「圧勝符」、「圧敵符」、「兵陣符」など、戦いに勝つための符は、いくつかあったものと思われる。黄帝はこれらの符を西王母から授けられ、それを用いることにより、蚩尤を滅ぼすことができたというわけである。

あくまで伝説的上の人物とはいえ、黄帝は人間界においてはじめて符を用いたわけで、その意味からも符祖に挙げる人々が多い。

霊符を題材にした物語

読者もすでにご存じのように、中国の人々の間では、霊符がごく身近なものだった。

中国四大奇書のひとつとされ、日本でも人気の高い『三国志演義』の冒頭は、太平道の創始者である張角が、南華老仙から天書を授けられて、風を呼び雨を降らせる力を得るところから始まる。さらに張角は霊符を用いて病を癒すことで人心を掌握し、やがて黄巾の乱を起こすのである。『水滸伝』も同様で、洪大将が、伏魔殿の魔王を封じ込めてある封印の符籙を破り去る場面から始まる。おなじみの『西遊記』も、霊符の力で山の下に封じられていた孫悟空が、三蔵法師に救われる……。このように、中国の古典には霊符が随所に登場している。

そこでこれらの他、霊符を題材にした物語のうち、目についたものを紹介してみたい。

●徳利に封じ込められた狐……『聊斎志異』[*26]より

ある男を毎夜、見知らぬ女が訪れてくる。どうやら、妖怪か何かが女に化けたものらしい。困った男がある僧侶に相談すると、僧侶はこう言った。

「おまえにとりついているのは狐じゃ。ただし、まだ術に長けておらぬから、簡単に退治できるじゃろう」

そして、「招身符」と「封符」という二つの霊符を書き、男に渡して告げた。

「家に帰ったら、きれいな徳利の口に、招身符を貼り付けるとよい。狐がそこに入り込んだら、急いで盆をかぶせよ。そして、もう一枚の封符を盆に貼り付けておけば、狐はもう逃げられぬ。そのまま徳利を水を入れた釜に漬け、湯を沸かしてしまえば、狐を煮殺せる」

家に帰った男は、家族とともに僧侶に教えられたとおりにして、狐がやってくるのをじっと待った。

夜も更けたころ、女に化けた狐がやってきた。家に入った狐は、抵抗する間もなく正体を現し、一瞬のうちに徳利の中に吸い込まれた。後はもう、僧侶の言うとおりにすることで、男は狐を退治することができ、その難を逃れたという。

●鬼に霊符を盗られた男……『閲微草堂筆記』[*27]より

ある村に、白以中という男が住んでいた。

白は、ふとしたことで、鬼や妖怪たちを自在に使える霊符と、その呪い法を書いた本を手に入れた。

そこで白は、よからぬ考えを起こした。妖怪たちをこき使って、遠くにあるものを持ってこさせたり、または近くにあるものをどこかに運ばせることで、金をもうけようというのである。

月の明るいある晩、白はその本に書かれたとおりに必要な品々をそろえ、道士の装束を身につけ、荒れ果てた墓場に赴いた。そして、本に書いてあるとおりに実験をしてみた。

呪文を唱えると、思ったとおりに四方八方から鬼や妖怪たちが、うなり声をあげながら姿を現してきた。

「これはうまくいった。このうえはこいつらを、思うがままに使うだけだ」

白が得意になったとたんのことだった。急に強い風が吹いてきて、あっという間にその本を吹き飛ばしてしまった。ところが、白が本を拾おうとするより早く、すばやく一匹の妖怪が飛び出してきて、その本を拾ってしまったのである。こうなると、これまでおとなしく白のいうとおりになっていた妖怪たちが、黙っているはずはない。いっせいに騒ぎ出して白を囲んだ。

「おまえは、この本に書いてあるおふだやまじないの力を頼りに、われわれをこき使ったが、おふださえなければこっちのものだ。おまえなんかもう怖くはないぞ。さあみんな、こいつをやっつけてしまえ！」

妖怪たちは、よってたかって白を殴りつけた。びっくりした白は、あわてて逃げる。だが妖怪たちは、逃げる白の後ろから小石や瓦の破片を、雨霰（あめあられ）と投げつけた。

ほうほうのていで逃げのびた白は、やっとの思いで家に着いた。が、その晩からひどい熱病にかかり、一か月以上も寝込んでしまう。やっと熱の下がったある日、これは妖怪たちのたたりにちがいないと考えた白は、恥ずかしさをこらえ、父にありのままを白状した。

話を聞いた父は、笑いながら、

「おまえのつたない術が失敗に終わったのは、むしろ不幸中の幸いだったのだぞ。もしも成功していたなら、逆にあとでどんな災いにあっていたかわからない。これくらいですんで、むしろよかったと思え」

と、てんでとりあわなかったという。

●狐から金を奪った道士……『閲微草堂筆記』より

あるところに、道教の一派、茅山派の方術にたくみな一人の道士がいた。この道士は、妖怪退治がとりわけうまかった。あるとき、道士は狐にたたられて困っていた家から、狐退治を頼まれる。承知した道士は、必要な霊符や道具類の準備をすませ、まじないをするのにふさわしい日を占って、出かけようとした。そこに、以前から道士が見知っているひとりの老人がたずねてくる。そして、

「私には昔から仲よくつきあっている狐の友人がいるのだが、その狐が、あなたにぜひ頼みがあるというから、急いでやってきたのだ。あなたはこれから狐退治に行くそうだが、友人の狐が、その相手なのだ。狐は別にあなたに対して悪いことをしたわけでもないし、あなたもまた、狐に恨みがあるわけではない。ただ報酬の金が目当てなだけなのではないのかね？　あの家では、狐をうまく退治すれば、礼金を黄金二十四枚出すそうだが、退治するのをやめてくれれば、狐はその十倍の金を出すといっておる。どうだね、行くのをやめてはくれまいか」

と言いながら、老人は卓の上に金を並べた。

根がごうつくばりのこの道士、一も二もなく、金を頂戴することに決めた。そして、その翌日、狐にたたられている家に使いをやり、

「昨日、部下に調べさせたところ、お宅の家にたたっている狐は、天狐だということが判明しました。普通の狐ならなんということもありませんが、天狐を退治するには、私の腕はまだまだ未熟です。よっ

て、この件はお断りしたいと思います。あしからず」

と断ってしまう。首尾よく狐から大金を手に入れた道士は、さらに考えた。

「狐というのは金持ちなのだな。それでは、術をうまく使えば、ほかの狐からも金を巻き上げることができるかもしれない」

それからというもの、この道士は、術を使ってあちこちの狐を呼び出し、自分のもつさまざまな力でおどかして、金を手に入れた。

しかし、それがしだいに目に余るほどになってきたので、狐たちもついに我慢ができなくなってくる。あるとき、狐たちはついに被害者合同会議を開いた。そして相談の結果、道士のもつ霊符と印を盗み出すことにした。狐たちはうまく道士の隙をついて、霊符と印を盗むことに成功した。大事な二つの道具をなくした道士は、神通力を完全に失ってしまう。

怖いものがなくなった狐たちは、喜び勇んで道士にとりつく。その結果、道士はわけのわからないことを叫びながら、川に飛び込んで自殺してしまったのである。その後、狐たちは道士の家を訪れ、道士がため込んでいた金を、すべて持ち去ったという。

●清貧に耐え、人々につくした李仙人……『神仙伝(しんせんでん)』*28より

前漢の文帝(ぶんてい)の頃、李意期(りいき)という人がいた。李は道(タオ)を得て仙人となったが、世の噂によると、後の時代

にもときどき人界に姿を見せていた。これは三国時代に李が現れたときの話である。

　李は当時、城の近くに穴のようなものを掘り、その中に住んでいた。たまにふらっとどこかに行ってしまい、行方不明になるが、一年ほどたつと、またふらっと帰ってきた。

　夏でも冬でも単（ひとえ）の着物だけで過ごしているのに、真冬でも決して凍えることはなかった。よく托鉢（たくはつ）に出かけ、町の人々から手に入れた食べ物などは、ほとんど生活の苦しい人に恵んでしまうのだった。また、遠くの地方に急いで行きたいという人がいると、李はその人に「迅行符（じんこうふ）」という霊符を与え、両脇の下に朱でまじないも書いてやるのだった。そのおかげで人々は、千里も離れているような遠い場所でも、わずか一日たらずで往復できた。

　その他、李は人々に誰も見たことも聞いたこともないような異国の城や町、道観などのようすを、よく話してきかせた。みなが話だけではよくわからないようなときは、土を少しとって指でこね、城やら町やらの形をつくって説明した。その模型はごく小さく、しばらくすると消えてしまうのだが、まるで本物そっくりだったという。

　李はまた無口な人物で、人々が何かをたずねても、ほとんど答えなかった。そこで町の人々は、何か心配事があるようなときは、李の顔色を見て判断することにしていた。李がうれしそうな顔をしたときは吉とし、浮かない顔つきのときは凶だった。

　李の予言もよく当たった。

蜀の劉備が、殺された義弟・関羽の弔い合戦として、呉と戦おうとしたとき、李を呼んで戦いの吉兆を聞いたことがあった。そのときも李はひとことも話さず、ただ紙で十数万の兵士や馬、武器をつくり、これらをすべて破り捨てた。次に土を掘り、大きな人を埋めているありさまをつくり、そのまま帰っていった。憤然としつつ、劉備は出兵した。すると十数万の大群は、呉にさんざん打ち破られてしまったのである。劉備自身もそれに悲観して、まもなく死んでしまった……。李はのちに山に入ったまま、二度と下りてこなかったという。

●毒蛇を封じた男……『太平広記』*29 より

唐の宝暦年間のこと。一人の男が、茅山の道士から蛇よけに効果のある「禁天地蛇術」を授けられた。術を伝授されて帰る途中、男はある州の長官が、苦痛のあまり泣き叫んでいるのに出会う。どうやら毒蛇に噛まれたものらしい。だが、それを治せる者は誰もいない。

そこで、男が覚えたての術を使うことになった。さっそく霊符を使って心臓をおさえると、長官の痛みはただちに止まった。だが、治療はこれだけでは終わらない。噛んだ蛇を探し出して、毒を吸わせなければ、長官は足を切ることになってしまうのだ。男は、十里四方に篆字の霊符を飛ばした。すると、そのあたりにいる蛇が、わらわらと集まってくる。それらから、男は長官を噛んだ蛇だけを選び出し、他はすべて帰らせた。男は罪を犯した蛇を叱りつけ、長官の毒を吸わせたのである。

すると、長官は脳の中から針のようなものが下る感覚を覚えた。と見る間に、蛇は皮が裂けて水と化し、後には背骨のみが残ったという。

●霊符を書く修行をする蛋子和尚……『平妖伝』[30]より

ここで紹介するのは、主人公の蛋子和尚が白雲洞で『如意宝冊』という神書を手に入れ、その後、天狐・聖姑姑の手引きによって、その神書をもとに霊符を書写し、神将を呼び出すようすを描いた場面である。

……聖姑姑によると、

「およそこの法を修練するには、必ず壇を建て将を召さねばならぬ」

ということであり、修練の場所についても

「土地はきわめて広く、きわめて静かで、鶏犬の声も聞こえず、人跡も到らないところであって、はじめて秘密が保て、神将にさしさわりなく往来させることができる」

としている。

そして、六甲[31]の日の吉時、聖姑姑は蛋子和尚を指揮して、まず法壇づくりからはじめることになった。最初に五方の土を採ってこさせた。中央の土は、彼らがいる屋敷のものを使うが、その他の東西南北の土は、一里以上離れた土地から採ってこなければならない。手に入れた土は、それぞれ別の布袋に入れられた。さらに聖姑姑は、高価なものは黄金や宝石、廉価なものは木や石、食物では豆や麦、焚くものでは石炭や木炭、大きなものでは水がめの類、細かいものでは鉢や糸、清浄なものでは茶や酒、雑なものでは薬料のようなものを、ことごとく買いととのえるよう、和尚に指示した。和尚がこれらのものを調達する間に、聖姑姑は楼の下を掃除して法壇を設けた。

必要なものがととのうと、まず聖姑姑、和尚と供の瘸児（かじ）は斎戒沐浴し、土を入れた袋を地面に置いて、五方の方角を定め、さらにそれを約一尺の間隔で並べた。次に周囲には新しい煉瓦を約一尺五寸の高さに積み、空いたところに五穀をぎっしり詰め込む。煉瓦の上には灯明三皿を設け、昼夜絶えまなく火をともす。続いて聖姑姑は、外側に黄色の布で作った神帳をめぐらした。前には香卓を一つ設け、紙の神像を祀り、毎日、茶や酒、果物の三品を供える。

すべての準備が終わった次の日、まず三人が用いる紙や墨、筆、硯などを、六甲壇の下に並べる。聖姑姑がはじめに禹歩（うほ）[*32]を行い、左手で雷の印を、右手では剣訣（けんけつ）の印を結ぶ。

次に、東方の生気をひと口吸って通霊呪（つうれいじゅ）を一回唱え、霊符一枚を焼く。蛋子和尚らはそのようすを見ながら、聖姑姑のすることをまねた。しかし、この時点ではまだ、神将を呼び出すことはできない。使用した霊符は、あくまで聖姑姑が書いたものだったからである。この修行をくり返して四十九日がたつと、紙や墨、筆、硯（すずり）などにも霊が通じるようになる。

そこではじめて和尚が、自分で霊符を書こうと言いだすと、聖姑姑は

「霊符を書くのはいちばん難しい。たとえばこの符を何に用いるかによって、その観想をする。もし雲を現そうとするならば、一点の陰の気が丹田より起こり、次第に満身が雲の気で充満し、それが七竅(眼・耳・鼻・口の七つの穴)中から噴き出して、乾坤に満たされるように感じねばならない。また、もし雷を起こしたいなら、一点の陽の気が丹田より起こり、全身に雷火が馳せめぐり、七竅中より打ち出して、天地を震動させるように感じねばならない。そして、そのように感じられたら、急いでその気を墨に託して一筆で書き上げる。これがいわゆる『神をもって神に合し、気をもって気に合する』というもので、わが神気を天地に貫通してはじめて符に霊験が生じる。最初は神気を収めることに手間がかかるが、修練を積んで熟すれば、目を閉じただけで神気が集まり、符には何も書かなくとも霊験があるようになる。これが天地を貫く妙訣だ。もしただ符形に照らして書くだけで、自分の神気が散乱していれば、どうして鬼神を動かすことなどできるものか。俗に『符を書いて効なく鬼に笑われ、符を写して霊なく神に驚かれる』という。私がこれからまず書いて、おまえに見せよう。どこから始め、どこからまとめあげるか、どのように精神を凝らし気を運ぶか見ていて、すっかりわかったら筆を下ろすとよい。くれぐれもぼんやりして、うっかり事を誤ってはならんぞ」

聖姑姑は霊符を書く前に、まず蛋子和尚によく手本を見るように命じた。聡明な和尚はさすがに、一度見ただけで理解した。瘸児はしばらくの間、絶えず手で空に何かを描いていたが、道縁が訪れたのか、懸命になったかいがあって、やがて蛋子和尚に追いついていた。

二人は禹歩をし、呪文を念じ、霊符を焼き、一七日、二七日と修練を重ねた。三七二十一日目の頃、かすかに反応があって、剣や玉飾りの音が聞こえ、衣袍の色が目の前にちらつく。しかし、どうやらそれは真の神将ではなく、その部下が遣わされて法壇を検分に来ているものらしい。さらに四七日、五七日とたつにつれ、神将は真形を現しだした。彼らは半身を見せる者あり、全身を現す者あり、あるいは独行で、あるいは騎を連ね、従者も多かったり少なかったり、さまざまであった。ただし、来てもすぐに帰ってしまい、庭中にとどまる者は一人もいない。これは、二人の修行が、まだまだ足りないという事実にほかならなかった。やがて、七七四十九日まで和尚と痴児が修練を重ねると、やっと神将たちは庭の中に立ち、手をこまぬいて、二人の命令を受けるようになったのである。

【第一章 注】

＊1……二十四史のひとつ。四三二年頃成立。
＊2……不老不死をめざす薬（丹）をつくり出す秘術。
＊3……霊符についての記述は「運象篇」に記載。
＊4……張君房によって編集された北宋時代の道書。
＊5……巻四十五「秘要訣法」に記載。
＊6……竹や木などに文字を刻みつけて二片に割り、二者で分け持ち、後日合わせて証拠とするもの。

＊7……巻六「三洞経教部」に記載。

＊8……東方朔「古書の五岳真形は、その首目はすなわちこれ神農の前世、太上八会群方飛天之書法にして鳥跡の先代に始まる。自ずから仙人の訳注を得ざれば、顕出してついに知るべからず」。

＊9……東方朔「五岳の真形は山水の象なり。盤曲廻転、陵阜形勢、高下参差、長短巻舒、波流旧筆に似て鋒芒嶺崿に暢ぶ。雲林玄黄、書字之状有り。これを以て天真の道君下りて規矩を観じ、蹤に擬して趣向す。字の韻の如きに因り、形に随って山に名付く」及び、『漢武内伝』「昔上皇の清虚元年に三天太上道君下六合を観て、河海の長短を見、丘山の高卑を察し、天柱を立てて、地理を安んじ、五岳を立ててこれを鎮輔に擬し、…中略…すなわち山源の規矩に記載。河岳の盤曲して、陵廻り阜転じ、山高く隴長く、周旋して委蛇たること、形書字に似たるを見る。この故に象に因りて名を制し、実の号を定め、形を書して玄台に秘し、而して出して霊真の信と為す」。

＊10……『三国志』魏書張魯伝・裴松之注に引用された魚豢の『典略』に記載。

＊11……「方術伝」に記載。

＊12……仙人の一人。壺公とも呼ばれる。

＊13……巻十五に記載。

＊14……参考『中国古代的道士生活』。

＊15……東・西・南・北・中央の五方を表す符。

＊16……太上老君直伝の符籙とされるもの。

＊17……「洞玄霊宝三部八景神仙二十四生図経」に記載。

＊18……体内で不老不死の薬（丹）を創造する秘術。

＊19……二六八巻に記載。

＊20……一七〇巻に記載。

＊21……金籙斎籙：「金籙は、上元なり。天を主る。天は乾なり。天たるや。金籙これを主る。故に天災を消すなり」というもの。金は易で示される象徴体系から天を意味しており、天災を祓い、延命延寿を祈り、福を求めるための籙。
黄籙斎籙：「黄籙は下元なり。地を主る。地は坤なり。坤色は黄。故に黄籙これを主る。七祖を済抜す。七祖恐らく地府にあり」というもの。黄は地を意味し、つまりは地下の世界で苦しむ先祖の霊魂を救済し、罪根を懺悔消除し、仙界に昇天することを願う籙。
玉籙斎籙：「玉籙は中元なり。人を主る。人の籙を出すは、徳に資る。玉は徳を備える。故に玉籙は王公を主る」。これは福を祈り、災を禳い、邪を駆逐し、平安を保つための儀式。つまり、金籙は天をつかさどり、黄籙は地をつかさどり、玉籙は人をつかさどり、それぞれ天地人の災いを消除し、福を与える神秘的な効用があるというわけである（『道門経法相承次序』）。
＊22……「登渉篇」に記載。
＊23……「至理篇」に記載。
＊24……「万法大観十九」に記載。
＊25……「軒轅本紀」に記載。
＊26……蒲松齢の著による清代の怪異小説集。
＊27……紀昀の著による清代の奇談小説集。
＊28……東晋の葛洪が著わしたとされる書。
＊29……宋代の説話集。
＊30……羅貫中の著と伝えられる明代の長編小説。正しくは『北宋三遂平妖伝』。
＊31……上帝がものを造る日で、この日は殺生を忌む。
＊32……夏の王・禹が始めたとされる歩き方。北斗七星の形を踏む魔除けや清めの法術のひとつ。

第二章
霊符の種類と解読法

道教の経典中に収められた霊符（符籙）は、数えることができないほど多くあり、その様式も種々さまざまである。

これらは大ざっぱにではあるが、「字符」「図符」「字図符」の三つに分類することができる。

むろんそれぞれ解読法も異なるので、参考にしてほしい。

なお、この章の最後に、日本のものなど道教系以外の符についても付記してみた。

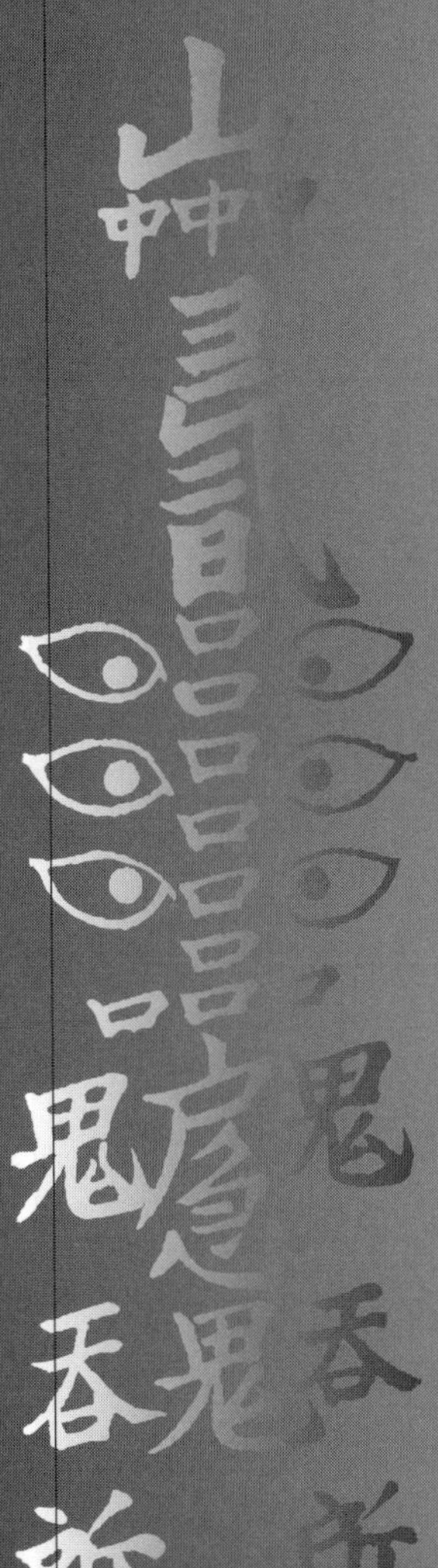

霊符にはどんなものがあるのか？

無数にある霊符は、おもに字の組み合わせで成り立っているもの、図のみで成り立っているもの、字と図の組み合わせで成り立っているものの三つに分けられる。以下にそれぞれを、例とともに説明する。

●字符

文字どおり、字の組み合わせで成り立っている霊符である。字面の単純なものから、圏点、直線、曲線が複雑に組み合わされたものまで数多くあり、また頻繁に使用される霊符でもある。それらの中には、日、月、星、勅令などの字が、そのまま用いられているものもある。一部ではあるが、字をやや変形させ、縦横の曲がりくねった筆画を組み

『太平経』に見る「複文」

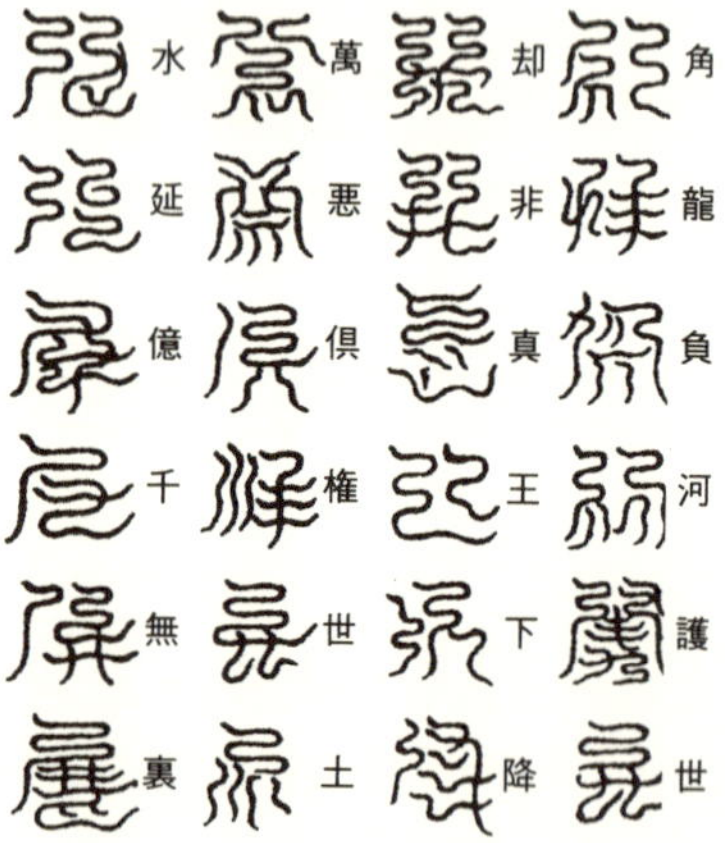

『霊宝无量度人上品妙経』巻五の真文に見る「雲篆」字符と注の例

合わせたものも見られる。

以下に字符の例をいくつか挙げてみるが、これも書体の種類などで区別すれば、さらに細かく分類される。

まず、「複文」といわれる字符の例を、太平道の経典である『太平経』に見てみよう。ここには四百有余のそうした霊符が記されている（図参照）。

次に挙げるのは「雲篆」と呼ばれるもの。天神が顕示した天書とされ、天空に現れる雲気が変幻に形を変えるさま、または古篆書体を模倣してつくられた符籙である。

代表的なものは『霊宝无量度人上品妙経』巻五の真文や巻九の天文、巻十の霊文に見られるもので、この雲篆の下や横には、楷字で注がある。

たとえば、巻五の東方真文に見られる注は、図（六二ページ）のようなものだ。

また、巻九の禹余玉津天文百六十一字にも、図（六三ページ）のような注がある。

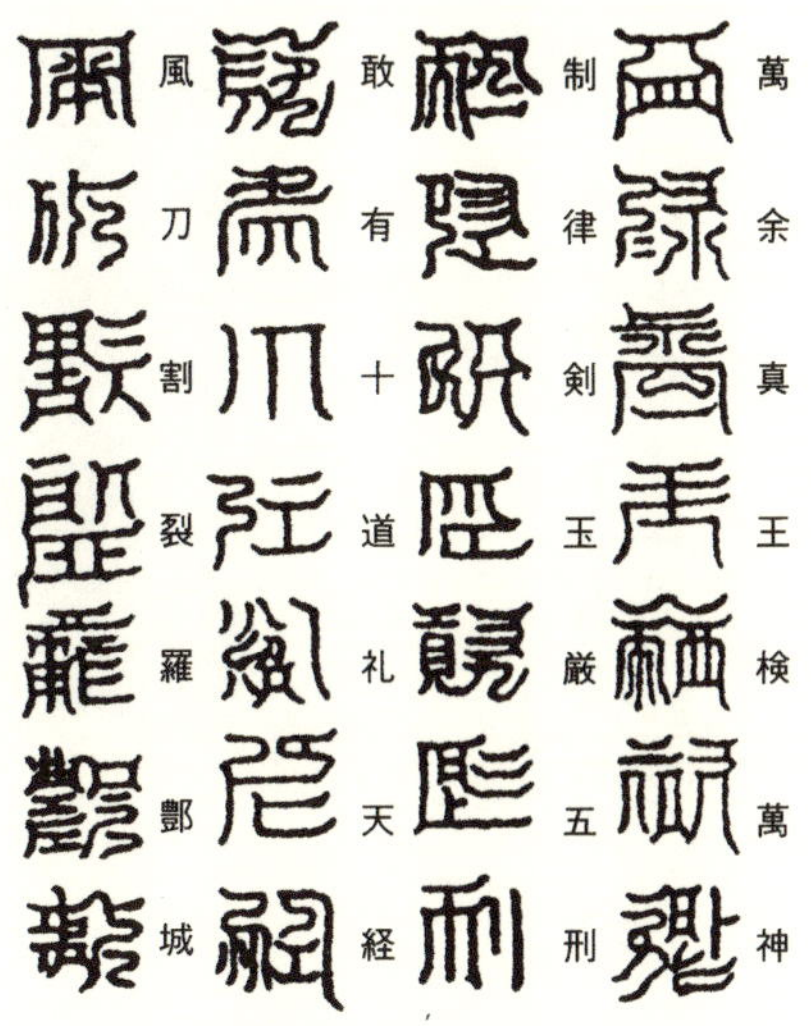

『霊宝无量度人上品妙経』巻九の天文に見る「雲篆」字符と注の例

●図符

図だけから成る霊符で、「真形図」という名称で呼ばれることも多い。

もっともその図自体が、よく見ると各種の文字を変化させたものであったり、文字として扱われているようなことも多く、純粋に図だけという符は比較的少ない。

●字図符

天神の肖像などと符文を結合して、ひとつのものとした符籙（ふろく）である。この類の符籙はかなり数多く、古代中国の墳墓などを発掘中に発見されることが多い。

以上、便宜的にこの三つに分類はしたが、図符などは、図そのものが文字的な意味をもつものも

図符の例

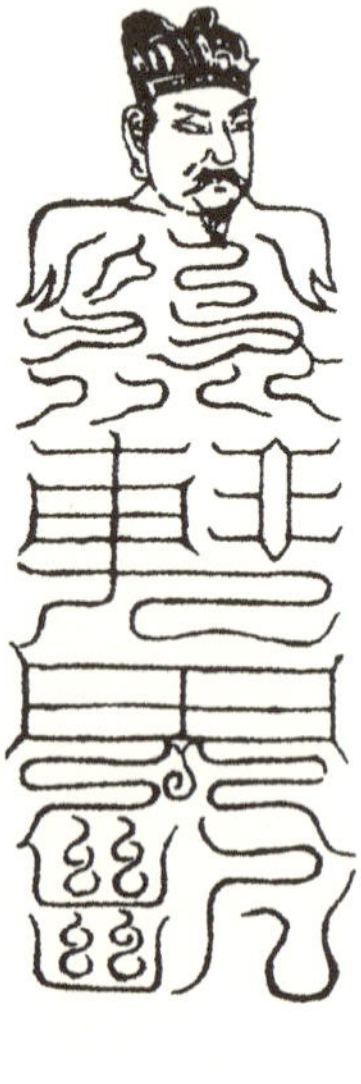

字図符の例

少なくない。また、文字か図か、判断がきわめて難しいものも多く、すべての霊符を厳密に分けることは、不可能に近い。この場合は次項もよく参考にして、読者各自、新たなわかりやすい分類法を考えていただけたらと思う。

図字で判断する霊符の効験

さて霊符には、符の起源とされる「五岳真形図」「三皇内文」などからもわかるように、字または図、あるいは両方書かれているものがある。またそういった図には、見ただけではっきり意味のわかるものもあるが、まるで意味不明の象徴的なものも少なくない。

字符など文字の書かれた符についても、日常、われわれが使用しているような漢字の楷書、行書、草書のほかに、卜兆(ぼくちょう)文字、金石(きんせき)文字、篆(てん)書、隷(れい)書などが用いられている。

中には雲(うん)書、鸞(らん)書など、見た目も雲や鳳凰のような形状の書体で書かれたものすらある。

また、神がかりとか憑霊の状態で書かれたため、内容がまったく不明の霊符なども多くある。

もちろん、一見して、その霊符にどのようなことが書かれており、どのような目的に用いるかが判断できるものもあるが、目的が明らかにされていないと、その効用すら不明のものも多い。ここではいくつかの種類の霊符を例として掲載し、少しばかり説明を加えてみよう。

◆例1〔『正統道蔵』24の21075〕

中央に米印が描かれ、黒雲か雷火のような模様が描かれた「雷火大将印」は、雨などを祈願する場合に用いられる符。文字はどこにも用いられておらず、図だけのいわゆる図符である。

◆例2〔『正統道蔵』24の21216〕

それぞれ雨を祈る霊符（上）、晴れを祈るときに用いる霊符（下）だ。一見、単なる図案のように見えるが、いずれにも五雷、天雷、乾（☰）の像などを意味する符号が描かれている。

◆例3〔『正統道蔵』24の21075〕

上からそれぞれ「紫光丹天之文」、「雷光火文之書」、「玉神洞霊之篆」といわれる霊符で、これらを祀ったあとで身につければ、長寿を約束され、災いをまぬがれ、福が生じるとされる。

この「雷光火文之書」や「玉神洞霊之篆」な

例1〔『正統道蔵』24の21075〕

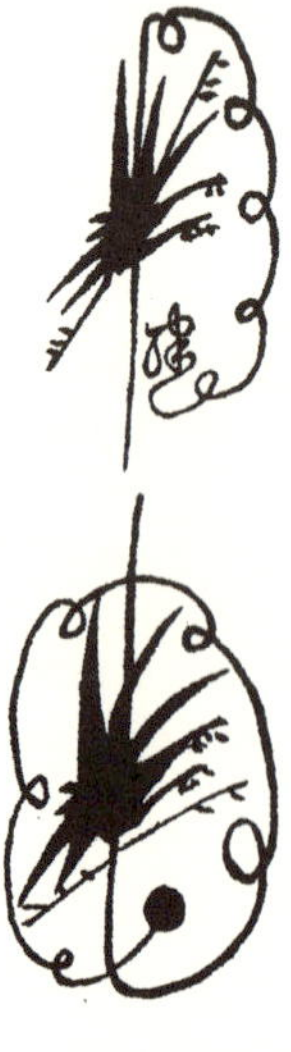

例2〔『正統道蔵』24の21216〕

例3〔『正統道蔵』24の21075〕

道廟に参り、誦経する台湾の熱心な信者。

どは、なんらかの文字を完全に図案化したものと思われる。

◆例4〔『正統道蔵』24の21086〕
「欻火大神符（くっかだいじんふ）」と呼ばれる霊符で、大神の真形を写し出したものとされる。この符を用いれば、天候を思いのままに操れ、邪悪な鬼を退治することができるといわれる。中央に鬼の字、上に大神、縛縄（ばくじょう）、下に龍とその臣下である神が描かれている。この「欻火大神符」は、文字と絵が合体した図字符である。

例4〔『正統道蔵』24の21086〕

霊符に用いられる書体

比較的数の少ない図符より、文字で書かれた字符のほうが数多いことは、前述のとおりだ。その字符に用いられる書体も、すでに述べたように、さまざまな種類がある。

それでは、道教の世界では、文字はどのように誕生したと考えられているのだろうか？

たとえば、宋の張君房が著した『雲笈七籤』には、次のような説が伝えられている。

まず天上に、「三元五徳八会之気」と呼ばれる自然の気が発生した。これは、天・地・人の三才（三元）と五行（五徳）が合わさった八会の気という意味である。

この気が凝結して、まず「飛天之書」という文字が生まれた。さらにそこから四方に光芒を放ち「八龍雲篆」という文字が生まれた。

これらの天上の気によって生まれた文字は「天書」と呼ばれる。

次に、このような天書を模写し、なぞることによって、地上の書である「地書」がつくられた。最初の地書は「八龍雲篆」を模した「龍鳳之文」といわれる。

その後、黄帝時代の倉頡が「古体」、周の時代の籀が「大篆」、秦時代の李斯が「小篆」、程邈が「隷書」の文字を、それぞれ発明した。

つまり道教の言い伝えによれば、文字の起源は天上界に求められるわけだ。

したがって、日常、われわれが使用しているような文字でも、それらはすべて根元の気が凝結してできた天上の文字「天書」と対応しており、用い方しだいでは霊的な力をもつと考えられている。ここで、霊符に用いられている文字書体の種類と、その簡単な説明をしておく。

なお、これらの書体の多くは、現在では使用されていない。

❶卜兆文字

「卜兆」とは、亀甲や獣骨などを焼き、吉凶禍福を占うことをいう。卜は『説文』に「亀兆の縦衡に象る」とあるように、亀甲を焼いたときに生じる割れ目の象形である。

古代中国では亀の腹甲を使って、手足の出る甲橋の部分を切り開き、鑽と呼ばれる縦の溝を掘り、さらにそのそばに灼と呼ばれるすり鉢形の穴を掘った。これらを焼くと縦横の線が走るので、その形を文字としたのが卜なのである。

さらに亀甲を焼いた後、そのときの干支や月、占事などを亀甲に刀刻したものが卜兆字体、すなわち甲骨文字ということになる。

甲骨文字は、殷の時代（前一五〇〇～前一一〇〇頃）に使われていたもので、光緒二十五年（一八九九）に河南省安陽県の殷墟から発見されている。以来、今日にいたるまで発掘が続けられ、さまざまな研究成果が発表されている。

中国の古い年代の霊符には、この卜兆文字で記したものがいくつかあるとされている。

❷金石文字

殷墟で卜兆文字が発見される以前は、青銅や石などに刻まれた周時代の「金石文字」が、中国最古の文字として考えられていた。これら周時代の金石文字を整理して、九千三百五十二字（五百四十部）に総括したのが『説文』（許慎著）である。

『説文』は中国文字の聖典として知られ、中国文字を論じる人々が必ず基準としたものだが、卜兆文字の発見によって、その文字解釈にもいくつかの訂正が必要となってきている。

霊符の文字には、これら金石文字を用いたものが、少なからず存在する。

❸篆書

漢字の一書体であり、おもに「大篆」と「小篆」とに分けられる。

大篆は周の宣王の太史籀が古体の字を改めて創作したので、「籀文」ともいわれる。また、それを秦始皇帝の臣だった李斯が改作したものを小篆といい、これは「李斯篆」とも呼ばれる。

この他に「日月篆」、「星辰篆」、「水火篆」、「八卦篆」、「鳥足篆」、「龍篆」、「雲篆」、「風篆」など、およそ百三十余にもおよぶ篆法がある。これらを総称して「道篆」と呼ぶが、由緒正しい霊符の多くはこの道篆で書かれているものが多い。

道篆を知らなければ、篆書の霊符は読むこと自体が不可能といえる。

❹隷書

秦の程邈が、小篆を省略してつくったものといわれている。

漢字の変遷と書体の例

文字を作ったと伝えられる倉頡

『広辞苑』などには、「徒隷すなわち卑しい身分の者にも解しやすい書体の意」と記されているが、実は、隷書の名前の由来はこれだけではなく、三説が存在する。

まず、獄吏程邈が事務の簡略化のために発明したから、獄字（隷字）と呼ぶという説がある。

次に、篆字を改作したものなので、篆字に隷従するという意味から隷字とする説。

三つめは「篆貴隷賤（てんきれいせん）」という意味で、篆書が貴人用であるのに対し、隷書は賤人用であるという説。

さらに、漢代には王次仲（おうじちゅう）という人物が、秦隷を改作して、装飾的な文字をつくっている。

これは「漢隷（かんれい）」または「八分（はちぶん）」と呼ばれ、周代の古い隷書とは異なる。霊符の神聖な性格からか、賤隷につながる古い隷書は用いられることは少なく、現在は隷書といえば、この漢隷を指すことが多い。

❺楷書　❻行書　❼草書

読者もご存じのように、普通われわれが用いている漢字の「楷書」は、字の形を崩したり、略したりせず、正しくきちんと書いたものである。また「行書」は、楷書をやや崩したもの、「草書」は行書をさらに崩したものだ。草書は早く書く場合は便利な文字だが、慣れない人や崩し方を知らない人には読みにくいので、日常生活ではあまり用いられていない。

現在、巷間に流布している霊符のほとんどは、こうした楷書や行書、草書といった書体で書かれたものだが、一般的に格が高いものは少ない。

❽その他

梵字(ぼんじ)であったり、または霊や神が憑いて授けられたとする、字とも図ともつかないものもある。また、かつて「蒼頡文字(そうけつもじ)」や「龍鳳之書(りゅうほうのしょ)」などというものがあったといわれるが、現在は残っていない。

霊符に用いられる文字の書体は、これほど数多い。したがって、本来ならこれらの文字すべてに通じていなくては、霊符は解読できないことになる。『抱朴子(ほうぼくし)』には、呉時代の仙人・介象(かいしょう)という人物の逸話が記されている。

介象は符文を読むことにきわめて優れ、その霊符に誤りがあるかどうかまで、知ることができた。そこで、介象の能力を疑ったある人物が、百病に効く雑符などさまざまな厭劾符(まじないふ)を用意すると、その符名をすべて取り去って、介象に示した。すると、介象はあわてもせず、ひとつひとつその符名を記し、また誤りがある場合にはそれを正したという。介象以降、符を知ることにかけて、それ以上の人物は現れていないともいう。

もっとも、ほんとうに介象以上の人物がいなかったかどうかは疑問である。ちなみに、日本の古神道家・友清歓真(ともきよよしさね)は、道教の通常の霊符などは、その書き方を知っていれば簡単に解読できると著書に記している。

霊符はどう読み解けばいいのか？

霊符が各種の文字、あるいは図形からなっており、それを知る人はその霊符を読み解くができることは前項で述べたが、著者などは知識も狭く、とうていそういうことは望めそうもない。

とはいえ、霊符はいくつかのパターンから成立しており、それを知ることで解読できることも少なくない。その解読の鍵となりそうな代表的な例を、いくつか挙げておく。

❶霊符には○を書いて、それを結んだものがかなり見られる。それらの○は天の星を表し、人間に影響するとの信仰から、多くは二十八宿を意味しているようだ。

二十八宿とは、黄道に沿って天球を二十八に区分し、星座（星宿）の位置を明らかにしたもので、月はおよそ一日に一宿ずつ運行している。中国では蒼龍（東）、玄武（北）、白虎（西）、朱雀（南）の四宮に分け、さらにそれを宮ごとに七等分し、それぞれ角、亢などの名称をつけた。密教占星術などではこの二十八宿を用い、人間の運勢を判断している。

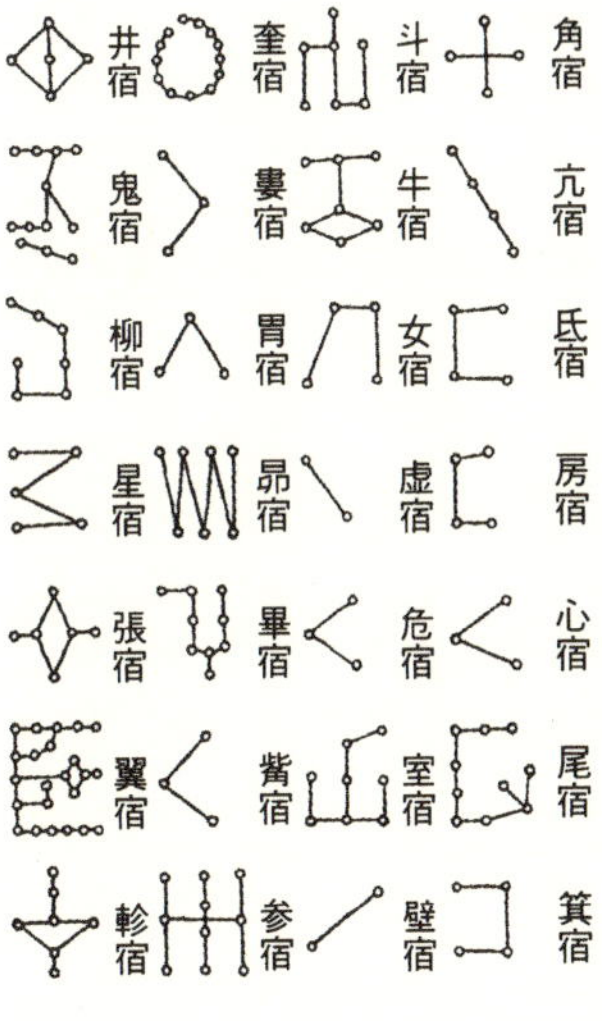

❷〇がひとつの場合は、それが太極、天、日を意味することが多い。

太極とは天地がまだ分化する以前の宇宙の元始で、宇宙の本体、万物生成の根元といわれている。天とは地を覆うものであり、万物はこれより気を受けて始まるとされる。日は太陽であり、万物は太陽の光を受けて生育する。その力を霊符に取り入れようというわけだ。

太極の場合は⊙のこともある。

❸〇が二つの場合は、陰陽、つまり日月を意味することが多い。

陰陽とは相反する性質をもつ二種の気であり、万物の化成はこの二気の消長によるとされる。昼は陽、夜は陰、男は陽、女は陰だが、その陰陽を象徴すると考えられているのが、日月なのである。また二つの〇を棒線でつなぐことにより、陰陽の和合を意味することもある。

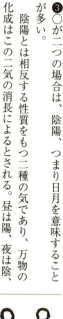

❹〇が三つ、横棒が三本、三点、弓形などで、「三元」、「三清」、「三台」を意味することが多い。

三元とは『雲笈七籤』によると、三気を生じる元になるもので、つまり第一混洞太無元、第二赤混太無元、第三冥寂玄通元のこと。それぞれが天宝君、霊宝君、神宝君を化生するとされ、またそのそれぞれが玉清境、上清境、太清境の三清を治めるとされている。

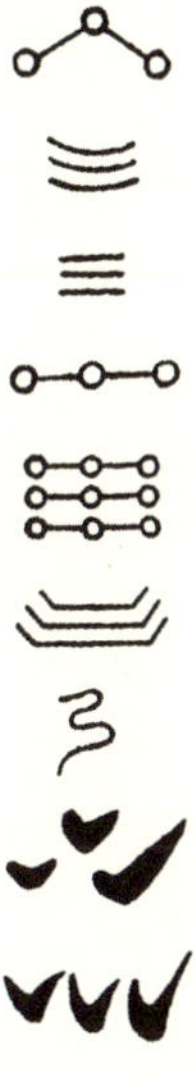

三台とは北極紫微星を守る三つの星のことで、それぞれ、上台星、中台星、下台星と呼ばれる。三清、三台は三点で示されることが多い。

❺〇が五つ、あるいは出っぱりが五つの図は、「五星」、「五雷」、「五帝」、「五瘟（ごおん）」を意味することが多い。

五星とは木星（歳星）、火星（熒惑）、土星（鎮星）、金星（太白）、水星（辰星）のことで、九星占術などでも重視される星である。

五雷とは五人組の雷神のことで、東方五雷神君、西方五雷神君、南方五雷神君、北方五雷神君、中央五雷神君、または天雷、地雷、水雷、神雷、社雷をいう。

五帝とは東方蒼帝、南方赤帝、西方白帝、北方黒帝、中央黄帝をいう。

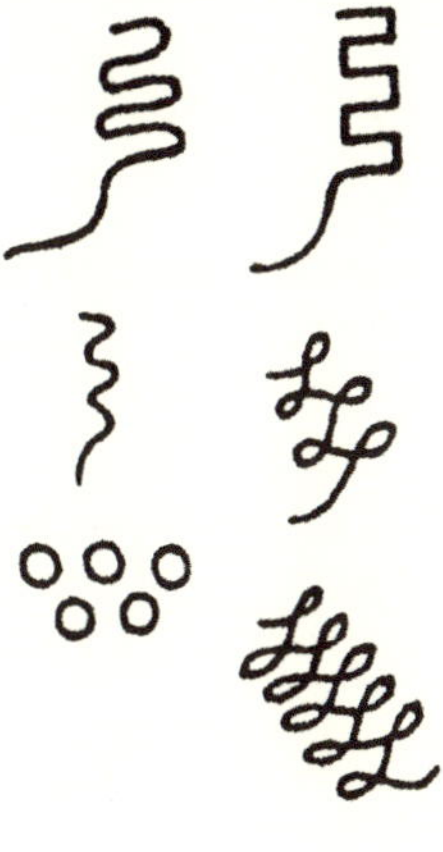

五瘟とは、五つの疫病のことで、木疫、火疫、土疫、金疫、水疫がある。ともに五行思想と深い関連をもつ。

❻○が七つ、あるいは線の出っぱりが七つの図は「北斗七星」、「七政」、「七魄」を表す。北斗七星とはいうまでもなく、北天の大熊座にある柄杓形の七つ星である。

人の福禄寿や運命の吉凶は、すべてこの星によって決定されることになっている。七政とは日月と五星を合わせたもの。七魄とは体内の濁鬼で、尸狗（貪欲の鬼）、伏矢（好食の鬼）、雀陰（好淫の鬼）、天賊（偸盗を好む鬼）、飛毒（妄想の鬼）、除穢（人を悪の道に向かわせる鬼）、臭肺（煩悩を起こさせる鬼）をいう。こうしたものを取り去らなければ、道に至ることは難しいとされている。また四角七つは、七星を表す。

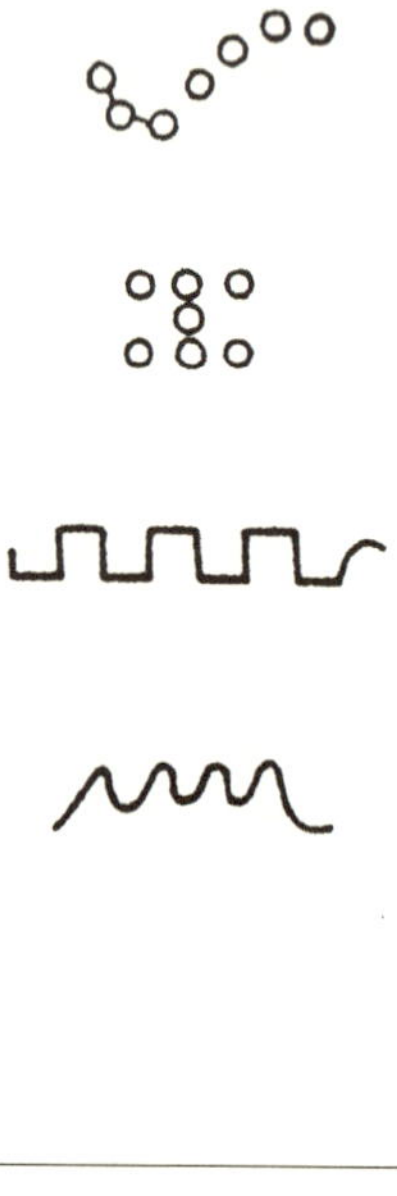

❼田の字の下から二本の線が出ているものは、おおむね鬼と考えていい。田の上に点の付いたもの、付かないものの、田の下のハネなどにもさまざまな変化がある。

この鬼は邪鬼、悪鬼の類を意味する場合もあるし、逆に、悪しきものを除く力をもった存在を意味することもある。

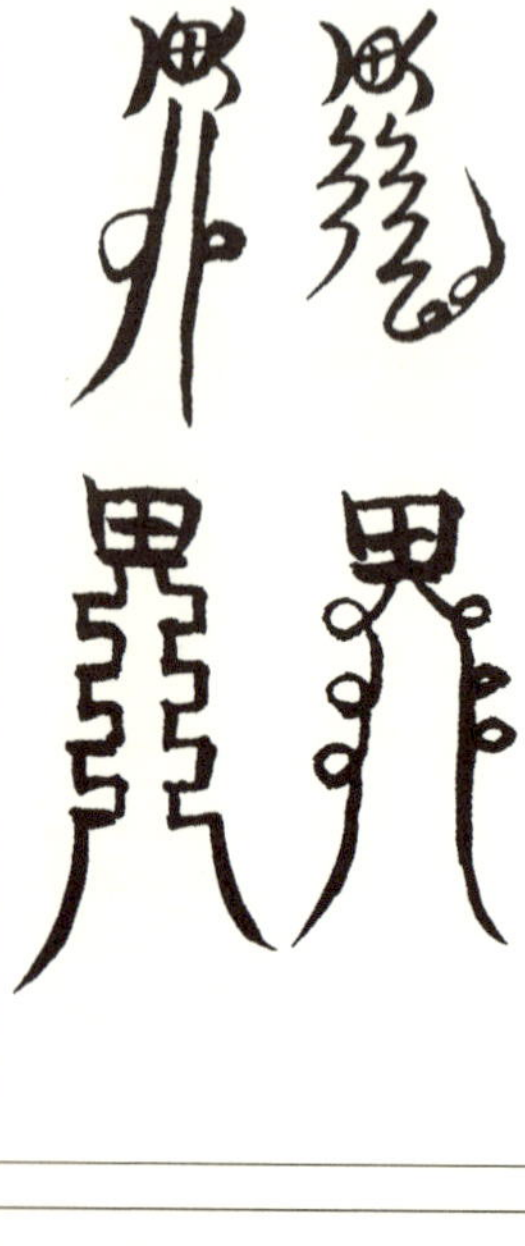

❽「勅」、「奉勅」、「勅令」という文字が、さまざまに崩されて用いられる符も多い。
勅とは天子の命令、天子の言葉といった意味だが、実際はその命令を下すのは、太上老君であったり、玉皇太帝であったり、その符によってさまざまだ。

いずれにしろ、偉大な存在が命令する、またはその言葉を奉じる意味をもつ。

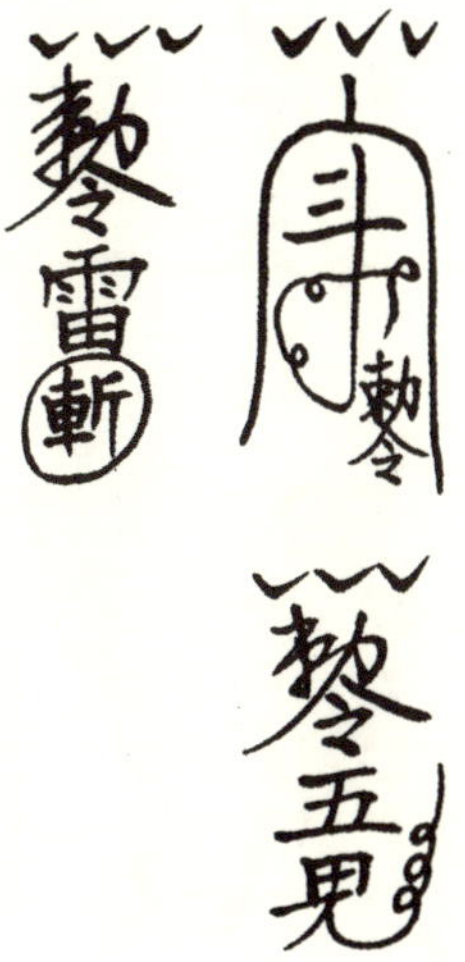

❾△を二つ合わせたものに横棒が引かれた形は神霊が素早く来りて、命令を下すといった意味がある。
よく符の下に書かれる「罡」は天罡（てんこう）で、北斗を意味しているが、急いで律令のように厳しくせよという呪文「急々如律令」などと同じ目的で用いられている。

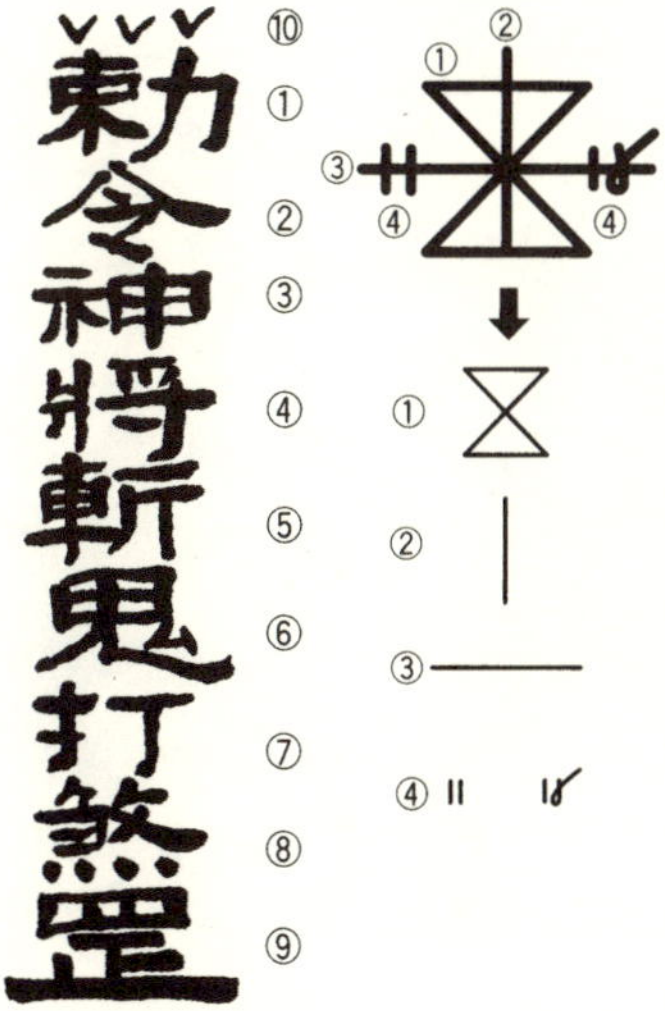

＊番号は書順。

道教以外の霊符について

本章の最後に、道教以外の霊符の系統について、簡単に記しておく。

日本でも藤原京跡などから、奈良朝前半の霊符の木簡などが出土しているが、それ以前も中国から渡来したものも含め、各種の霊符が用いられてきたことは推測にかたくない。

なお、中国、日本にかかわらず、東洋系統の霊符は、もともと相互に影響しあっていることが多く、はっきりとは分類しにくいが、とりあえずは次のように、いくつかの系統に分けることができる。また、これら以外にも、普通の寺院のおふだや民間の霊符などもある。

まずは、それらについて簡単に説明してみる。

神道系の霊符（熊野の牛王札）

●神道系

これは日本固有のもので、神社や神道系の宗教団体などから出されている。

符には、その神社や教団で祭られている祭神の名が書かれていたり、また神印が押してあるものも多い。ところによっては、神代文字が記されているものや、解読できない奇妙な形象が記されているものもある。熊野三山の各社で配布されている牛王札（仏教の影響が見られる）は、熊野権現の使いとされる三本足の烏を組み合わせて、独特の絵文字が描かれ、加えて宝珠の朱印が押されている。霊符をつくるに際しては、「高天原に神留ります…」に始まる大祓詞や、特殊な呪文を唱えることもある。

●密教系

真言密教、天台密教が源であり、梵字や諸仏、諸天などが符図の各所に描かれている。密教自体は、インドから中国を経由して日本に渡ってきたものだが、実際にはインド伝来の霊符というものは、存在していないようだ。ちなみに、天台系の寺院で授与されている、鬼を描いたような角大師の護符は、十世紀の元三大師・良源によって制定

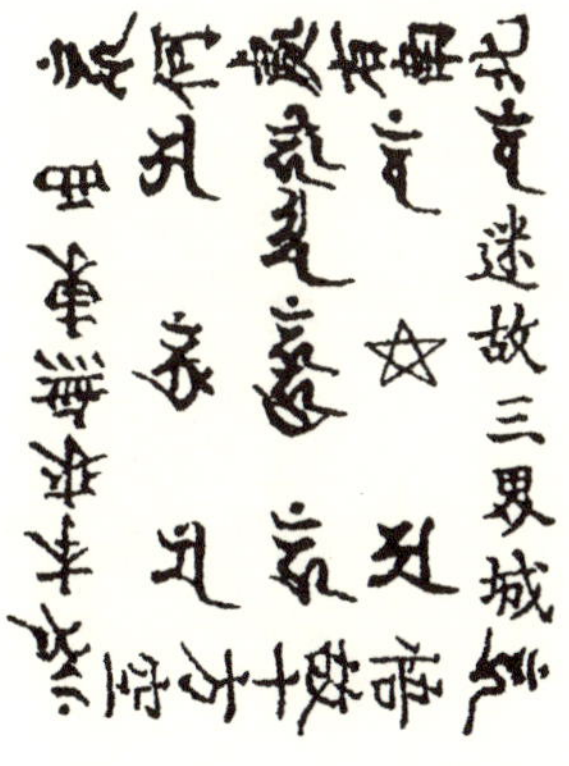

密教系の霊符

されたもの。

良源が疫病の流行をおさえるため禅定に入り、次第にやせ衰えて、骨と皮ばかりの鬼のようになったその姿を、弟子に写し取らせ、版木に彫って護符としたといわれる。

また、高野山などでは、古くは不動明王や観音などの御影の霊符を作る際、必ずそれに対応する真言を口中で唱えながら、一枚一枚念を込めたという。

●修験道系

修験道は日本古来の山岳信仰に基づくものだが、天台、真言の密教をはじめとして、神道、道教、民間宗教などの要素が混在している。修験者は、一般民衆の現世利益の要求に応えて各種の霊符をつくっており、江戸時代の尊海などは『修験常用秘法集』や『修験深秘行法符呪集』などの書に「除雷札」、「不浄除守」、「易産符」といった、数多くの霊符を収録している。

また、修験道の行法がくわしく書かれた『修験

角大師の符

修験道系の霊符

聖典』にも、百数十種におよぶ霊符が掲載されている。符を書く際、行者は自らの心身を清め、また香をたいて周囲をも清める。さらに真言を唱えて硯の水を加持し、種字を唱えつつ墨をすり、文字を書く。

書写された霊符は、符の効能に関連する印を結び、真言や般若心経などを唱えることで、威力を発揮することが多い。

●陰陽道系

陰陽道とは、「万物に陰陽の二元的原理を立て、また五行と称する五つの元素的要素を組み合わせて、すべての存在、現象を解釈し、その意味を考える」*もので、古代中国の信仰から生まれている。道教、密教、修験道などの中にも取り入れられており、霊符も方位に基づくものがあったり、易の八卦などが記されたりしているのが特徴といえる。

なお、平安時代には、陰陽家から広く護身の符などが出されていたことは、古文書からも明らかだが、それが陰陽道独自の符であったかどうかは定かではない。

●日蓮系

日蓮は布教の方便として、『法華経』に基づく霊

陰陽道系の霊符

符をつくって大きな霊験を得たといわれる。

自らの母、または南条時光という人物の病を、霊符を与えることで癒し、また四条金吾の妻が懐胎したときも安産の霊符を与えている。さらに『法華経』の曼荼羅を作成し、それをお守りとして人に授けることもあったという。『日蓮宗祈禱聖典』には五十余りの霊符が記されているが、その他の俗書にもかなりの数の霊符が存在する。その特徴は、「南無妙法蓮華経」の題目や『法華経』の語句を記したものが多いことだ。

符をつくるに際しては、普賢呪などを唱えることが多い。

●寺院の霊符

日本の多くの寺院では「御影」と呼ばれる諸仏の姿を版木などで刷ったものを、病気直しや災難

日蓮系の霊符

寺院の霊符（高岩寺とげぬき地蔵の御影）

多くの霊符を集めた江戸時代の写本類。手前にあるのは五岳真形図をあしらった鏡。

除けの霊符として授与することが少なくない。たとえば、有名な東京・巣鴨のとげぬき地蔵・曹洞宗高岩寺は御影、身代わり守護、虫封じ、厄除けなどのお守り（霊符）を出していることで知られる。御影とは地蔵菩薩の姿を写したものだが、これを水に浮かべた後に飲むと、のどに刺さった魚の骨がとれるといわれ、とげぬき地蔵の呼び名はここから来ている。

●民間の霊符

霊能者が霊気を込めたもの、または、一定の形にはパワーがあるといった信仰から創り出されたものが多い。たとえば戦前の霊術家・加藤泰山は、どの宗教にもあてはまらない大日本哲学院という団体を発足させた。そして、宇宙の大霊の力を得て、「活尊霊符」と称する、病気を治し、災いを除き、商売を繁昌させるための霊符をつくる独自の方法を教授していた。

また戦後には、宗教団体とは無縁のところから、ピラミッド形や六角形などの幾何学図形がそれぞれ浄化、除災、招福などに効果があるとして、一般に販売されているようだ。

【第二章　注】

*……………村山修一『日本陰陽道史総説』に記載。

第三章
霊符の書写法と使用法

神に通じる力をもつといっても過言ではない霊符を書写し、なお用いるには、それ相応の心がまえや手順、方法が必要になってくる。清い心をもって正しく符を書き写し、用いなければ効験は望めない。実際に霊符を扱うときに、ぜひこの章を熟読していただきたい。

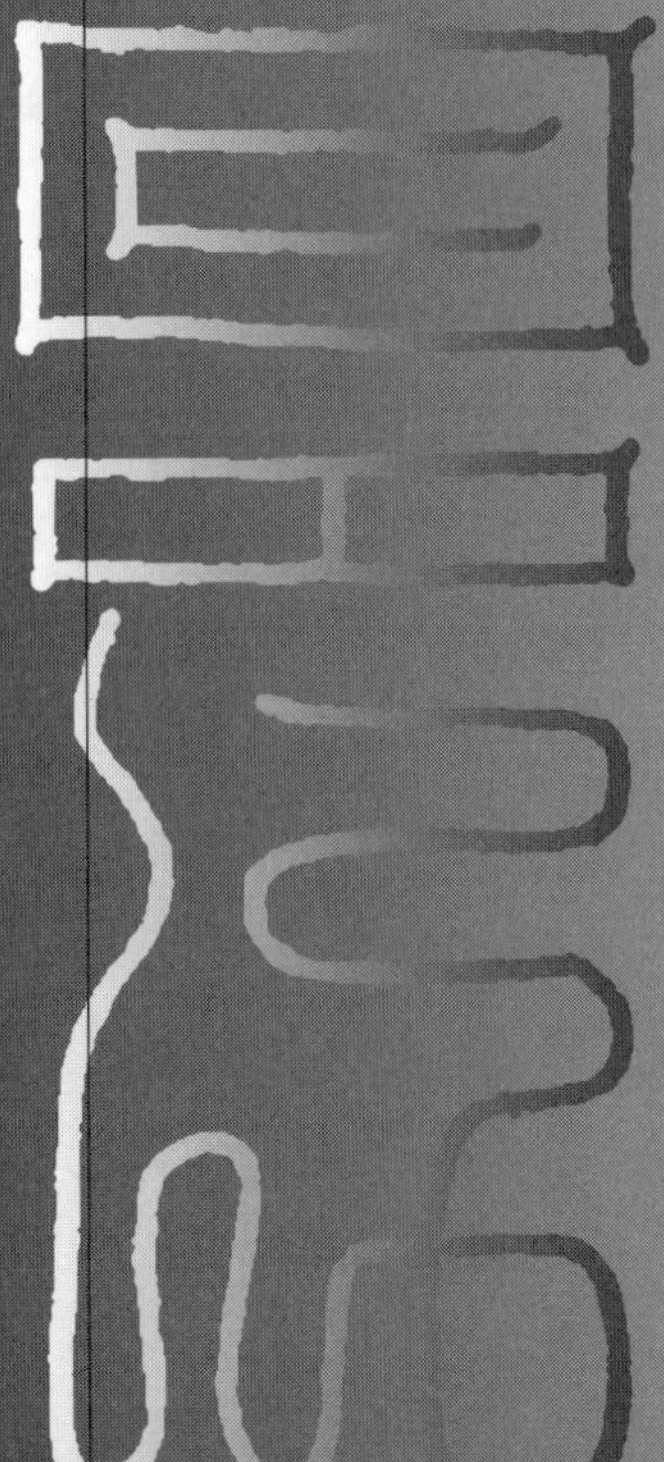

霊符を書写する前の注意点

霊符は、一定期間の斎戒のうえで書写することが原則となっている。「斎戒（さいかい）」とは心身の清浄を保ち、禁忌を犯さないことである。同じような意味で「潔斎（けっさい）」という言葉があり、これも宗教的な儀式などの前、一定の間、酒や肉食などを慎み、沐浴（もくよく）などをして心身を清浄にすることだ。「斎戒沐浴」などと呼ばれることもある。このようにして心身を清めることで、はじめて神に感応できることを知っておいていただきたい。

道教はもちろん、日本でもかつては伊勢神宮のみならず、一般の神社でも厳重な斎戒を行い、神々と向き合っていた。霊符を書くことは、霊的なものに対峙することである。たとえば、俗的な場合でさえ、人は何か重大な事をなそうとする際は、心を新たにし、誠心誠意、全霊全力をつくすもの。まして、霊的な霊符を書こうとするのに、心の緊張を欠き、慎みを失って書写するということなど、決してあってはならない。

霊符は誠心誠意をもって書写することで、はじめて効験が得られる。また、心が妄念に満ち、身体の不潔な者が霊符を書写するようでは、符がどれだけ強力なものであろうと、神々がこれを受け入れず、霊験を期待することはできないとされている。

そこで書符する前に、伝統的な注意事項をいくつか述べておきたい。

一、心を正しく保つ。三日、または一週間ほど前より不正なことを思わず、また妄言をしない。善行を積むことも効果がある。

二、汚れた体で霊符を書写することは、神霊に対して失礼にあたる。三日、または一週間ほど前から、毎日水などを浴びて体を清浄にし、書写の際は清浄な衣服に着替える。

三、三日、または一週間ほど前より、肉や臭気の強い野菜などを食べたり酒を飲んだりしない。

四、清浄を心がけ、霊符を書く部屋は前もってきれいに掃除し、霊符を書く机も整理整頓し、はたきや雑巾などでホコリを払っておく。

五、書写に使う品物は、決して汚れた手で触らない。さらに、月のさわりのある女性、妊婦などが触れることのないようにする。

右の五つを守れば、神霊はその誠意に感応し、召喚(しょうかん)すればただちに降りてきて、その霊威を発揮するという。守らないまま書符を行えば、かえって神を怒らせて、不測の事態を引き起こすこともある。

ただし俗世間に住み、通常の人間生活を営んでいては、一か月、一年はもちろんのこと、三日や七日といった短期間でも、これらのことを継続して実行するのはかなり難しい。

そうした人は、せめて霊符を書くその日だけでも酒や肉食などを慎み、禊(みそぎ)のかわりにシャワーを浴びることをおすすめする。それすら難しいというのであれば、少なくとも口をすすぎ、手を洗い、衣服なども清潔なものに改めること。

霊符書写は吉日を選ぶ

『日本書紀』にある「時日を卜定して」「吉日を撰びて」や、『延喜式祝詞』にある「八十日日は在れども今日の生日の足日に」を見るまでもなく、古くから事を行う際には吉日が選ばれる。これはもちろん、霊符の場合も同様である。符によっては、その特性または神霊との関連で、作成する日が厳密に規定されているものもある。

たとえば五岳真形図は、霊符の中でとりわけ霊験顕著なものとされ、『抱朴子』には、

「神仙の道書の中で最も重秘のものは三皇文および五岳真形の図であり、古来神仙はこの五岳図を尊崇して、仙名ある者でなければ、軽々しく授けず。しかもこれを四十年に一度他人に伝えるにあたっては、血をすすり、軽々しく人に伝えないことを誓わさせた」

とある。

「五岳真形図」は、東西南北中央の五つの山の形を示す、五つの霊図からなっているが、それぞれは春、秋、夏、冬、土用に書写する定めになっている。

また、通常の霊符は、次に挙げる日が吉日とされ、その日に書写することで、効験が増すといわれている。

大吉日……庚寅（かのえとら）　壬子（みずのえね）　壬寅（みずのえとら）　壬酉（みずのえさる）　癸卯（みずのとう）　癸酉（みずのととり）
吉日……丙午（ひのえうま）　丙辰（ひのえたつ）　丁酉（ひのととり）　戊子（つちのえね）　戊申（つちのえさる）　戊寅（つちのえとら）　戊午（つちのえうま）

なお、毎日の干支については、市販されている暦を参考にしていただきたい。

ちなみに、書写に適当な時間帯は、霊的なパワーが高まる子（ね）刻から丑（うし）刻、つまり真夜中の十二時頃から午前二時頃までがよいとされている。書写はできるだけこの時間帯を選ぶといい。

霊符を書写する際の心がまえ

霊符は、神秘的な霊力をもつ神文秘形の組み合わせからなるものだ。したがって、それを書写するときは、一運筆といえどもおろそかにすることは許されない。たとえ一点、一画であろうと、過不足があってはならないのである。

霊符の力によって鬼を使役し、神に通じることができるのは、その文字や図形に、それぞれ霊妙な意味があり、鬼神がまたそれを知っているからにほかならない。

書写した符が、筆画などすべてが正確で、正しい意味をもっていれば、鬼神は必ずその符に記された命令に従う。そうでなければ、鬼神にあざ笑われるばかりか、ときにはかえって害を受けることにもなる。

いってみれば、知人に手紙を書いて呼び出そうとする際、字をまちがえたり、乱れた字で書いたり、内容が意味不明だったりするのと同じことだ。手紙を受け取った知人は、苦笑程度ですめばまだしも、人によっては、その無礼さとでたらめさに激怒するかもしれない。

したがって本来、霊符の書写は、基本もろくに知らないまま、思いつきで行えるようなものではない。符の筆順を誤らないように心がけることはもちろん、それぞれの縦線、横線なども決められた位置に書かなければならない。さらに雑念や妄想を断って、心身を清め、「自らは神である」という確固たる信念を保つ必要もある。そして、精神を充実させ、一気に書くことが肝要とされるのである。このようにして書かれた霊符なら、速やかな霊験は確実に得られるということも、よく言及される。

だが、修行を積んだ道士ならともかく、多くの人は道(タオ)の奥義はおろか、正しい霊符書写の要領など知るはずもない。では、道(タオ)の奥義とは何か?

簡潔に説明すれば、道教とは、ある意味で神通自在、不老不死の神仙になることを目指すものだ。そして神仙とは「神僊」とも書き、人から神に遷(うつ)るという意味をもつ。

よって「我すなわち神なり」と自覚することが大切になる。つまり、霊符を書写するときは、自らが神通力をもって、天地の造化に加わるくらいの気概で筆を起こすことにより、霊験が得られるというの

台湾の登刀梯に貼られた霊符。（撮影＝加藤敬）

だ。

とはいえ、ここまでの境地に達した、すなわち道(タオ)の奥義を得た人物なら、たとえわずか一点、一画を書くだけでもそれは神聖なものであり、新たな霊符にもなりうるが、一般の人々がこのような境地に達することはきわめて難しい。そのため、ある程度段階を踏み、奥義に迫ることを試みるしかない。

ところで、ここで一点、一画を誤ることが何をもたらすか、例を引いて説明してみる。

たとえばわれわれがふだん、使用している文字でいえば、「太」と「犬」、「九」と「丸」などは、わずか一点の位置の相違や有無によって、その意味がまったく異なってくる。

また「人」と「入」では、書き順によって意味が変わる。「一」と「二」では、一画多いか少ないかで、やはり意味が異なる。

さらに「巳」「己」「已」の場合は、最後の一画をどこから始めるかによって、「ミ」となったり、「オノレ」や「スデニ」となる。

「士」と「土」のように、最後の一画の長短によって意味が違ってくる例もある。

このように、日常、使用されている文字の場合すら一点、一画の誤りで、まるで別の字となり、別の意味を生んでしまう。まして、神聖な霊符の書写に際しては、細心の注意が必要となってくることは、説明するまでもないはずだ。

霊符の書写や用い方についての注意事項については、後項でくわしく説明するが、覚えておきたいものとして、まず先に記した「我すなわち神なり」という大要訣が挙げられる。

その他、次の二つの要訣に関しても、心にとめておく必要がある。

一つ目は「誠」。霊符を書写するときは、至誠の念が肝心だ。真摯な気持ちで取り組まず、いいかげんな気持ちで書いた符は天上に通じず、なんの力ももたない。誠の念をもち、自らの精神を天地万物の精神と合致させるからこそ、呼び寄せた鬼神も、それに応対せざるをえない。

ちなみにこれは、道教の霊符だけにいえることではない。神霊を感応させ、その霊威を借りる符は、どのような宗教のものであろうと、やはり心身を清め、心をこめて書写しなければ、効験を期待することはできないだろう。

『抱朴子』にはそうしたことが、

「今の人がこれを用いてもあまり効験がないのは、世に出てから長い年月を経て、伝写の誤りが多くなったからである。また信心が篤くないと、これを用いてもうまくいかない」

と、「信心」という言葉で記されている。

また、『道法会元』には、

「符は陰陽の符合なり。ただ天下の至誠なるもの、これを用う。誠いやしくも至らざれば、自然に霊ならず。故に曰く、我が精を以て天地万物の精に合わせ、我が神を以て天地万物の神に合わせ、精と精とを相付し、神と神とを相依らしむ。尺寸の紙を仮りて鬼神を號招し、鬼神対せざるを得ざる所以なり」[*1]

とある。

　符を書くにあたっては、誠をもって、自分の精神を天地万物の精神と合致させる。そうすれば、呼んだ鬼神も、それに応対せざるをえないというのだ。自分の真気を天地の造化に合わせて、霊符を書けば雲雨を呼び、また霊符を散らせば疾風となる。符力によって神将を用い、邪気を制し、鬼神は自ら降伏し、精神は自然と霊になり、天に通じ、地に徹し、出明入幽、千変万化自在となるのである。

　また『霊験神符大観』などでも、

「符を書くには一定の方式がある。やりやすいやり方でやればよいというものではない。普通の人はこれを知らず、胡乱（いい加減）に書して、その書かれたものは大概は一笑に付されるだけである。符を書くには始めに虔誠の心を持たなければならない。果物、酒、お香、灯火を備えて、まず先に香を焚いて、謹んで言葉を述べ、礼拝する」

　として、「胡乱」に書すことを戒め、「虔誠の心」をもってなすべきことを教えている。

　これは道教の符だけのことではない。元来、霊符は神霊を感応させ、その霊威を借りるものであるから、心身を清めて誠心誠意調製しなければその効験を期待することは難しいのである。

　天皇家の神事をつかさどっていた神祇伯家の伝でも、

「凡そ札守を調進する事を丁寧に行ずべし。然ざれば効験奇特顕れず」

　とされている。丁寧こそ誠の現れで、単に符を書くときだけではない。神道においては、潔斎といって何日も特別な食事を摂取し、忌言葉を用い、禊することが三日あるいは一週間、長いときには数年にわたってなされてから、霊符が調製されたことが伝えられている。

また日蓮宗に伝えられる『祈禱指南書』は、符の書き方について、

「符は紅と墨とにて書け共紅を以て書くを上とす。水は必ず日出前に聞神の方より汲み、仏前に供へて然る後心身を清浄にして書くべきものとす。符を書くときは必ず普賢咒を誦し、如何なる要件あるとも書き了らざるに其座を起つべからず。或る流には一宿を経ずし書けとあり。要するに心身を清浄ならしむる意味にして、心の清浄こそ肝要として得意すべきものなり」

と記し、符を書く人の心身の清浄が、符の霊験を得るための必須条件としている。

「丁寧」も「心身の清浄」も行者の誠の念の表現であって、これは宗教のちがいにかかわらず、邪術の呪符でないかぎりは、同じような条件が付されていることを意味する。

二つ目は、「精気の充実と発揮」だ。

書写の際には、吐納法（気を自在に発現し移動させる呼吸法）や存思法（瞑想法）などによる、気の修練が必要とされる。そして、筆の端から気を発し、気功家のように符籙の上に精気を付着させなければならない。もともと道教の内丹法の研鑽を積んでいる多くの道士ならともかく、普通の人々はコツをつかむまで、多少手こずる可能性がある。

『雲笈七籤』には、

「一切万物、精気を以て用と為さざるはなし。故に二儀三景みな精気を以てその中を行る。万物既にまた精気を以てその中を行る。これ則ち五行六物、精気有らざるはなし。道の精気を以て、これを簡墨に布く。会する物の精気、以て邪偽を却け、正真を輔助し、群霊を召会し、生死を制御し、劫運を保持し、五方を安鎮す[*2]」

と記されている。いっさいのものは精気によって働き、精気が存在する。道の精気をもって、文字を記す木の札や竹、墨などに広く行きわたらせれば、そうした御札は、さまざまな霊威を発揮するというのだ。

古来、霊符を書く人はこの玄則を重視し、物質的には朱墨だけである符が霊験あらたかであるのは、真気の有無によるのだとして、「符に正形なく、気をもって霊なり」という言葉さえ残している。

これを文字通りに受け取ってしまって、霊符をしたためるというのは、単に形式であって、作用を起こすのは、それに付着した精気だから、符形はどうでもいいと考える人もいるかもしれないが、それは生悟りというものだ。

霊符と精気との関係は、いわば車とガソリンの関係に似ている。いくら性能のいい自動車でも、もちろんガソリンがなければ性能を発揮できない。また、ガソリンがあっても、車が故障していれば走ることはできない。もっとも、ガソリンだけでも点火すれば燃えて、燃料としての役目を果たすことができるのと同様に、精気だけでも役目を果たすことができないわけではない。とはいえ、当然それには限界がある。符の形は非常に多くの意味を秘めているのであり、精気のみでは最上の効験を得ることはできないのである。

さて、この精気を符に込めるためには、書く際に眼光を符紙に注ぎ、精神集中して一気に書き上げることが肝要だ。途中で停止することは禁物とされている。このとき可能なら、一枚書き上げる間は、息を凝らすことを心がける。この息を止め、一気呵成に書くことは、書符の重要な口伝のひとつとされている。また、一つ目の「誠」が欠けていれば、書符のときに精神を集中させることができないことも知っておいていただきたい。

人によっては息を吐きながら、その気が筆先から金色の光となって、ほとばしり出ることをイメージしつつ書写したほうが、書きやすく効果的な場合もある。したがって読者には、息を止める、息を吐きながらの両方を試し、より自分に合った方法を探っていただきたい。

複雑な霊符を書く場合、すべての点画を一息に書写することは、よほど呼吸法の修行を積んだ人でもなければ不可能だろう。この場合は、何度かに分けて書写してもさしつかえはない。だが、原則として少なくとも筆が線を書いている間は、息を凝らすことを心がけよう。符によっては呼吸法に特別の決まりがあるものも存在するので、注意が必要だ。

以上「神則我」を根底とし「至誠」「運気」の三点は、どんな霊符を書く場合も、十分に意識しておく必要がある。

霊符の書写に必要なもの

これから、霊符の書写法について、具体的に述べていく。

まずは、必要なものを以下に紹介しよう。いずれも霊符書写という霊的作業に用いるのだから、品質などは十分に吟味し、精選することが大切だ。これら道具の質によっても、できあがった霊符の効験にはかなりの違いが生じる。

とはいえ、やみくもに高価なものを選べばいいというわけでもない。最も大切なのは、それが清浄無垢なものかどうかということだ。また、霊符を書くのに使うものを、他の用途に用いることは絶対に許されない。必要なものはすべてひとつの箱の中に保管し、霊符専用としておくといいだろう。

❶筆

大半の符は墨と朱があればまにあうので、最低限、墨用と朱用の筆をそれぞれ一本、計二本用意すればいい。ただし、実際には、他の色を用いることもあれば、符の形態によっては、より書写しやすい筆が必要な場合もある。余裕をもって数本そろえておくといいだろう。

筆には材料や用途によってさまざまな種類があるが、腰の強い粘りのあるものを選べば問題はない。複雑な図形からなる符を書く場合は、変化のある線描きに向く穂先の短い削用筆などが最適だが、通常の符には、手紙などを書くときに用いる唐筆の写巻でも十分だろう。

❷墨と朱墨

墨には唐墨（中国産の墨）と和墨（国産の墨）とがある。これらの墨をよく見ると、漆黒の色合いの中に、赤味とか青味を帯びたものがあり、それぞれ茶墨、青墨と呼ばれている。符を書く場合には、後者の松煙（しょうえん）を原料としてつくられた高級な青墨を用いるといい。

朱墨には赤口（あかくち）、黄口（きくち）、その中間のものがあるが、霊符を書く場合は、より赤味がかった赤口の朱墨が適している。

符の中には墨以外の色、つまり青、赤、黄、紫などで書くように決められたものがあり、また金粉が要求されるものもある。五元にもとづく五色の符書などは、もともとは鉱物や植物の天然の色を用いたようだが、現在なら、その原料に天然の鉱物や植物を使用した日本画用の絵の具を使うといい。

きわめて簡易ではあるが、状況に応じては、便利な筆記具である筆ペンなどを用いてもかまわない。ただし、穂の部分がゴム状ではなく、毛状になっているものを選ぶようにしたい。

❸書写用の紙や板など

特に指定がないかぎり、一般には白絹や黄絹、または白紙（和紙）、表黄紙に書く。紙質は、墨や朱があまり滲まないものが望ましい。また、霊符を檜、榊、桃、柳などの板に書く場合もあるが、符の種類や用法によって、板の大きさや種類が異なってくるので注意が必要だ。これら以外に、呑む符など特殊な霊符の場合、烏賊の皮をはいで乾燥させ、それに書写することもある。

また、より薄い紙が必要な場合は、便宜的にオブラートなども使用する。特に複雑な霊符を書写する際は、ときには手本となる符の上に薄い図引き紙などを重ね、透かして写すこともある。ただし、通常の霊符を書写する場合は、この方法はお勧めできない。透写すると、どうしても一気呵成の勢いがなくなり、符が生きてこないからだ。

❹硯

硯の場合も最低限、筆と同様に墨用と朱用の二つが必要となる。

古来、有名な硯石としては、端渓をはじめとして、歙州石や、揚子江の水の中に含まれる泥を集めて焼成したという澄泥などがある。石質が温潤で、墨がよくおり、目の細かいものなら、どんな硯でも問題はない。

❺水

霊符の書写には当然、水も必要になってくる。

ベトナムで売られている霊符用木版。（撮影＝岸田森之助）

この場合の水には、「天水」とも呼ばれる雨水を使う伝[*3]、「露水」と呼ばれる草の葉に宿った朝露を集めて使う伝、「湧水」と呼ばれる山間に湧き出る清水を使う伝、「渓水」または「流水」と呼ばれる清らかな渓流に流れる水を使う伝、さらに「井水（せいすい）」と呼ばれる井戸から汲み出した水を使う伝[*4]などがある。符によっては、使うべき水が決められているものもある。

ただし、本書に紹介した霊符に使用する場合は、飲用に適するようなきれいな水であれば、どんな水でも問題はないと思われる。

霊符の筆順を知っておく

実際に書写する前に、霊符を書く筆順を知っておこう。

筆順は通常の金文（きんぶん）、篆（てん）書、隷（れい）書などを書くときと同じように、書きはじめ、途中、終わりの順序が決まっている。それを知らずに軽率に書くようでは、効験を期待することは難しいといわれる。

また霊符によっては、上古の秘文に関わるものもあり、こうしたものは、鬼神のみが知っているとされ、我々にはとうてい書くことのできないような特殊な書き順となることがある。そのため道書によっては「筆次差（たが）わざれば、鬼神必ず奉召（ほうしょう）せば至る。よく違抗（いこう）せざるなり。故（ゆえ）に書符を学ぶものは、もってその筆次の先後を研究するを要着となす」とまで極言しているほどだ。つまり筆順が違わなければ、鬼神もその符に霊徳によって招けばやってきて、その命令に逆らうことはない。したがって、符の書き方を学ぶ者は、まずその筆順の後先を研究することが重要なのである。

だが、一般的な霊符の場合、書符の筆順は、通常の習字の筆順と同じである。つまり、基本は上を先、下を後にし、左を先、右を後にすることになっている。そのため、漢字を使用している人々なら、霊符の書法は特別に習わなくても、多くの霊符を見、また書写することによって、自然と得られ、運筆の流れも会得されてくるものだ。

とはいえ、基本的なことがわかって霊符に接するのと、知らずに接するのでは、当然その修得に違いが生じる。そこで、その書く順序をここに簡単に記しておく。基本的には漢字の篆書の筆法や楷書の筆順とほぼ同様である（もちろん漢字同様、符によって特殊な順序があることはいうまでもない）。

❶上側の部分（漢字でいえばカシラ、カンムリの部分）を書いて後、下側の部分を書く。
❷左側の部分（漢字でいえば偏の部分）を書いて後、右側の部分（漢字でいえばツクリの部分）を書く。
❸線は上から下に書く。
❹線は左から右に書く。
❺縦線、横線が交差するときは、横線を先に書くことが多い。
❻╱のような右下がりの線は、左上から右下へ書く。

❼／のような左下がりの線は、右上から左下に書く。
❽三皇位（さんこうい）の璽（じ）とされる☆形のように、一筆書き（ひとふでが）きに書くものは、右の原則からはずれる。
❾書道でいう草書のような書き方の符については、筆順が変わる。

　この原則をあてはめていくと、たとえば、⺍のようなものは、まず上の✔を書き、左の✔を次に書き、右の✔を最後に書く。「勅令」などの文字も同じである。

　三点が横並びになっているようなときには、当然、左を先にし、右を後にする。たとえば、巛なら左を先にし、中を次にし、右を最後に書く。

　また文字によって決まりのあるものもあり、仮に一符中に「斗」の字があるとしたら、この字は

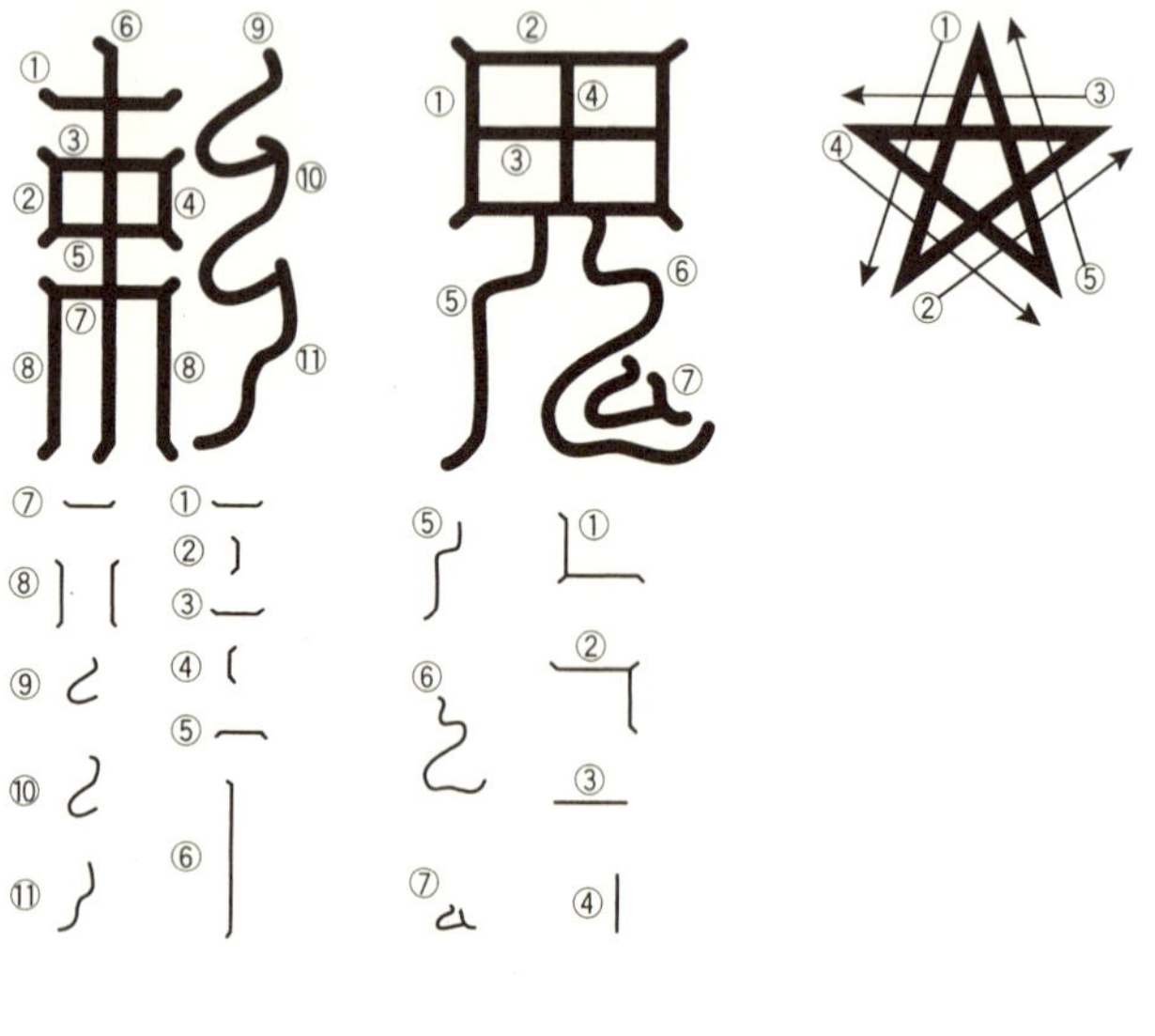

特殊な文字の書き順

魁星（かいせい）の符号のため、符をすべてを書き終えたのちに加える。さらに、星象があるとすれば、まず星の本身を書き、後に光芒を書くことになっている。

ººº なら、先に○を書き、後に線を加える。人の姿を現した符などは、絵画のように必ず頭を先に書き、次に体、最後に四肢を書く。

理屈がわかれば、それほど難しいところはないことがおわかりいただけるはずだ。このように、原則にしたがって、誤りなく書写できれば、霊効を見ることができる。前ページに書順の一例を示した。

実際に霊符を書写する

すべての準備が完了したら、いよいよ霊符の書写に入る。以下に紹介するのは、書写作法としては、かなり本格的なものだ。各段階で呪文を唱える必要があるので、それらも合わせて紹介するが、その前に、呪文についての予備知識も仕入れておいていただきたい。

道教の霊符には「符呪（ふじゅ）」といって、呪文がつきものだ。ここで、この符呪について簡単に説明しておく。

「呪」とは、道士が法術を行うときに口中で念唱する、短い神秘的な言葉である。

その内容は、叱責や呪いの語で鬼や邪を呪詛（じゅそ）し、これによって、妖魔や邪鬼を駆逐し、悪い作用がおよぼされるのを避ける。あるいは、慎み畏こむ恭しい言葉で神霊に祈請して、祥福を呼び、平安を賜れるよう願うものだ。

呪文の文字数は、少ない場合は三、四字。ときには数百字におよぶ。形式としては、一般には、初句で鬼神の名を呼び、中間で要求や命令を述べて、末句は「急々如律令」、または「如○○神律令（○○は神名）」で結ぶ。

たとえば、書き上げた霊符をまじなう「勅符咒」は、次のようになる。

「上帝、勅あり。速やかに青雷を起こし、此の符命に准じて、徘徊を得ずして、神威を一振し、万魔を灰と成せ。急々如大木郎、起雷律令」[*5]

また、一般に道士は、霊符を書写するときだけでなく、法事を行う場合、誦経、睡眠、出行、飲食、整髪、沐浴などの日常生活でも呪文を念じる。そうした呪文のほとんどは、頻繁に用いられるため、記憶しやすく短時間で唱えられるよう、簡単なものが多い。

例として、目覚めから睡眠にいたるまでの呪文を挙げてみよう。

睡眠から覚めるときは、

「まさに慎むべし。衆生、迷を以て入覚し、一旦に豁然す」

手やまぶたを洗うときには、

「除垢神延、凝神不散」

衣服を着るときには、

「検束威儀、服膺善法」

水を飲むときに唱えるのは、

「神水入腹、五臓清明」

堂を出るときには、

「四方無碍、衆妙の門に入る」

寝る前に念じるのは、

「太真玉女侍りて、真に魂を衛る。三宮金童来たりて、生門を守る」

以上のようになっている。このように呪文は、道士の日常生活に深く入り込んでいるのだ。

もっともこうした呪文は、もはや呪的というより、修道の語録や標語的なものとして扱われることが多くなっている。そして、道士は呪文の書きつけを符と合わせて身につけたり、塀や壁などに貼って心を引き締めるものとしている。

さて、ここからは書写作法の各段階と、その際に唱えるべき呪文を紹介する。

❶左の「浄天地咒」を唱えながら、霊符を書く室内を清める。

「天地自然。穢気分散。洞中玄虚。晃朗太元。八方威神。使我自然。霊宝符命。普告九天。乾羅答那。

洞罡太玄。斬妖縛邪。殺鬼万千。中山神咒。元始玉文。持誦一遍。却鬼延年。按行五岳。八海知聞。魔王東首。侍衛我軒。凶穢消蕩。道気長存。急々如太上老君律令勅」

❷清めた部屋で、できるだけ香りのいい香を焚く。その際、香炉を使うのが最も効験が高いが、なければ皿の上などで焚いてもいい。現在は香を固めて三角錐の形にし、マッチなどで火をつけるだけでいい香も市販されているので、それを用いてもいいだろう。

なお、香炉がわりに皿を使用する場合は新しいものを求め、霊符書写専用とすることはいうまでもない。線香を使用する場合は、三本立てる必要がある。

❸心を鎮め、香に向かって一拝する。本来はここで「請神文」などを読み上げ、神々の降臨を願うが、道士などの専門家でもないかぎり、そこまでは必要ないだろう。

ただし、自らの信じる神、あるいは天地の神祇に、どんな目的でどのような霊符を書写するつもりかを告げ、その助けを願うことが重要だ。

❹心身を清めるために、以下三種類の呪文を唱える。

浄口咒＝「太上延生台光。英霊劈陰陰鬼。保命陽精。霊源不竭。延寿長寧。邪気不入。真旡長存。陰随七魄。陽随三魂。依吾指教。奏上三清。急急如。九天玄女律令勅」

安神咒＝「天丁神兵。八卦之精。摂到神将。安慰吾身。聞咒速至。百事通霊。無事不報。不得違令吾奉。九天玄女律令勅」

浄身咒＝「以日洗身。以月煉形。仙人扶起。玉女随行。二十八宿。与吾合形。千邪万穢。逐水而清。霊宝天尊。安慰身形。弟子魂魄。五曜玄明。青龍白虎。隊仗紛紜。朱雀玄武。侍衛身形。急急如律令」

❺書写に使用する水、紙、硯、墨、筆などを、呪文によってまじなうための勅水、勅紙、勅硯、勅墨、勅筆といった作法を行う。以下、個別に紹介する。

◆水をまじなう呪文

水注（水入れ）の中に入れた水に向かい、次のように唱える。

勅水神咒＝「此水不是非凡水。水不洗水。北方壬癸水。一点在硯中。雲雨須臾至。病者呑之。百鬼消除。邪鬼呑之如粉砕。急々三奇君勅令」

◆紙をまじなう呪文

使用する紙に向かい、次のように唱える。

勅紙神咒＝「北帝勅吾紙書符。打邪鬼敢有不伏者。押赴酆都城抬急々如律令」

◆硯をまじなう呪文

同じく硯に向かい、次のように唱える。

勅硯神咒＝「玉帝有勅。神硯四方。金木水火土。雷風雷電神硯。軽磨霹靂電光転。急々如律令」

◆墨をまじなう呪文

硯の後は、墨をまじなう。もちろん朱墨の場合も、この呪文を用いてさしつかえない。

勅墨神咒＝「玉帝有勅。神墨霊々。形如雲霧。上列九星。神墨軽磨霹靂紏紛。急々如律令」

◆筆をまじなう呪文

その呪文は、次のようになる。

勅筆神咒＝「居収五帝神将。電灼光華。納則一身。保命上則。縛鬼伏邪。一切死活滅道。我長生急々如律令」

❻書写に使用するものをまじない終わったら、いよいよ墨を磨り、霊符を書くために筆を下ろす。それにあたって必要な呪文が、次に紹介するものだ。「我は神なり」との信念をもち、精気が充実してきたら、左の呪文を唱え、その後、一気呵成に筆を紙に下ろす（符によっては、一点一画ごとに咒を唱える場合もある）。

下筆書符神咒＝「天円地方。律令九章。吾今下筆。万鬼伏蔵。急々如律令」

なお、符を書くときは目をキッと開き、全眼光を符紙に注ぐこと。このとき、黄金の光が筆に下り、一点一画のすべてが金色に輝くさまを観想（イメージ）しながら、息を止めて書く。

ときに、他人と世間話などをしながら符を書く人も見かけられるが、これではよほどの天才でもないかぎり精神集中ができず、心が定まらない。こんな状態で符を書いても、できあがった符に神の助けによる効験は期待できない。

ちなみに、符を書く際は、一度書いたところをなぞって直したり、一点一画ごとに墨をつけなおすのは禁物だ。

❼書き終わったら、印咒を用いて、龍を下し、虎を伏し、鬼神を叱咤するほどの勢いをもって霊気を符に注入する。つまり、右手に刀印（人差し指と中指を並べて伸ばし、残りの指は軽く握った形）を結んで、その先を符紙に触れ、次の勅符神咒を唱える。その際、気が霊符に注入されることを観想する。

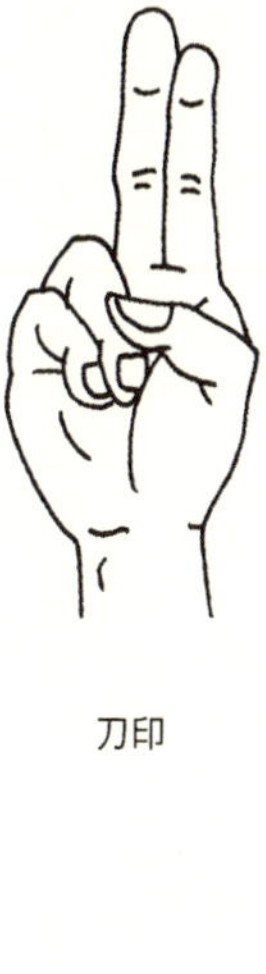
刀印

「祖師、我をして符を勅せしむ。本師、我をして符を勅せしむ。仙人、我をして符を勅せしむ。玉女、我をして符を勅せしむ。生魂、口叫し、師父、我をして符を勅せしむ。勅して此の符を得、符は首勲、符は眼光。符は人人を長生せしめ、符は鬼鬼を滅亡せしむ。勅して此の符を得、一套は十套となり、十套は化して百套となり、百套は化して千套となり、千套は化して万套となる。符霊套套として、応有り。套套として兵を帯びる。套套として将を帯びる。雄兵猛将、弟子を扶持す。呼神出煞、駕馬興工等百、禁忌無し。急々如律令勅」

❽霊符を手にとり、香煙の中で左右に揺らしながら、次の呪文を唱える。

「神符は炉中、香烟し正奏す。玉皇上帝の門奏を得て、玉皇を噴し、勅令を行う。四辺の官将、威霊を顕す。五方の勅令の帥を奉請し、勅符は三帥を主る。三帥将軍童子、即ち何人か来たりて画符するを奉請す。神師祖師弟子それ来たりて画符を領す。天上の画符は天動き、地下の画符は地崩ず。田上の画符は草死し、海内の画符は海乾く。神廟の画符は廟倒る。対人の画符は人長生す。対鬼の画符は鬼消滅す。対神の画符は神遷離す。神符を書き起こし東方に到る。東方の百鬼走るに忙忙。神符を書き起こし、南方に到る。南方の百鬼蔵れる処なし。神符を書き起こし西方に到る。西方の弥陀、現身を破る。神符を書き起こし、北方に到る。北方の真武、大いに軍を将いる。神符を書き起こし中央に到る。中央の百鬼、走り転禍す。神符一道を書き下して、准准の勅あり」

これで、おおよその霊符の書写作法は終わりである。

この項の最後に、書写の際に適切な霊符の大きさについて、記しておく。

実際のところ、霊符の中には書写する紙、あるいは材質はおろか、その大きさまで厳密に指定されているものもあり、それが口伝となっているものさえもないではない。

だが特別に指示されていないかぎり、普通紹介されているような霊符に関してはほとんどそのような規定はないと考えてよい。その人の書きやすい大きさ、また用途に応じた大きさに書けばよいのである。もちろんその符を書写する紙についても同様だ。特に規定されたものの他は、適宜自分の書きやすい大きさの紙に書写してかまわない。

ただ常識の問題ではあるが、おふだとして柱などに貼るものを、小指の爪ほどの大きさの紙に書いては、バランスに欠けると思われる。お守り袋に入れて携帯するような霊符であれば、通常は折らずに、その霊符がお守り袋に入る大きさの紙に書くようにするといい。

いずれにしろ、各自の常識で判断してさしつかえない。

なお、特殊な符以外は、霊符は書き終えたらすぐに用いることをおすすめする。多くの場合、使用が早ければ早いほど、効験もまた大きいからだ。

また、普通は霊符を前もってたくさん書きためておくことは、禁物とされている。時間があまり長く経過すると、霊符にこめた気が散って、せっかく召喚した鬼神が去ってしまう恐れがあるのだ。

霊符書写の略式作法

前項で、霊符書写作法のひとつを紹介した。本格的でありながら、あまり煩雑でないものを選んだが、人によっては、やはり簡単に実行できないと感じる人も少なくないだろう。

実をいえば、よほど独自の系統の特別な符で、特別な謹製法が定められているものならともかく、ほとんどのものは細かい作法にこだわらなくても、誠心誠意をこめて書写すれば、必ずある程度の効験はあるといわれている。

前項で紹介した作法が実行困難の場合のために、より簡易な書写の秘伝を次に記しておく。

●水・紙・硯・墨・筆を清める神咒

墨を磨るための水、霊符を書写する紙、霊符書写に用いる硯、硯で磨る墨、書写用の筆などをまじなうための呪文は、これまでに紹介したものの他にも数多く存在する。だが、どうしても長いものが多く、すべてを暗記して唱えつつ、霊符を書写するのはなかなか難しい。

そこでそれぞれの品を清め、霊化できる簡単な呪文を紹介しておく。

「神火清明(しんかせいめい)、神水清明(しんすいせいめい)、神風清明(しんぷうせいめい)」

以上を小声で唱え、いっさいの穢れを吹きはらうつもりで、口から「プーッ、プーッ、プーッ」と勢いよく息を吹き出して、清めようとするものに三回吹きかける。

なお、水、紙、硯、墨、筆などは、それぞれ個別に清めるのが原則だが、時間のないときには、まとめて清めてもさしつかえない。

●符に気を注入するための観想法

霊符に気を注入して書写するために、古来さまざまな観想法が伝えられている。

ここではその代表的なものをひとつ紹介しておく。これは、前項で述べた書写作法の際に用いても、いい結果を生む。

❶自分の心身が、五色の霊玉のどれかであることを観想する。観想する霊玉の色は、たとえば、書写

の時期が春（立春から立夏以前）なら青色の霊玉、夏（立夏から立秋以前）なら赤色の霊玉、秋（立秋から立冬以前）なら白色の霊玉、冬（立冬から立春以前）なら黒色の霊玉、四季の土用の日（立春・立夏・立秋・立冬の前十八日間）なら黄色の霊玉というように、二十四節気に基づく季節によって異なる。実際に書写するときは、暦などで正確な季節を確認するといい。

❷成就を願う事柄の内容を強く念じ（このとき腹式呼吸法を用いると気魂の集中に役立つ）、空中から金色の光が舞い降りる様子を想像して、それを呑みこむ。

❸筆墨から金色の光がほとばしり、その光で霊符を書くことを想像して、一息に霊符を書写する。霊符の字体が多く、一息で書写するのが難しいときは、あらかじめ二息または三息というように決めておき、一気呵成の心がまえで書写する。その際、筆墨で符を書くと考えず、自らに降りてきている宇宙の気を用いて、符を書くものと思わなければならない。

ちなみに、符を書くときに唱える呪文にはさまざまなものがあるが、次の呪文が簡潔でありながら、符気をかなり強化してくれる。

「福（ふく）・寿（じゅ）・光（こう）・無（む）・量（りょう）」

霊符を書写する間、これを心中で唱え続けているといいだろう。ただし、筆先から金色の光がほとばしっていることを観想するときは、近くに人がいて聞かれても、内容がわからない程度の小声で唱えてもかまわない。また、この呪文は墨を磨る間も唱えていると、より効験が期待できるといわれている。

七種に大別される霊符の用い方

霊符が完成したら、それをどういった場で、どのように用いるかが重要になってくる。

これらは使用法および使用目的によって、大きく七種に分けられるので、以下に紹介する。

読者には、ぜひ自らの目的に合った使用法を選択していただきたい。なお、古来の道書には、用い方のさまざまな実例が記載されている。章末の注にそれらも掲載してあるので、興味のある方は、参考にされたい。

❶貼懸符法

紙や布、鏡、木などに霊符を書いて、門柱や室内に貼る。道壇の四方や中庭に懸けたり、魑魅魍魎などの出現する場所や器物の上に貼る場合もある。霊符が魔を鎮める目的で書かれたものなら、それを見た魍魎たちは近づかなくなる。これによって祟りを避けることができるのだ。*6

❷洗拭符法

まず、紙に書いた霊符を焼いて灰にする。それを水に溶かしたもので、体や手足を洗うと、病気を癒すことができる。また病患部に塗っても効験は大だ。病気でなくても、体全体に塗布することでまとわりつく邪気を祓ったり、仙道修行の助けとなることもある。[*7]

❸呑服符法

道教では、霊符を呑むことで病気を癒し、悪鬼や邪気を追い払い、道を悟る場合がある。

とくに病気を癒したい場合は、その病気の治癒に適した霊符を薄い小さな紙に書し、服用することがある。これで、ときには名医が匙を投げるような難病でも、快癒することがあるという。符を呑むのは、漢代においてすでに行われていたらしく、『太平経』には「病を除き、大いに道を開こうとするならば、符を朱書して呑むべし」と記されている。他にも『道蔵』の各所に、霊符を直接に水で呑むとか、竹膜上に符を書いて呑み下すとか、符を焼いて灰にし、水に混ぜて呑むといった事例が記されている。竹膜に書いたり、燃やして水とともに呑むというのは、紙が厚かったり、固いと呑みづらいことによると思われる。現在では、呑服の符を書写する場合は、かなり薄い紙もあるし、また薬などを包むオブラートを用いることも可能である。なお、竹膜とは堅い節の中にできるもので、「虚中にして霊を受くるなり」として、符を書くのに霊的に適したものとされている。さらに、清浄な雪の固まりに朱墨で書くこともある。また、団子や棗といった食物の表面に符を書き、病人に食べさせるという方法も知られている。

ちなみに、呑服符に関しては、こんな笑えない逸話もある。

昔、ある求道者がいて熱心に修行していたが、どうも腹の調子がよくない。そこでさまざまな医者に診てもらったが、治る気配もない。最後の手段とばかり、国内でも名の知れたある医者を呼び、治療を頼んだ。するとその医者は求道者の脈を見て、次のように言った。

「どうやらこの病気は、あなたが修行に励みすぎたせいのようですね」

その後、医者が処方した薬を飲むと、盛大に腹が下り、拳大の固まりが出てきた。これを割ってみたところ、何と固まりの中から霊符が出てきた。呑服符のしすぎで、腸に霊符がたまってしまったというわけだ。[*8]

❹佩帯符法（はいたいふほう）

これは符を髪の間に挿したり、錦の袋などに入れて腰につけたりして携帯することをいう。

通常は男は体の左側に、女は右側につけることが多い。またつける場所によって効果の違うもの、初めからつける場所が決まっているものもある。かつては戦時に男たちが、霊符をつけた兜を身につけたこともあったという。佩帯符は一般に不祥事を避け、邪祟（じゃすい）などを遠ざけたいときに用いることが多い。たとえば、兄弟の不仲、夫婦間の不和、結婚後に相手が早死にしそうなとき……といった家庭内の不幸も、霊符を身につければ解消できる。[*9]

❺埋投符法（まいとうふほう）

これは埋土、投水符法ということで、霊符を土に埋めたり、河水に投じたりする方法である。山の中に霊符を埋めるような場合には「封」という言葉を用いることもある。埋めるものは、紙だけではなく、桃木とか、桐の木などの板や、金属板などさまざまである。これらに霊符を書いて、それを地中に埋めたり、山に封じたりすることも多い。なお霊符を頭や心臓、足といった身体各部につけたあとで、門の下などに埋めることもある。

埋土法の一例を挙げれば、邪鬼を鎮厭する場合、あるいは土地が不吉なときなどには、厚紙、または木板上に符を書く。次に晴れた日の朝、日の出の頃に、他人に見られないように、地面に深さ三十センチほどの穴を掘り、清浄な黄紙一枚を敷く。その上に霊符を置き、埋めるのである。

投水は沈水ともいい、水中に霊符を投げ入れることである。直接金属板に霊符を刻んで投げ入れることもあれば、紙や布に書いたものを金属の箱に納めて、水に沈めることもある。水を入れたお碗などの容器の中に符を置いて、それを川に流すという方法も知られている。また木板などに書写した霊符などは、それに石を結びつけて沈める方法もよく見られる。もっとも、「投」というのは水に霊符を投ずるだけではなく、他のものに投じて霊力を発揮することもあるので注意しなければならない[*10]。

❻直接符法

霊符を直接、手や足の裏に書いたり、または体の病患部に書写する。霊符を刻んだ印を頭や足などに押す方法もある。病気を治す、鬼や魔を駆逐する、仙人修行の一環といった目的の達成に効果のある符法だ。

ちなみに、この直接符法に属する用法のひとつに、「空書（くうしょ）秘法」がある。書符にはさまざまなものが必要になることはすでに述べたが、とっさの間に符を書かなければならないこともある。こうしたときには、この「空書秘法」を用い、空中に指で霊符を書けばいい。

たとえば、夜道を歩いていて妖怪に出会ったり、あるいは不吉な家に立ち寄って邪気にあてられたときなどは、次のようにする。

まず安定した姿勢で立ち、しばらく息を止めて精神を凝らし、その後、右手で刀印を結び、空に向かって霊符を書くのだ。また、病人の背中に病気平癒のための霊符を刀印で書くなど、その応用はつきない。[*11]

❼焚焼（ふんしょう）符法

符を焼くことで効験を得る方法だ。通常、道教では鬼神を呼び寄せる際は、まず香を焚いて祝詞（しゅくし）を心の中で唱え、さらに符を焚き呪文を唱えることが多い。

なお、焚符にも法度（はっと）があることはもちろん、方角や時間などの定めもある。この焚焼符法はかなりの熟練を要するので、霊符の扱いそのものによほど慣れるまで、手を出さないほうがいいかもしれない。

さて、霊符を焚くときは符の上角を持ち、下端を火の上に置く。霊符に火がついたら呪文を唱え、一定の方向に向かって焚く。また、鬼神の助けを借りたいときは、必ずそれらを呼び出す牒文が誦される。ただし、誦の箇所によって焚く符や、唱えるべき呪文が決まっていて、それが少しでも前後すると効力がないといわれている。[*12]

❽その他の用法

以上に挙げたほかにも、霊符の用法はさまざまある。例をいくつか紹介してみよう。いずれも目的にかかわらず使用できる。

たとえば治病符の類いは、病人の枕の下に敷いても効果を発揮する。また、清めたコップなどに清水を入れて割箸をのせ、その上に符面が水に映るようにして霊符をのせる。霊符を二時間以上、水面に映した後、コップの水を呑む。これも病気を癒す効験があるという。杯などに符を書き、神水を注いでそれを飲む方法、霊符を手に持ち、静かに気長に病人の体をさする方法なども、よく知られている。

なお、かなり特殊な用法として、霊符のもつ霊威力を自らの身につけることができる、というものがある。それには書き終えた霊符を顔の前に捧げもち、その符を童子（道教における隠語で「目」を意味する言葉）で注視する。そして、その霊符に宿る符気を、自らの丹田（臍の下の下腹部）に納めるという気持ちで、静かに鼻から息を吸う。吸い終わったら、目を閉じ、口をややあけ、ゆっくりとかすかに息を吐く。そして二、三度普通に呼吸して息を整え、同様の手順で何度かくり返す。これで、その符のもつ霊威力を借りることが可能になるという……。

霊符の活用法はまだまだあるが、最も効果があり、なおかつ一般的な符の用法としては、次のものがある。まず同じ霊符を三枚書き、一枚は神棚に祀って祈願し、もう一枚は常に身につけ、最後の一枚は手に持ち、符に描かれた図を目を閉じて観想する。そして、図にこめられた気を呼吸とともに吸うといいとされる。この場合、神棚のない方は、目の位置より高い清浄な場所に、霊符を安置するといい。本書に掲載した霊符もこのようにすれば、いっそうの効果が期待できるはずだ。

さて、最後に付記する。

霊符を実際に使用し、効験があったときは、天地の神々に感謝の念を忘れないことである。自宅に神棚や仏壇がある人ならそこに向かって、ない人は近くの神社仏閣で、それぞれ感謝の祈りを捧げよう。そうした場所を好まない人は、大いなる宇宙の力、または天に向かって感謝すればいい。

【第三章　注】
＊1……「巻一　清微道法枢紐」に記載。
＊2……巻七の「符字説」に記載。
＊3……天水を、朝露を集めたものとする伝もある

＊4……これも立春の未明に汲みおいたものを保存し、使うとする伝もある

＊5……『道法会元』巻一〇二に記載。

＊6……「北帝第六符は、門の中に貼る。これによって水火の災難を治め、家に災いなく、大吉である」（『太上元始天尊説北帝伏魔神咒妙経』）。

「太上北極第一神符は、これを寝室の中に貼れば、諸々の邪精を却ける」（『太上北極伏魔神咒殺鬼籙』）。

「六丁玉女符は、月食の夜を以て、杜荊木あるいは梧桐木、柏木を採って、板（長九寸、広厚二分）を作り、雄黄を以て神名を下に書し、袋を縫ってこれを入れる。出兵に際して、上将がいる場所の壇上にこれを掛ける。立ち向かう敵兵自ずから降伏し、あるいは隊を退いて帰国する」（『黄帝太一八門入式訣』）。

「右四符は、白絹の上に青書し、四方に懸ける。これにより魔王、悪鬼の徒を伏制し、ことごとくの衆魔上聖を摂伏せしめる」（『上清洞真天宝大洞三景宝籙』）。

「八威神符は、もし道士がいて疾病を治し、精邪を封じようとするなら、長一尺五寸の柏木板に墨書して、宅の中庭に懸けるとよい」（『七元真人説神真霊符経』）。

＊7……「六甲（六つのキノエの日）の最初の日に、この符を朱書し、焼いて灰となし、清水に混ぜる。前咒を二百二十遍誦し、符の灰が入った水を、両耳、目、鼻及び口に、各々七回付ける。残ったものはこれを服す。終わったならば、再びこの符を書して、前咒を四十九遍誦して、しかる後これを身につける。すると神験を目の当たりにする」（『太上赤文洞真三籙』）。

「通目符は、焼いて灰となし、水に混ぜ、洗眼する。すると土地の神の姿を見、耳に鬼神の言語するを聞くことを得る」（『太上赤文洞真三籙』）。

「石鏡水母玉精符は、青絹の上に黄書し、水中に入れる。その水を以て、玉池で身を濯げば、身体に光を生じ、内外ともに真を受ける。毎日これを書し、以て身を濯げば、心は悟りに達し、九年にして自ずから仙となる」（『上清元始譜録太

真玉訣』)。

＊8……「開明霊符を服し、月華霊符を服し、…中略…三界の外に超淩(ちょうりょう)し、六合の中を遊浪する」(『太平経』)。

「東方艮符は、井華水を以て、卯の時に、東北に向かって、その符を五つ服せば、黒い衣冠の神が現れて語りかけてくる」(『太上赤文洞神三籙』)。

「この十二符、焼いた灰を丸め、毎日、早晨(そうしん)の水でこれを服する」(『太上玄妙千金籙』)。

「陽精飛景之符は、太歳神の日、竹膜の上に朱書し、太歳神に向かってこれを服する。三年にして、胃管は明らかとなり、真の光は充ち鎮まりて、霊は玉戸に降り、面は日光を生じ、七年にして飛行する」(『洞真太上八素真経服食日月皇華訣』)。

＊9……「人甲符は、この符を朱書して、髻(もとどり)中に入れる。神名を思念すれば、身に赤衣を着し赤馬に乗った神が須臾(しゅゆ)にして至る」(『太上赤文洞神三籙』)。

「天地別符は、符を筒の中に入れ、それを男は左、女は右の臂に付ける。そうすれば兵を万里に辟(さ)けることができる。天下の賊人、あるいはこの符を身につけた人に何かをしようとする者はかえってその殃(わざわい)を受け、兵を挙げてこれに向かうものはみな還って自ら傷つく」(『洞真太微黄書天帝君石景金陽素経』)。

「五神内宝符は、自分の本命の日に、五符ともに書し、錦嚢中に入れて、これを身につければ、長生不死となる」(『上清洞真元経五籍符』)。

「神燭通光霊符は、これを青絹九寸に朱書しこれを身につける。また九寸の符を書して、住むところの東方、神燭の灯下に置く。九年にして、神燭は自ずから明らかとなり、神符が自然と生ずる。東方青帝、青光童子十二人を遣わして、その者の身を守らせる」(『洞真太上紫度炎光神元変経』)。

「上皇玉天符は、白絹に朱書し、これを頭上につける。すると災厄がその身を傷つけることはなく、身を保ち、命は長くして、寿命は三光と同じくなる。これを佩(お)びること九年にして、白日昇天し、太清に至る」(『洞真太上上清青要紫書金根衆経』)。

「高上紫虚玉符は、白絹に黄書して、これを左肘に付ける。千妖万精にしろ、疫癘横災にしろ傷つけることはできない」(『洞真太上上清青要紫書金根衆経』)。

「紫微中閣招財神符は、丙子、丁丑、壬寅、癸卯、戊申、戊午の満成収開日に、朱書し、これを帯びれば、五方の銭財を招き、人をして富貴ならしめる」(『太上正一盟威法籙』)。

「金虎真符は、白絹に朱書して、紫の錦嚢に入れ、これを頭上に佩びれば、天地の群霊を制命し、神仙は敬伏する」(『洞真太上金篇虎符真文経』)。


*10……「符を書いて、石に投げれば、石はその形を隠す。符を書いて山に投げれば、山は白雲を降す。符を書いて、水に投げれば、水の上に龍精が現れる。符を西岳に埋めれば、即ち仙官を授けられる」(『太上九赤班符五帝内真経』)。

「太上九元青炁班符は、常に立春、春分の日に、符を桐板上に朱書し、符の下に、青糸で纏った青石を付け、これを東流の水に投げる」(『太上九赤班符五帝内真経』)。

「もし国土の州県、蝗蟲の降下に遭って、万民が困惑したならば、州北の門前において七元壇を建て、道を行い、霊符を一つは鉄にこれを書し、州の河の中に投げ入れなさい。たちまちに黒気と変じて天を衝き、甘露が降下する。また梓木に雌黄を用いて霊符を書し、その土地の廟の敷地の一尺二寸掘ったところに埋めなさい。そうすれば、蝗蟲は即座に死に絶える」(『太上元始天尊説北帝伏魔神咒妙経』)。

「青書九天玉文は、甲乙の日に赤石に刻み、住むところの南の岳に埋める。埋める時に、南に向かって、歯を九回叩き、咒して曰く……中略……畢ったならば、霊符を刻んだ石を九尺の深さに埋める」(『洞真太上三九素語玉精真訣』)。

「解形遂変滅度地獄流景玉符は、白絹に黒書し、両足の下に置き、これにより色情の苦しみの心根を断ち、終わったならば、門の下に埋め、これにより形を解いて神仙となるのである。解形遂変滅度風刀流景玉符は、白絹に白書し、両足の下に置き、これにより愛情の苦しみの神根を断ち、終わったならば、門の下に埋め、これにより形を解いて神仙となるのである」（『上清元始譜録太真玉訣』）。

*11……「八字霊篆は、もし下元生まれの人で、病が腹にあったならば、水の上に墨書し、その一字を呑む。更に加持神咒して、八字を呑むに至ったならば、たちまちに病は消散する。もし病が外に現れたものならば、神の力を静思し、そしてその患部に墨書する。もし、第一字を書いて、未だ消散しなければ、更にその側に第二字を書する。おおむね三字を過ぎないうちに、退散しないものはない」（『太上元始天尊説北帝伏魔神咒妙経』）。

「上霊飛玉符は、昇天の日に、左手の掌心に書する。たちまち碧霞を握って飛行する」「太霊飛玉符は、昇天の日に、心に書する。たちまちよく気を吐いて雲と成し、雲に乗って行く」（『白羽里翮霊飛玉符』）。

「北極殺鬼印、北極酆都召鬼神印は、もし世人が、悪鬼、山魈、古怪のしわざのために、狂言し、あるいは水火に入らしめられることがあれば、印を以て病者の心臓の上に押印する。病人は悉くその病気の原因である鬼を言い、その病はただちに癒る」（『太上北極伏魔神咒殺鬼籙』）。

「この法は背面して行う。男は左手の内に字を書し、符を書する。女子は右手の内に符を書し、字を書する。語ってはならない。気を閉じてこれを書する。そうすればこの法の神験が現れる」（『黄帝太一八門入式訣』）。

*12……「符を焚く。法にもとづいて発炉し、意を通ずる。香官功曹などの神、炉の上の五色の香雲に乗って、天に升り、事を奏することを観想する。……次に法にもとづいて官を納める。納官符を焚く。……法にもとづいて復炉す。復炉符を焚く」（『道法会元』巻十四）。

「子文（手の指で十二支の子に相当する薬指の根元のこと）に指を当て、東南に向かって気を取り、符を書して、病人の前、あるいは道院の中において焼く。そのとき、緋衣、大袖、金甲、天丁冠の装いをした神将が五色の雲に乗って降臨するのを観想すべし」（『高上神霄玉清真王紫書大法』召二十一将軍咒）。

霊符に関するQ&A

霊符とは、たんに紙に描かれたお守りではない。
正しい用い方、扱い方をつねに心掛けなければ、
それはたちまち恐るべき呪符と化し、用いる者に霊障をもたらす――。
霊符を実際に用いる際のコツやポイントを、
Q&A形式でわかりやすく整理してみた。

Q 霊符に吹き込むために、自分の気を充実させておきたいと思います。そのための呼吸法を教えてください。

A 道教においては呼吸法は多くの種類があり、その名称も吐納法(古い気を吐き、新しい気を納れる法)や、周天法(呼吸とともに気を巡らす法)、行気法(気を行る法)などさまざまだ。単に呼吸と観想を用いるものよりも、導引法と呼ばれる、呼吸と体動が一体化したもののほうが、初心者には実行しやすく、効果も顕著である。

ここでは、導引法の中の一法を紹介する。これは、毎日、原則として午前二時から午前五時の間に行うといい。むろん、この時間帯に行うのが難しい場合は、他の時間でもかまわない。ただし、原則の時間帯よりは、呼吸法の効果はいくぶん削減される。

まず、ゆったりとした衣服を身につけ、東あるいは南に向かって安坐する。あぐらをかいてもいいし、足先を股の上に載せた、結跏趺坐でもいい。もちろん正座でもかまわない。

両手は親指を覆うようにして、握り拳をつくり、それぞれを左右の腰腹間に置く。

以下、順序どおりに呼吸をくり返してほしい。

❶腹部を引っ込めつつ、口から思いきり濁気を三回吐く。

❷歯をカチカチとかみ合わせる。その場合、左の歯で十二、右の歯で十二、中の歯で十二、合せて三十六回かみ合わせること。ちなみに道教の用語では、左歯相叩くことを鐘といい、右歯相叩くことを磬と

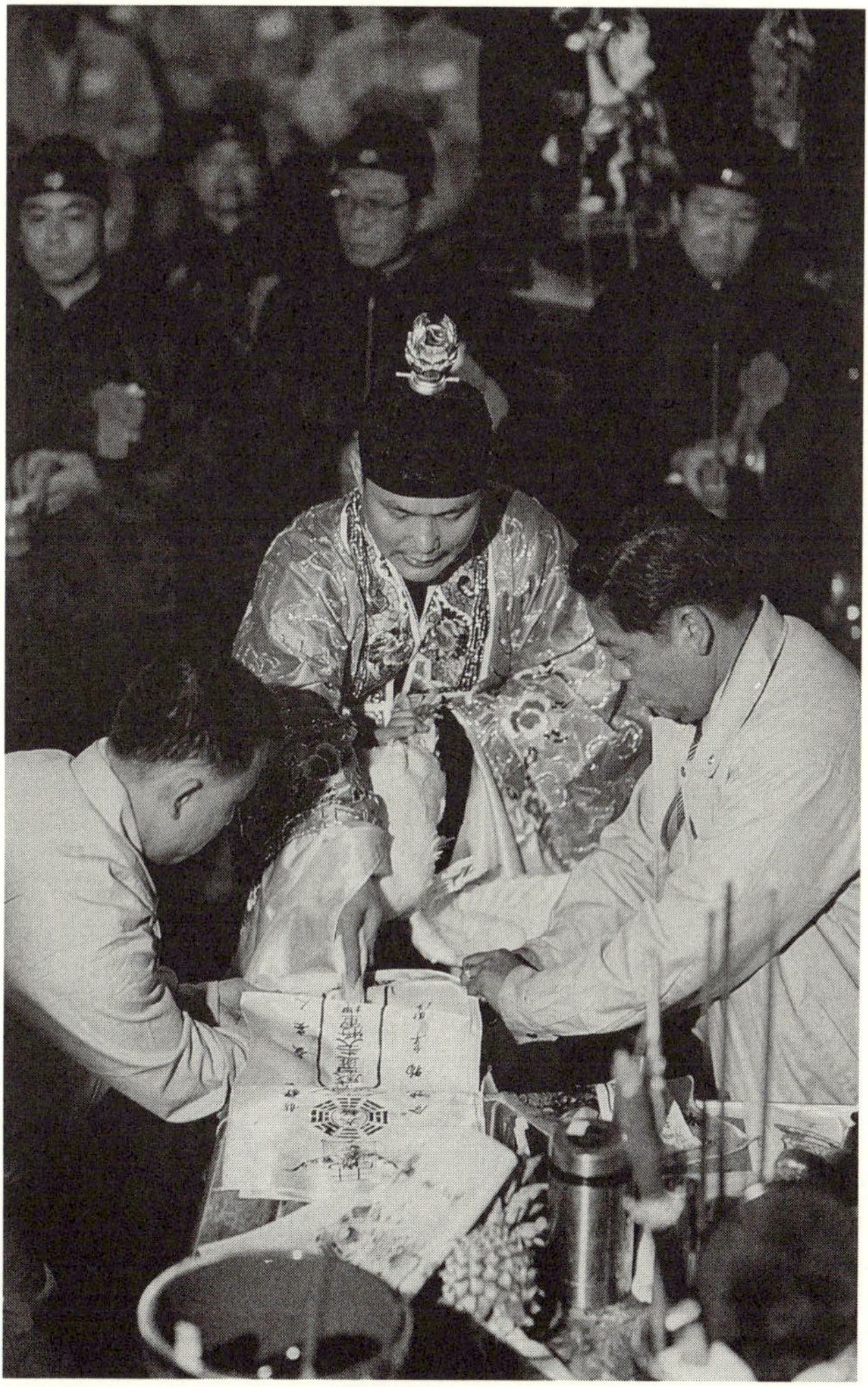

台湾・大甲の鎮瀾宮で行われた建醮祭（落慶法要）の際、邪悪が発するのを抑えるために、霊符をいけにえの鴨の血を塗りつける道士。（撮影＝加藤敬）

いい、上下相叩くことを鼓（こ）という。

❸目を閉じて、雑念を去り、しばらく呼吸を整えたのち、静かに鼻から息を吸う。このとき、燃え上がるような光明が降下して、下腹すなわち臍下丹田の内に入ることを観想（想像）する。

そして腹に気が満ちた状態を保ち、気がきわまったら、ゆっくり口から息を吐き出す。つまり、鼻から息を吸い入れ、腹が空気で一杯になったら、息を止める。そして、我慢できなくなったら、口から少しずつ吐き出す。このとき、一息に吐き出すのは禁物。呼吸の音が耳に聞えないほど静かに行うことが肝心だ。呼吸の際の息づかいが、近くにいる人にわからないようにすること。これを三回くり返す。

❹出入りの息が整うのを待って、舌で口中をかき回し、津液（しんえき）（唾液）を漱練（そうれん）する。歯を舐めることは、津液が集り、満ち出てくるもととなる。漱練をしばらくくり返せば、液中に自然に甘美の味が生まれてくる。これは真気を含んできたしるしとされる。

❺津液が口中に満ちたら、少し頭を低くしてそれを飲み下し、津液と気とが合して丹田に納まることを観想する。

❻さらに気を引いて息を閉じ、❸〜❺を実行する。

❼再び気を引いて息を閉じ、❸〜❺を実行する。

このようにして、計九回息を閉じ、計三回津液を飲み下す。

❽頭を左右に三回、前後に三回揺らし、また左旋右旋をそれぞれ三回実行する。

❾左右の肩をそびやかし、さらに五回ずつなでる。
❿左右の手の指を他方の手で握ったり、親指、人指し指でつかんでよく揉む。
⓫両手で顔、耳等を摩擦する。どれも熱が生じるくらいまで摩擦する。

⓬両手の指を使い、後頭部に向かって髪を約百回くしけずる。

⓭両手で両乳および臍下丹田をはじめ、背中と腰の間を摩擦する。このとき、熱が生じるくらいまで摩擦することが必要。

⓮左右の足を約五回なでる。

⓯左右の足の指を両手でよく揉む。

⓰左右の脚心（いわゆる湧泉の穴）を摩擦する。

⓱立って、あるいは仰ぎ、あるいは俯し、あるいは伸びをし、あるいは屈んで全身をよく動かし、気血を全身に満たす。

⓲寝床の上に安坐し、息の出入りを約二十五回数える（息は鼻から吸って、口から出す）。

すべて終わったら、横になって熟睡する。もしも横になる時間がないときは、ただちに起き出てもさしつかえない。

これを毎日実行すると身体に気が充実し、また丹田に光明を感じとれるようになる。光明が感じられれば、符を書写する際に非常に効果的になってくる。

Q 書写し終えた霊符を開眼する簡単な方法はあるのでしょうか？

A 大量に同じ神符、護符などを謹製し、使用するような専門の神職・僧侶などの場合は、既成の印刷された符、あるいは自ら書いた符に対しても、その符を霊験あらたかにするために御魂入れ（みたまい）など、各種の開眼の法を修するが、一般の方は霊符を書写した後に、そのまま符を施行してもさしつかえない。

通常は、観想凝念して符を書けば、その符は神気躍動し、効験を発揮する。ただ、大量に符を謹製した場合、また単に印刷しただけでは符気が抜けていることが多い。したがって、よりいっそうの霊験を求めるなら、開眼の法を修することが望ましい。しかし、作法が煩雑なため、普通の人が正式な開眼修法を行うことは、きわめて難しいのが実情だ。

ここには、筆者が実験して効験があった開眼の法を紹介しておく。手順としては難しいものではないから、できれば読者の方々も書写後にこの法を実行し、作成した霊符の符気をより強大なものとしてから、使用されるといい。

まず手を洗い、口を漱（すす）いでから、熱を感じるようになるまで手をよく擦り合わせる。その後、両手の間に開眼したい霊符を挟んで眼前で合掌し、「福寿光無量（ふくじゅこうむりょう）」という呪文を七回唱える。

これによって天地に充満する神気がこもり、符が霊的なものとなる。人によっては気の感通がわかり、符をもつ手にピリピリした感じがするはずだ。

Q 書写した霊符は、人に見せてもいいのでしょうか？

A 一般には霊符にかぎらず、霊的なものはそれが呪文であれ、あるい書物であれ、みだりに他人に見せることは、そのものがもつ霊的パワーを損なうことになり、よくないこととされている。自分の書いた霊符は、人には見せないというのが原則だ。

符によっては、中身の見えない内符と、それを包む外符の二つからなるものもある。この場合、外符はじかに見ることができるが、内符は外符を破らないかぎり、見えないようにしてあるのが普通だ。

道教の霊符のみならず、日本の符においてもまた、内符は天照大御神(あまてらすおおみかみ)や普賢呪(ふげんじゅ)の力によって符の力を増すという意味合いもあるのだが、外符の場合、または内符であっても、その書かれた内容がわからないように、上から「天照大御神」といった文字や普賢呪などを、真っ黒になるまで書き、塗りつぶしたりすることもある。

もっとも霊符によっては、記した霊符をむき出しのまま、柱や天井などに貼る場合もある。神社やお寺などで、木の板に願い事をそのまま書いた霊符などを、神棚とか家の高いところなどに安置するのと同じだ。

こうしたものについては、自然と見えてしまうのだから、自分がつくった霊符を人に見せてもかまわない気がするかもしれないが、どんな符であろうと、それを得意げに吹聴してまわること自体がよくないとされている。いずれにしろ、必要もないのに他人に見せることは禁物だ。

Q 書写した霊符を、ふだん身につけて持ち歩くには、どうすればいいですか？

A たとえば、財運用の霊符をむきだしのまま財布などに入れる人もいるようだが、これはおすすめできない。霊符が汚れたり、また擦れて符字が消えたり、あるいは他人の目にふれることによって穢れ（けが）れがつく可能性が高いからである。

名刺入れや定期入れに入れたりする他の携帯用の霊符においても同じ。たとえ守り袋に他のお守りと一緒に入れる場合でも、霊符を所持する際は、必ず清浄な紙で包んだり、あるいはポチ袋などと呼ばれる小さな紙袋に収める。それがなければ、未使用の封筒を適当な大きさに切ったものの中に入れ、封をして身につけるべきだ。これは汚れを直接霊符につけないという目的ばかりではなく、他人にどのような霊符をもっているかを見せないためにも必要なのだ。

先にも述べたが、霊符は人に見せるとその効力を損なうことが多い。読者の方々が立身出世を願う霊符をもっていて、それが何かの拍子で他人に見られた場合、相手が「こんな奴を出世させてたまるか」とか「霊符にそんな効果などあるものか」などと思うと、そうした念が霊符の威力を十全に発揮させない原因となることが、ままあるからである。

Q 霊符を取り扱うとき、注意したほうがいいことがありますか?

A ごく稀にではあるが、神社仏閣のおふだやお守りを、床の上に放り投げておいて、あまり気にしていない人がいる。中にはおふだを踏んだり、跨いだりして平気な人までいる。

このように乱暴な扱いをするくらいなら、社寺でおふだなどを受けるべきではない。また知り合いなどからもらったものであっても、こうしたものを信じないことを明言して、受け取るべきではない。

霊符を信じていないこういった人々は、「信なければ応もない」という霊的原則により、結局は効験を望めないばかりか、害がある場合もあるので、はじめから書写などすべきではない。たとえば、自分が写っている写真を誰かが土足で踏んだり、唾を吐きかけたりしたら「とんでもない奴だ」と相手に悪意をもつだろう。霊物の世界においても、それは同じである。

「さわらぬ神にたたりなし」という言葉があるが、神霊との深い密契を持ち、天地の真象を写したものとされる霊符のような霊的なもの、ましてやそれが効力があるものなら、いっそうのこと、その取り扱いには十分な注意が必要なのである。

それは符に関与する霊物が、符を敬するものには幸いを与え、軽んずるものにはその報いを与えるからだ。ともあれ、霊符を扱うに際しては、高貴な人に仕えるがごとく接することが、その恩恵をこうむる最大の極意とされている。

Q 霊符の効能の期限はどのくらいでしょうか？

A 現在では、神社などで授与する神棚に祀るおふだは、一年ごとに新しいものを受けて、古いものはお焚きあげしてもらうというのが一般的だ。もっとも例外もあって、古いおふだが千枚になると、火伏せの呪力をもつともいわれる。地方の旧家などでは、今でも俵詰めにされた古いおふだの束が、天井の梁などに結びつけられているのがよく見かけられる。

ただ通常の場合、霊符はつくってから時間がたちすぎると、符にこめられた気が去ってしまうこともあり、作り置きはあまり感心できない。しかし、特別なものを除けば、汚れたり、破れたり、変な扱いをしないかぎり、霊符にはかなり長期間の効能があると考えてよい。

ただ病気平癒符、願望成就符などの場合は、病が治ったり、願望が実現したときが期限である。このときは、天地神明に深謝し、その符を水に流したり、浄火をもって焼くべきであるとされている。

また、霊符の効験が、必ずしも現れるとはかぎらない。

せっかく恋愛成就を願って符をつくったのに失恋したり、病気平癒を願ってつくったのになかなか回復しないということもままある。

こうした場合は、人が自分に何かをしてくれたら、それが些細なことでも感謝の念を示すのが礼儀であるように、なんらかの形で符の力が働いたが、その力がおよばなかったということで、その働きに感謝して符を処分し、必要であれば、新たに作成したほうがいい。

Q ほぼ同じ効能の霊符がたくさんある場合は、どれを用いればいいのでしょうか?

A 結論からいうと、どれでもかまわない。符によっては、いくつかを同時に用いてもいい。もっとも霊符の応験のすみやかさやその効果は、各人の過去世からの霊的な因縁、またその人自体の心的変化などに伴う気線の通、不通などによりさまざまだ。

願望成就などに関する霊符を例にとっても、同じ霊符を用いながら、その願いがただちにかなう人もいるし、あるいは一か月後、場合によっては数年かかって実現する人もある。

また、人のために治病の霊符を謹修するようになって、はじめはその治病の霊符を病人に与えてもなかなかその効力を発揮しなかった人が、何人にも施行しているうちに効験を現すようになったという人もいる。

したがって一概にはいえないが、あえて助言するなら、人それぞれの霊系によって符の応験に変化があることは事実だから、できるだけその人の霊系・気線に合ったものを使うようにするといい。最初の頃はどれが自分の気線にしっくりくるものか、見分けることは難しいが、次第に霊的な感覚が働くようになり、その符が自分に合うか否（いな）かは、符を見ると即座にひらめくようになるものである。

Q　不要になった霊符は、どのように処分したらいいのですか？

A　水に流すべしとか、火で燃やすべしなどと定まった霊符も存在するが、一般的には古くなったり、汚れたり、破れたり、あるいは不要となった霊符は、浄火で焼くか、清い山中等に埋める。また焼いたあとで清流に流すのもいい。霊符を燃やす場合は、マッチあるいはライターなどを、第三章で述べた筆、硯などを清めるのに用いた方法と、同じやり方で清める。それによって、つくり出された火は浄火となり、霊符を燃やすにふさわしいものとなる。

なお、中には書き損じたり、あまりうまく書けなかった符などを、ごみ箱などに平気で捨てる人もいるが、これは考えものだ。符の霊的な意味からいって、そうした行為がいつのまにかどのような霊的障害をもたらすか、はかりしれないものがあるからだ。書き損じなどはまとめておいて、あとで燃やすなどして処分すべきだ。

なお、便法として神社や寺では古神札・お守りなどを、お祓いしたあとでお焚きあげしているので、古くなった符、書き損じた符などは一か所にまとめておき、そうしたところで焚きあげてもらってもかまわない。また人からもらったもので、燃えない材質の霊符は、山などの人目につかないところに二、三十センチくらいの深さの穴を掘り、そこに埋めるか、あるいはこれも神社やお寺にもっていき、処分を頼むのもひとつのやり方である。

Q 最も効験が現れる霊符の材質といえば、何ですか?

A 道教の霊符が記されたものには、玉、金属、石、木、竹、絹、漆、布、紙、玻璃（はり）、陶磁、皮、象牙、種、貝、亀甲などが存在する。一般によく用いられるのは紙質のものだが、それは第三章で詳しく説明してある。ここでは、ほかの材質について、それぞれ簡略に説明しておく。

●玉質……宝玉類のことで、黄玉、白玉、紅玉、翡翠（ひすい）、珊瑚（さんご）、水晶などが挙げられる。

これらの宝玉類は、古代では帝王が王位継承の帝璽（ていじ）として使ってきた。また、宝玉類をどれだけ所有しているかを基準に、長者を定めたほどである。これに重秘のことや霊符を書いて、大切に保存したのである。書くというより、陰字（凹字）で彫られることが多かった。

●金質……金、銀、銅、鉄、鉛などの金属類を用いたもので、古代では金に記されたものもあったらしい。しかし、一般的には紅銅とか黄銅が多く、中には真鍮（しんちゅう）などを鋳型にはめてつくったものもある。鈴型、果実型、錠型、竜虎型の金属製の首掛けのお守りなどがある。

●石質……田黄（でんおう）や黄寿（こうじゅ）、紅石などがよく用いられ、白石はほとんど使用されない。石質符に刻まれる文字は、これも玉質符同様に陰字が多い。

●木質……桃、桂、松、檀（たん）、楡（にれ）、栗の木を用いることが多い。これはそれぞれの音が道、貴、孫、丹、玉、利と同音類で、めでたいと考えられたからである。

●竹質……符の文字が、竹冠であることからも想像できるように、古くは竹質の霊符が多用されたと思われる。竹質符は陰山の竹を秋に切り取り、三年間陰干しにしたあとで、符字、符絵を彫刻したということである。

●布質……絹あるいは木綿の布を用いて、それに符字を記したもので、その色彩には紅、白、黄、黒、藍、紫などいろいろとある。絹布はおおむね上流階級の人々が用い、庶民は木綿の布類を用いた。布質のものは書きづらいうえ、絹質符は他の符よりも腐食しやすく、木綿などは体裁がよくないので、あまり用いられなかった。もっとも布を用いた霊符の中には、符字符絵を刺繍（ししゅう）した装飾的な感じのものもある。

旗に描かれた霊符。これは台湾・護東宮(ことうきゅう)に掲げられているもので、霊符の模式図になっている。

●漆質……漆を練って符型をつくり、それに符字符図を記したもの。上等な漆は高く、また製作が難しいので、木や竹など他の材質に漆を塗って用いることもある。

●皮質……虎、豹、鹿、羊、蛇などの皮が用いられるが、きわめて丈夫なのが特長。ただし、畜類の皮革ということで、一般的には用いられず、結社とか匪賊などが、怨敵調伏符や、護身符などに使っていた。このように、特殊な人々が特殊な目的で用いることが多かったようだ。

●その他……陶磁器、あるいはガラスなどに、符字や符絵を書いてから焼いたものもあるが、他の符に比べて壊れやすいので、あまりつくられることはなかった。

他にも、象牙、貝、亀甲などに彫ったり、書いたりしたものが存在する。

Q 霊符の数はどのくらいあるのですか？

A 道教の霊符の数ははなはだ多く、無数といってもいい。『道蔵』などに記されたものを含めれば、まさに限りがない。

ここでは晋の葛洪が見たとして『抱朴子』に記しているものを参考のために紹介しておこう。

「自来符、金光符、太玄符三巻、通天符、五精符、石室符、玉策符、枕中符、小童符、九霊符、六君符、玄都符、黄帝符、少千三十六将軍符、延命神符、天水神符、四十九真符、天水符、青龍符、白虎符、朱雀符、元武符、朱胎符、七機符、九天発兵符、九天符、老経符、七符、大捍厄符、玄子符、武孝経燕君竜虎三嚢辟兵符、包元符、沈羲符、禹蹻符、消災符、八卦符、監乾符、雷電符、万畢符、八威五勝符、威喜符、巨勝符、採女符、玄精符、玉歴符、北台符、陰陽大鎮符、沈中符、治百病符十巻、厭怪符十巻、壺公符二十巻、九台符九巻、六甲通霊符十巻、六陰行厨龍胎石室三金五木防終符五百巻、軍火召治符、玉斧符十巻」

と、右のように五十数符の名が記されている。沈中符の名が二度記されているのは誤って入れたものか、名称は同じでもその符形が違うものなのかはわからない。

また道教研究家の夏目一拳氏なども、飛仙符、天徳符、降神符、雲化符、天宝符、房中符、遁甲符など三百種を挙げ、「以上は無数とも云ふべき多種の中から僅かに三百種を表示したに過ぎない」と記している。まさに道教の符種は無限なのだ。

Q　霊符を書写するのに用いる色彩は、決まっていますか？

A　墨や用紙の色は、おおむね青、赤、黄、白、黒が用いられる。これらは五行に基づいており、用いる方位によって墨色も異なる。一般には、東方は青、南方は赤、中央は黄、西方は白、北方は黒である。また、書写に用いる紙、絹、木板、竹簡、器物なども、地の色を五色のどれかとし、それぞれの地色によって、その効用も異なる。また、霊符を用いる方位によって違った地色のものを用いることもある。

墨色と符質の色との組み合わせもさまざまで、白絹、黄絹、青絹、黒絹に朱筆で書写したり、赤布に黒書したり、青紙に黄書したりする。これも墨色を主とする場合、絹紙などの色を主とする場合など、これまたさまざまである。

このように、用いる色は原則として五色だが、厳密には、それは符ごとに調べる必要がある。

厳選・霊符カタログ

悠久の太古より伝承されてきた、あまたある道教秘奥の霊符のうち、霊験のあらたかなもの・実生活にすぐに使えるものなど、全五〇〇枚を厳選して掲載。

長寿・治病・開運・良縁……

自分の悩みや望みに合った霊符を選び取り、試してみてはいかがだろうか。

（ここに挙げた霊符は、道教経典の集大成である『正統道蔵』などから適宜選んだものである。）

太上秘法鎮宅霊符《全72符》

世にある種々の災難から逃れ、人のあらゆる願望を達成させるといわれるのが、ここに紹介する七十二の霊符である。ここでは、わが国でよく知られている鎮宅霊符集からではなく、その原典にあたる『正統道蔵』より転載した。

これらは白紙、または黄紙に朱書する。その場合、各霊符は目的に応じて単独で書写して用いるもよし、一枚の紙にすべてを書写して掛軸にしたり、額に入れるなどしてもいい。現代には内容的にそぐわない霊符も含まれているが、そこは貴重な参考資料としての判断をしていただきたい。なお、これらが使われるようになったのは漢の頃といわれ、次のような伝説が残っている。

漢の孝文帝が密かに領土を視察していたときのことだ。弘農県に住む劉進平という人物の家が、不吉であるにもかかわらず栄えていることを知り、訝しく思った。進平の家は、風水の秘伝書『宅経』によれば大凶で、住むと様々な不幸が頻発するはずだった。帝は進平の家を訪れ、「この家に何年住んでいるのか」と尋ねた。すると、三十年以上になるという。そこで帝は「この家は大凶のはずだ。何か方術を用いて吉としているのか」と訊いた。すると進平は「当初は財産は減るわ、人や家畜が病にかかるわで、散々でした。そこに二人の書生が現れ、宿を乞うたので、わずかに残った粥を振る舞ったのです。すると礼代わりに七十二の霊符を教えてくれました。そして『これを用いれば十年で大富貴となり、二十年で子孫が繁栄し、三十年たてば天子が訪れる』と予言したのです。大半はその通りになりましたが、未だ天子の訪問はありません」と答えた。帝が二人の行く先を尋ねると、進平は「家の門を出て五十歩のところで姿が消え、一筋の白い気が昇天していきました」と答えた。帝は二人が神仙だったことを悟り、その霊符を天下の繁栄や平安のために流布させたという。

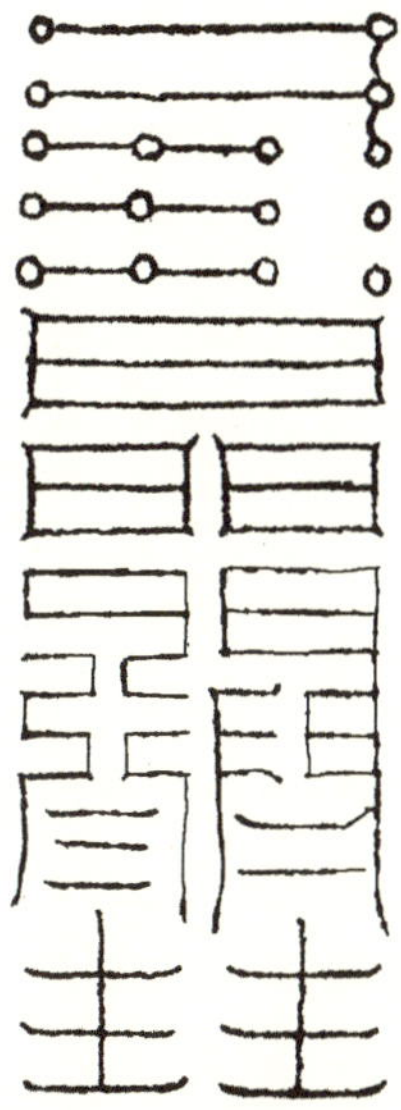

厭釜鳴狗上床斬火光一切鬼符

釜鳴りや怪光、犬が部屋に上がるなどの凶兆をもたらす霊鬼を除く。

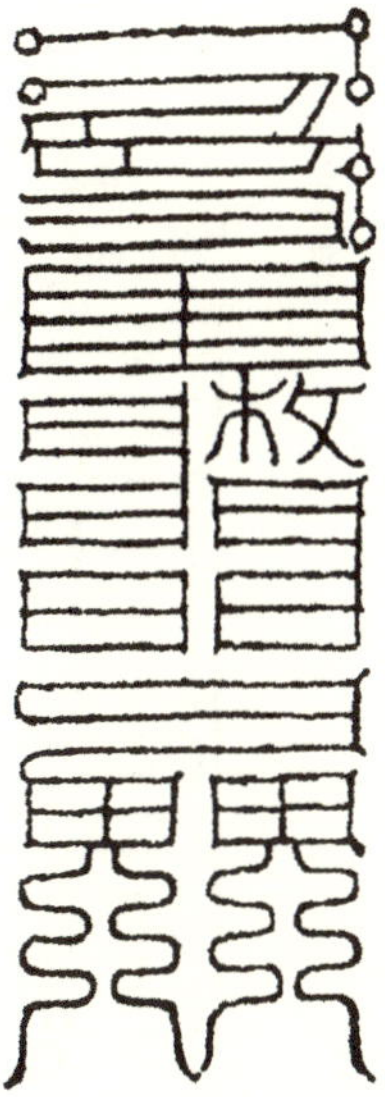

厭猪猫犬等自食子怪符

動物が自分の子を食べるのは凶兆。それらがもたらす災いを防ぐ。

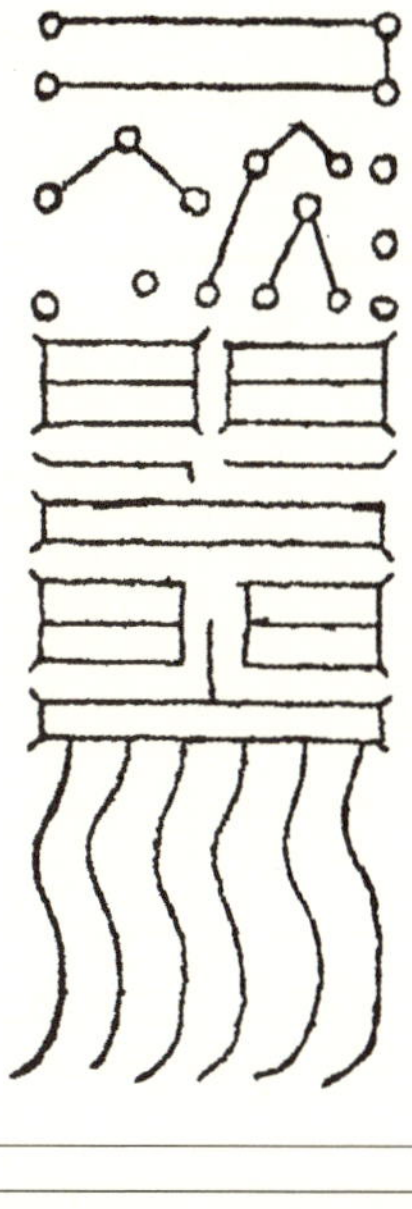

厭除禍害之鬼符

自殺して霊鬼となった者が祟り、家内に災いをもたらすのを防ぐ。

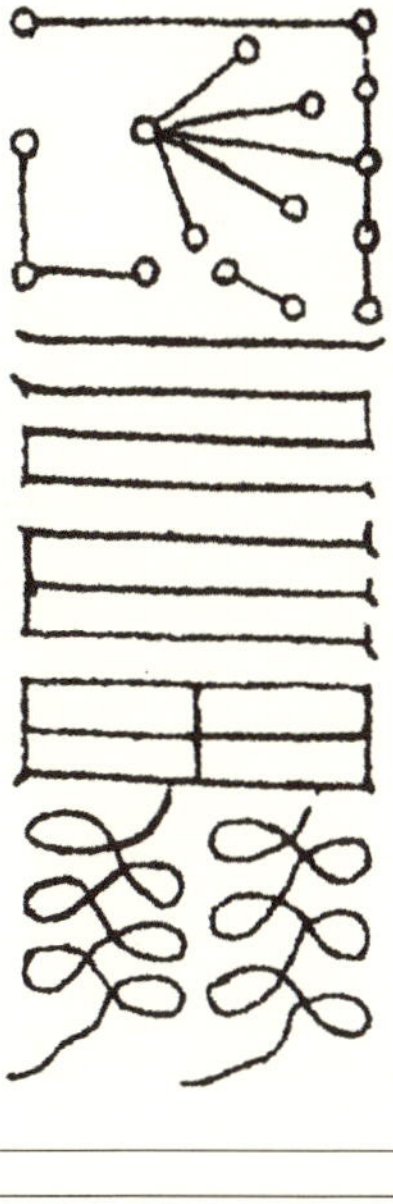

厭刀兵衰耗鬼符

戦死したり、貧困の末に餓死して霊鬼となった者の祟りを防ぐ。

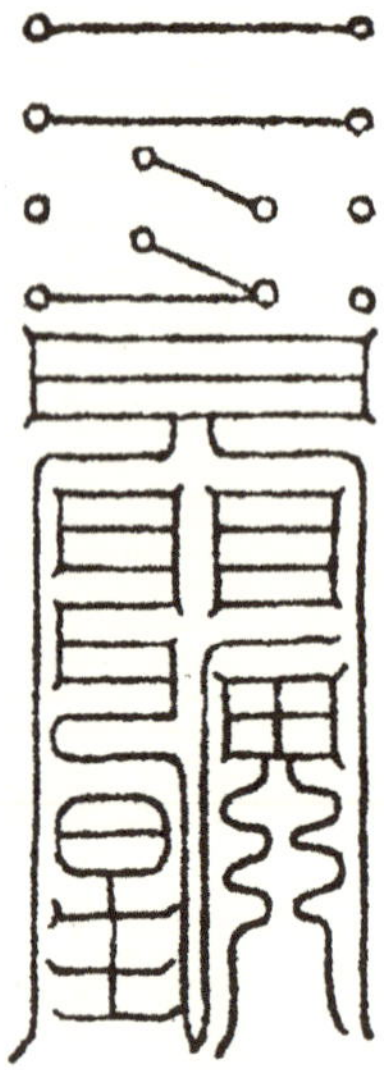

厭牛馬六畜死傷鬼符

家畜が死んで霊鬼となって祟り、災いをもたらすのを防ぐ。

厭除風火之怪符

奇怪な強風や怪音、怪しげな灯火などの凶兆が起こるのを防ぐ。

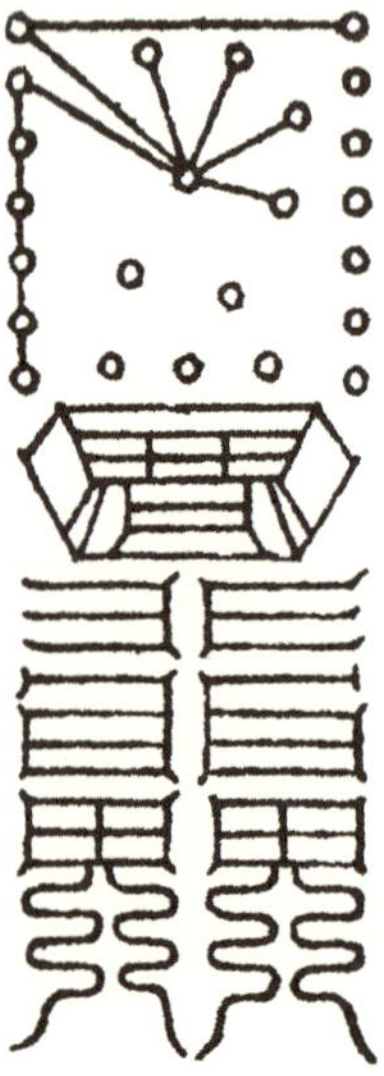

厭水潦火光怪符

井戸水が濁り、怪光が飛ぶなどの凶兆がもたらす災いから家を守る。

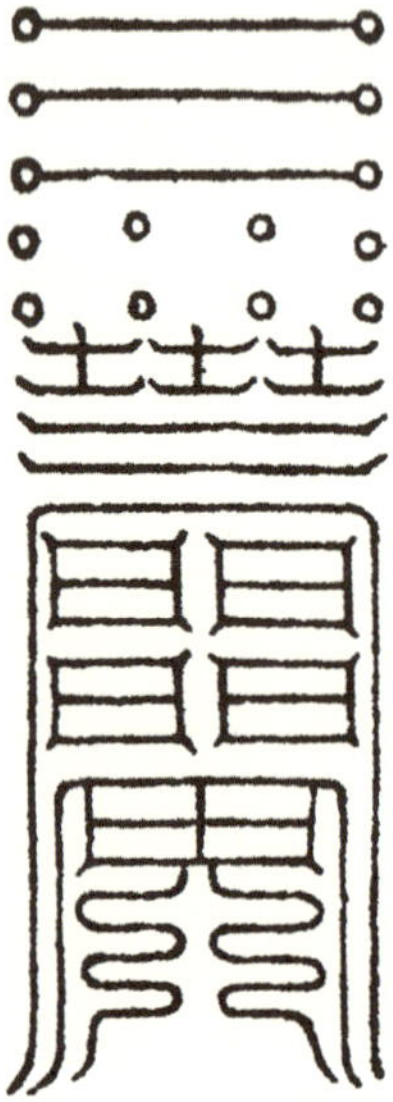

厭不宜男女長明符

家内の男女が若くして死ぬのを防ぎ、長命を約束する。

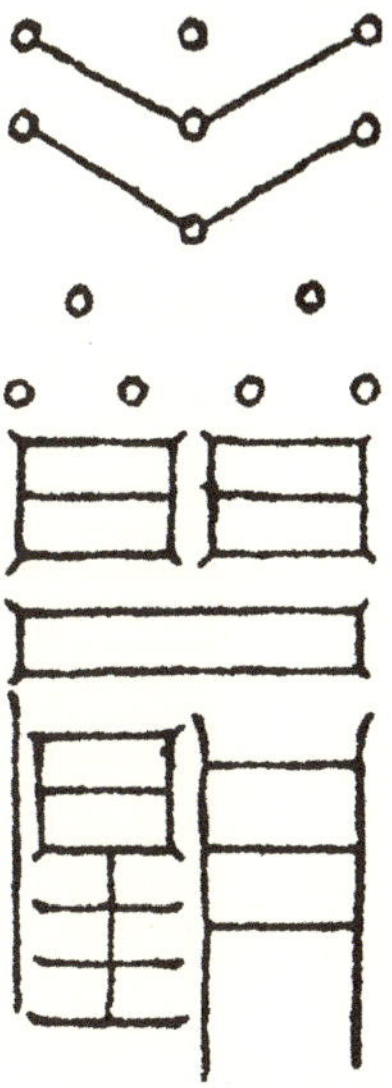

厭横損財謀害之鬼符

暴漢に遭ったり、財産が減少するなどの災いをもたらす霊鬼を除く。

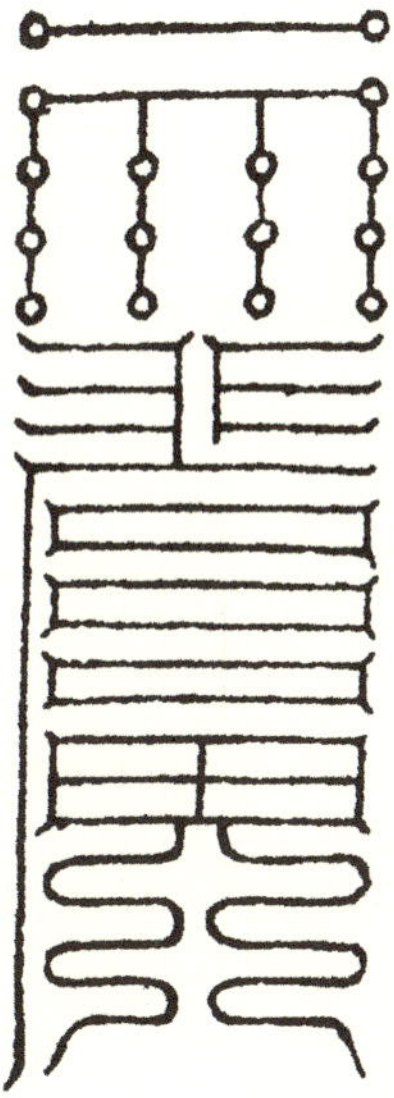

厭悪鬼符

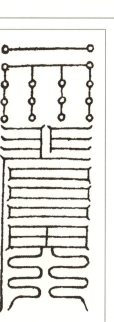

悪霊や悪鬼の祟りにより、種々の災いがもたらされるのを防ぐ。

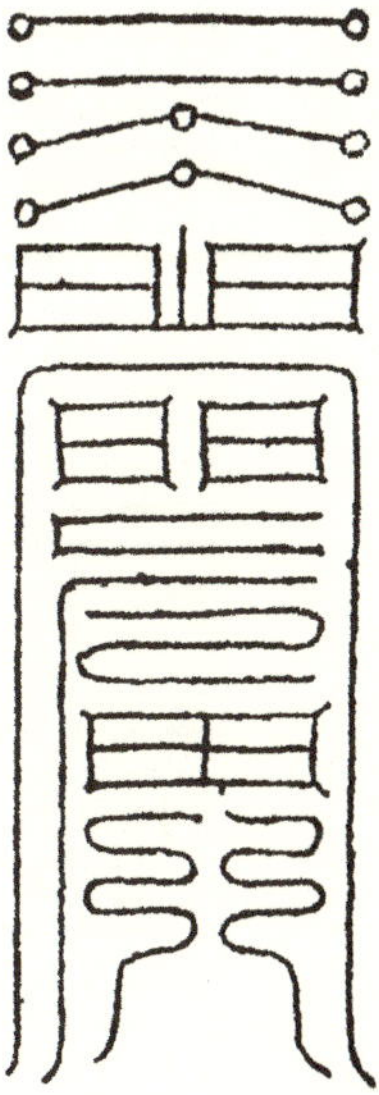

厭除気運陰陽不和符

大雨や干魃などの自然災害をもたらす天地陰陽の気運の乱れを正す。

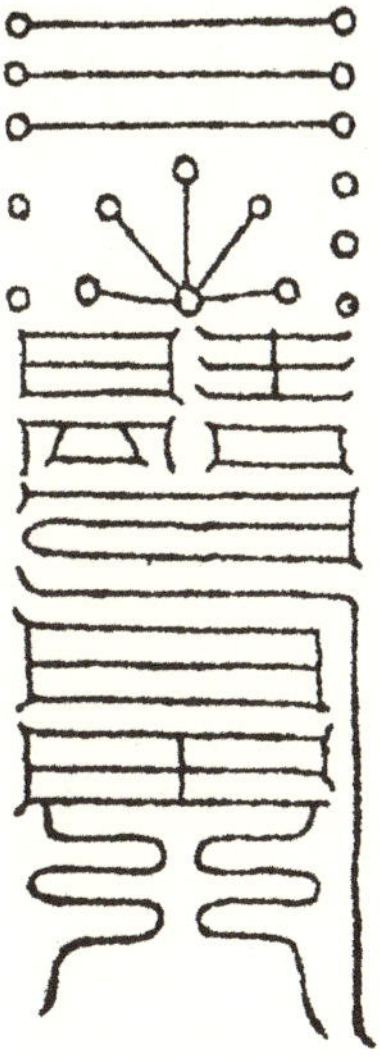

厭除口舌悪事侵害符

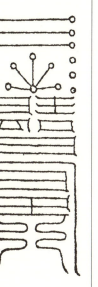

争いが絶えない、悪事による被害を受けるなどの災いを防ぐ。

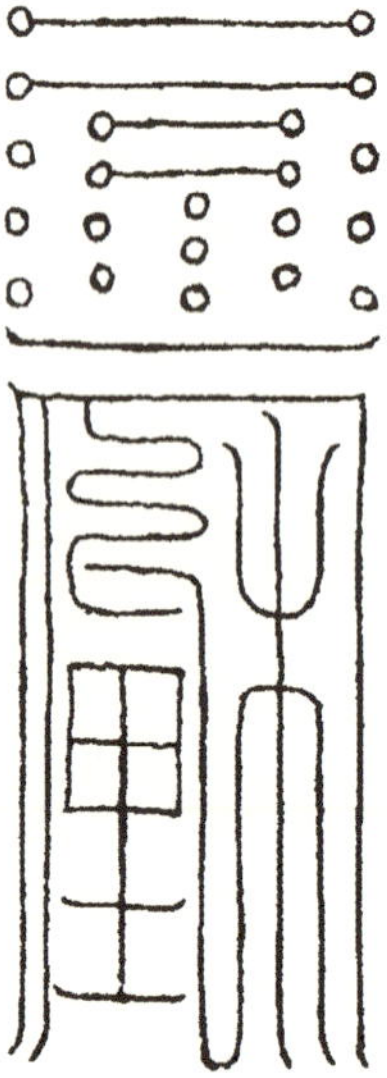

厭除凶殃侵害之鬼符

なんらかの理由から殺人などを犯すようになった霊鬼の祟りを除く。

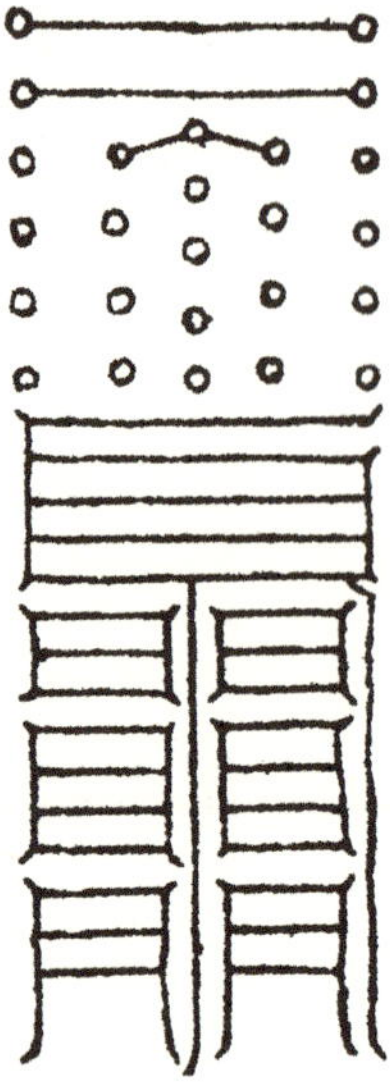

厭鎮凶悪之鬼符

凶悪な霊鬼や悪質な物の怪がもたらす種々の災いをすべて除く。

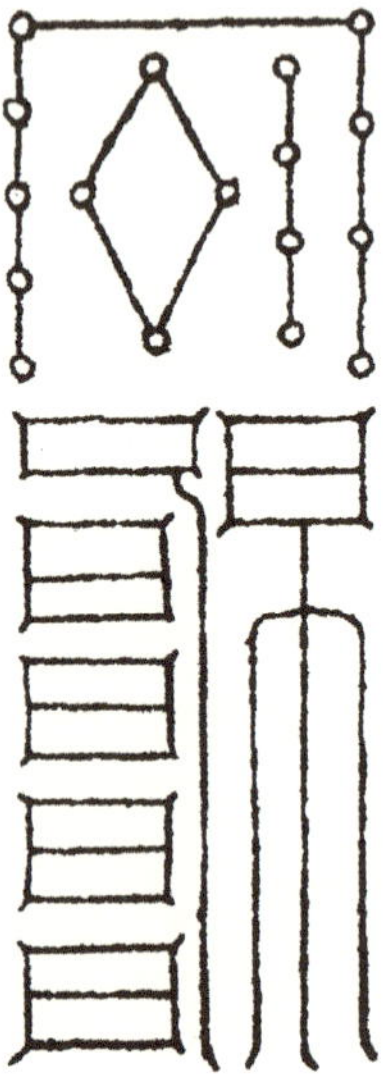

招金銀入宅富貴不逢殃禍符

家に富を招き入れて豊かになり、一生災いに遭うことがない。

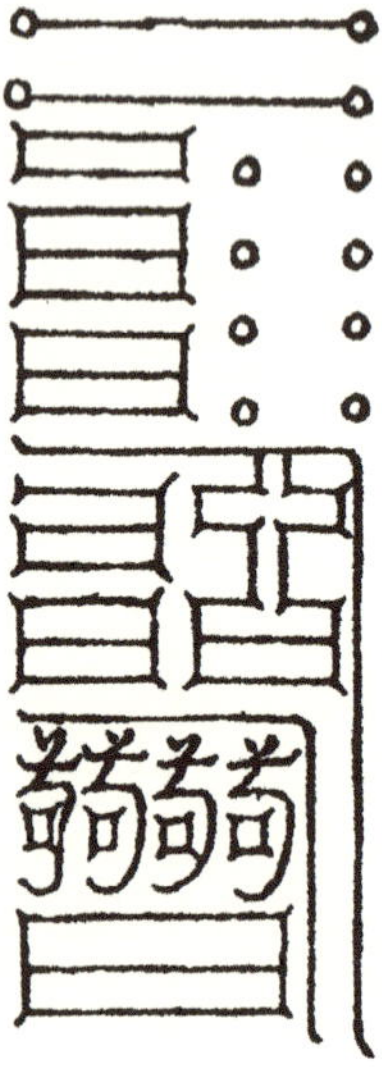

厭盗賊口舌無端之鬼符

霊鬼の祟りで頻繁に盗難に遭い、争いが絶えないなどの災いを防ぐ。

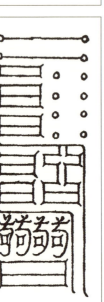

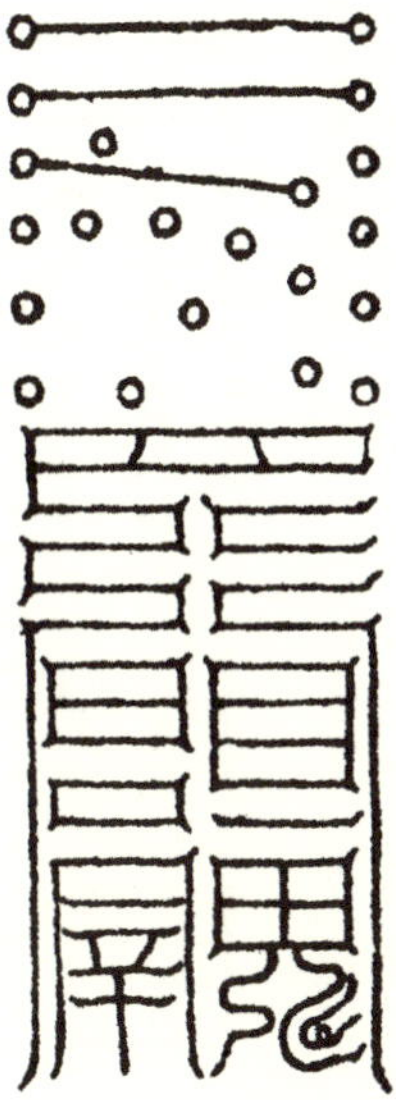

厭鶏夜鳴百怪之鬼符

家族の病気や財産の現象などの凶事を招く、鶏の夜鳴きを防ぐ。

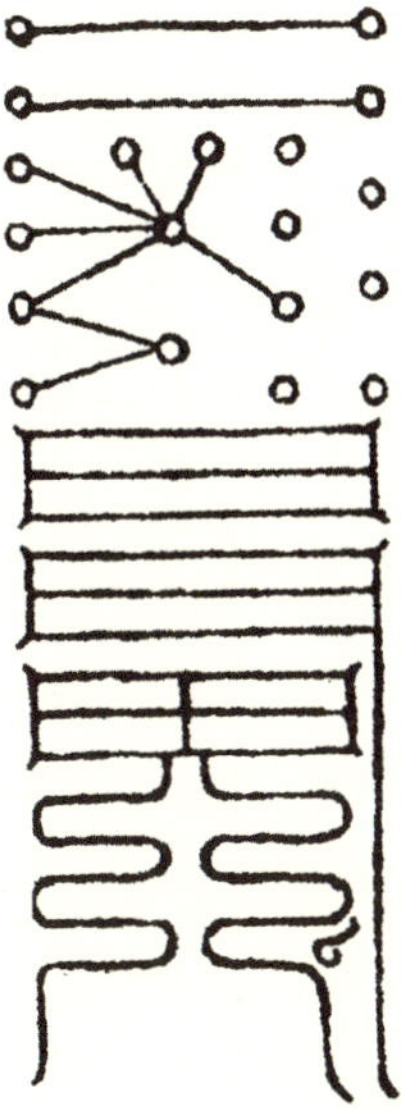

厭時気不和悪事滅符

四季の気象や気温が乱れて生じる病気の流行や、災害を防ぐ。

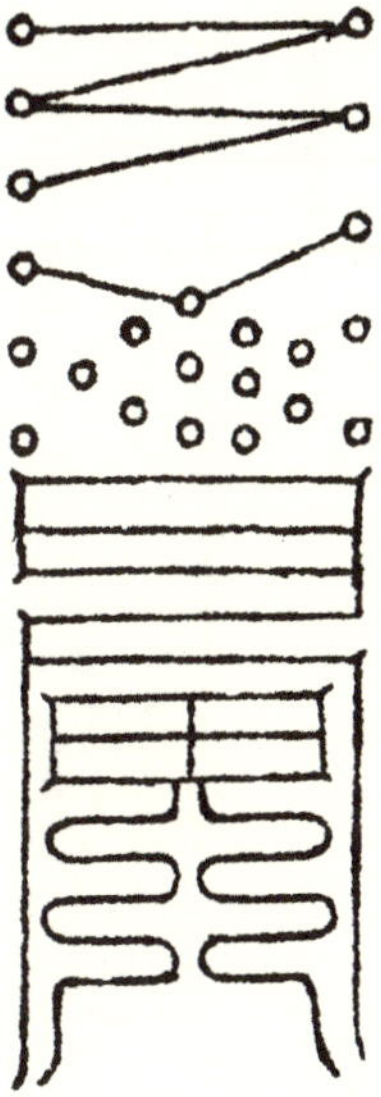

厭亡失尅害人口之鬼符

軍兵をむやみに集め、人を害し、国家を乱れさせる霊鬼を除く。

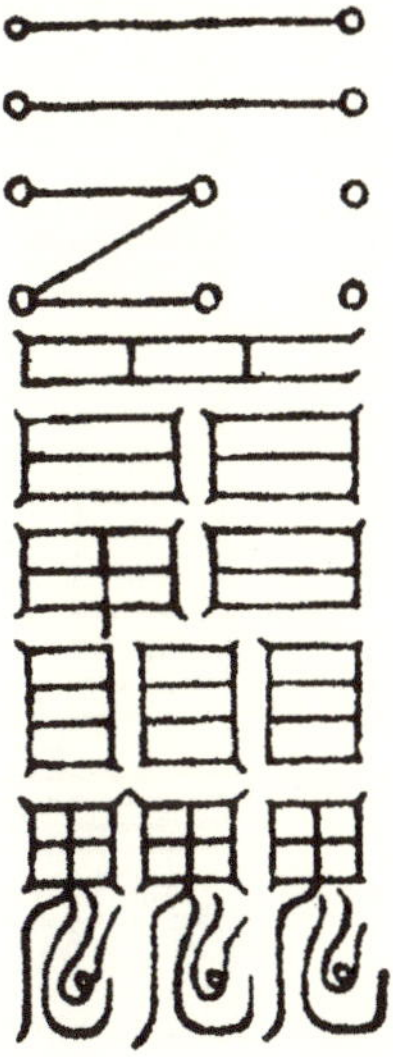

厭除養蚕不成之鬼符

養蚕がうまくいかず、損失を出すなどの災いに遭うのを防ぐ。

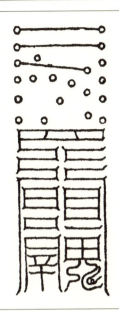

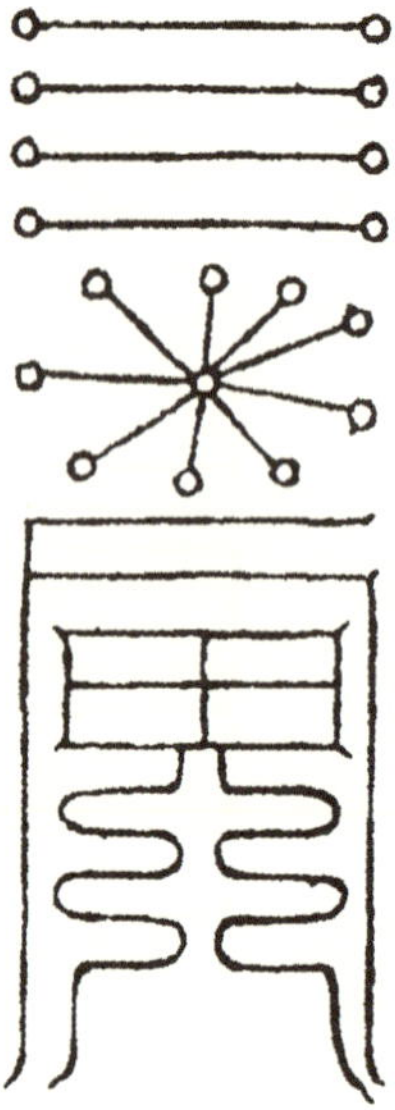

厭狂畜物損傷人之鬼符

家畜が狂って暴れ、人を殺傷するなどの害に遭うのを防ぐ。

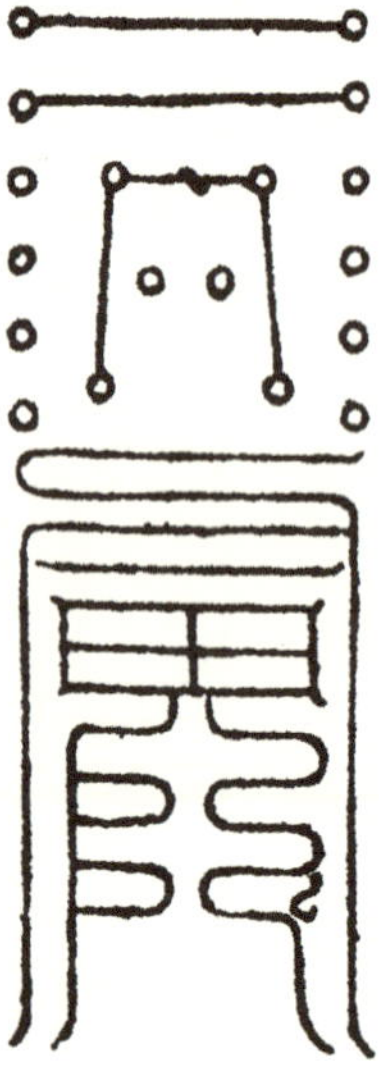

厭悪夢経求無利息符

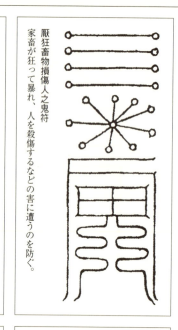

悪夢を見たり、経営に失敗して利益が出ないなどの事態を防ぐ。

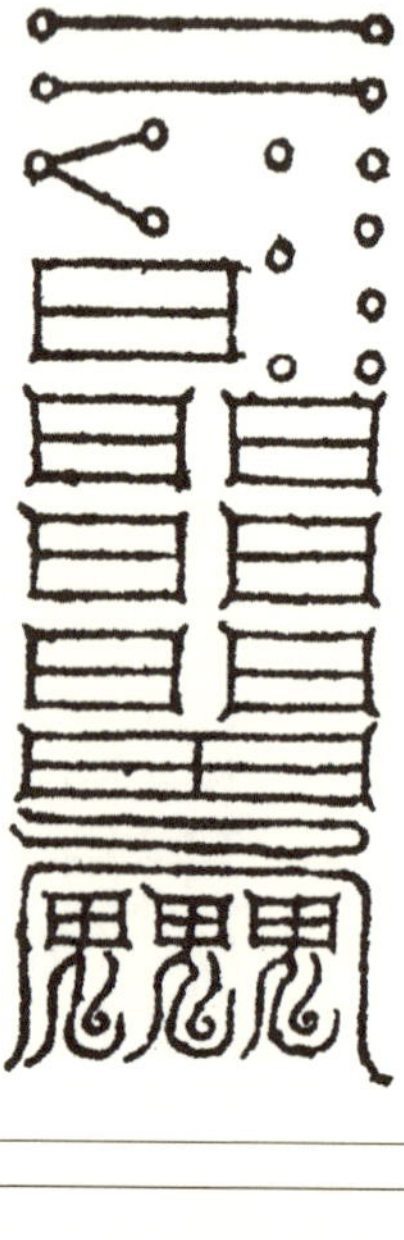

厭北方土気耗損之鬼符

北方の土神の気が祟って、財産を減らしたり失ったりするのを防ぐ。

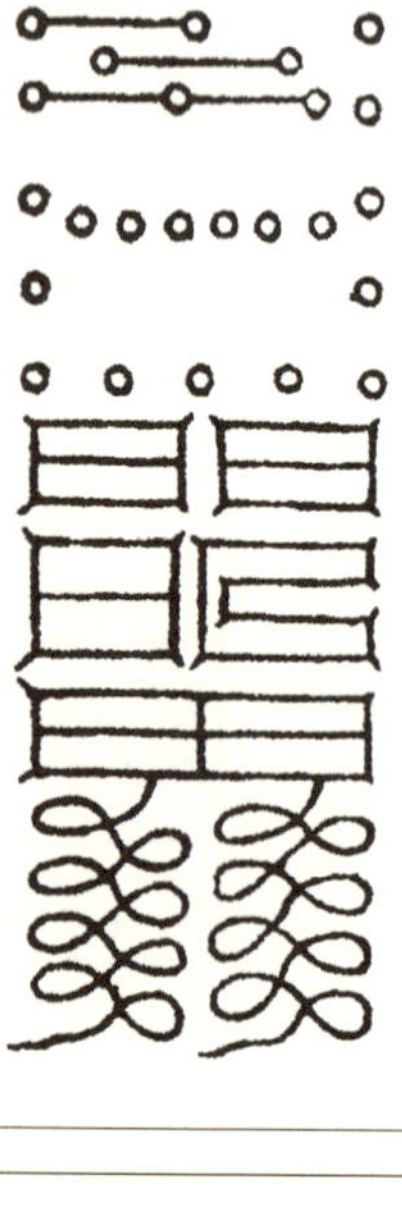

厭南方土気害人口符

南方の土神の気が祟って、使用人や部下が事故などに遭うのを防ぐ。

厭除家鬼尅害人口符

家内に鬼神が祟って、家族が事故に遭ったり死んだりするのを防ぐ。

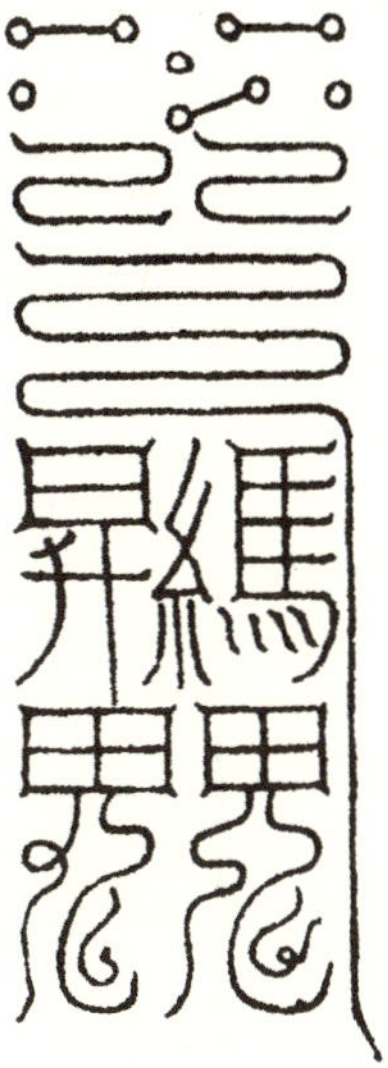

厭西方土気損人口符

西方の土神の気が祟って、他人に悪口を言われるなどの害を防ぐ。

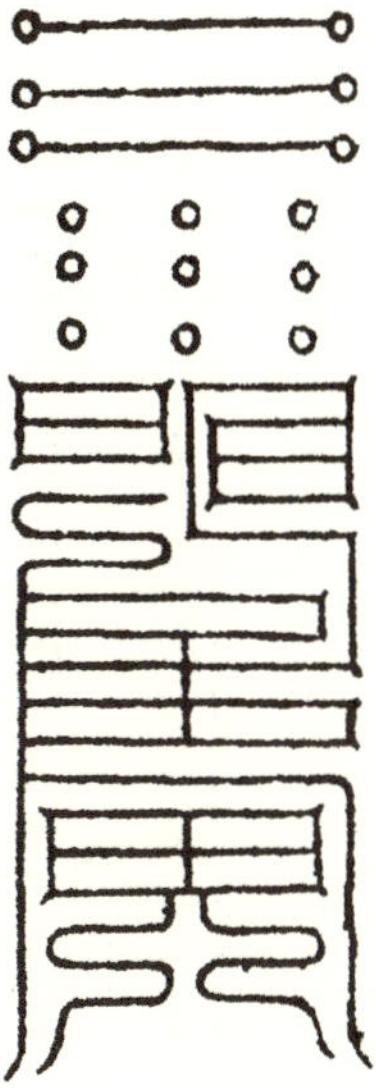

厭中央土気移動鬼符

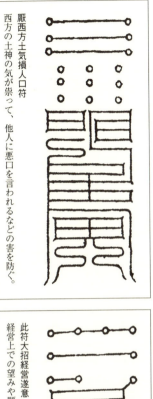

中央の土神の気が祟って、使用人が居着かないなどの害を防ぐ。

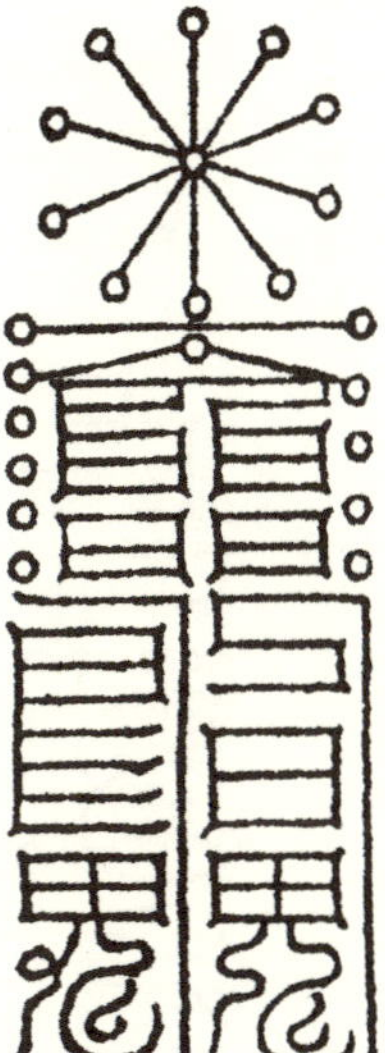

此符大招経営遂意

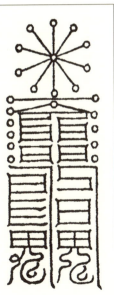

経営上での望みや願い、心に思うことがすべてかなう。

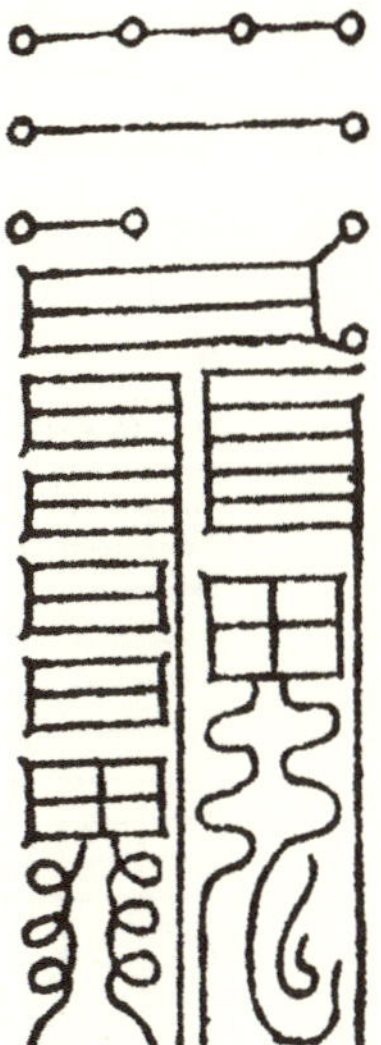

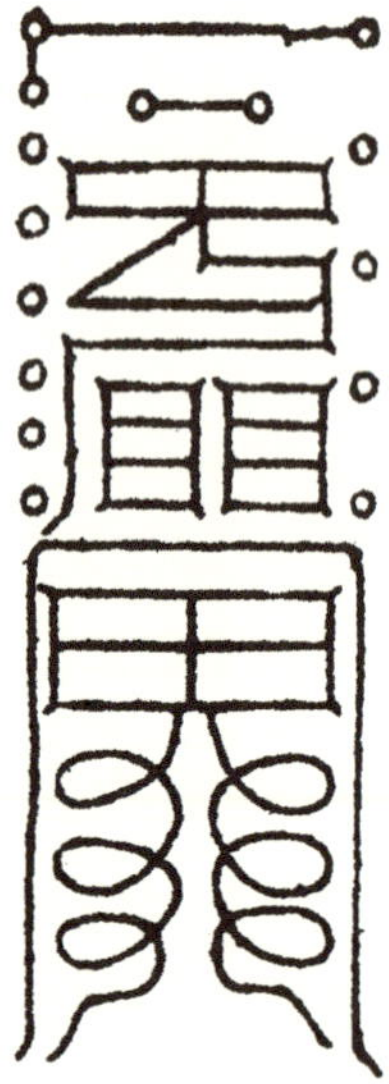

厭飛屍鬼侵害人口符

不慮の事故などで死んだ者の祟りで、家族に害が及ぶのを防ぐ。

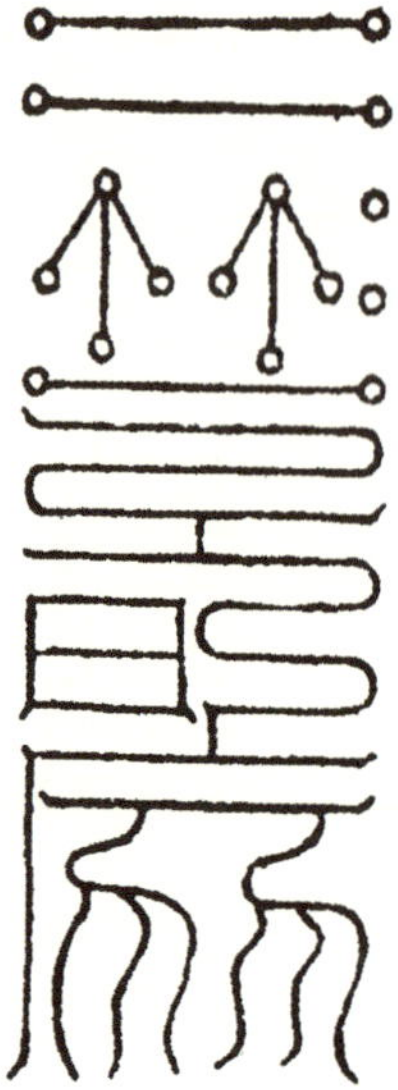

此符大招官職

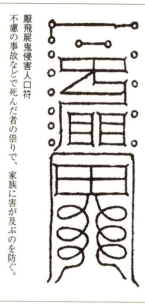

職場での昇進や昇給などの願い、望んでいることがすべてかなう。

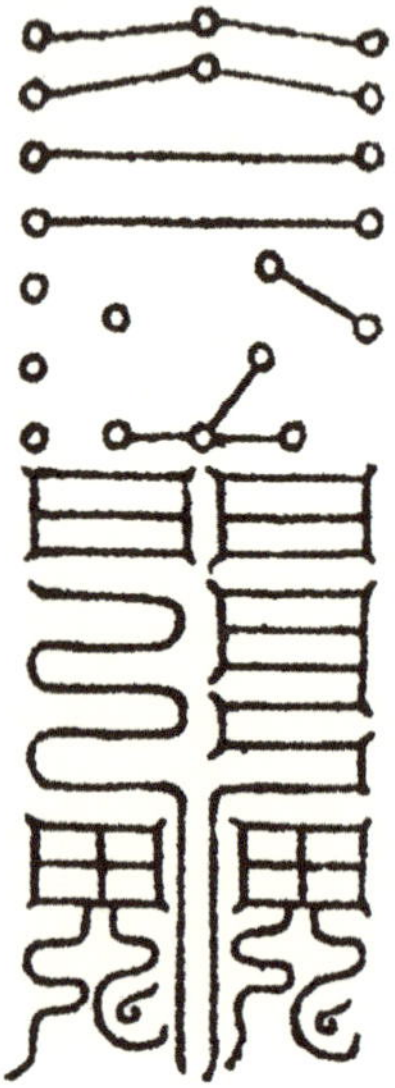

宜官職折伏屍為禍符

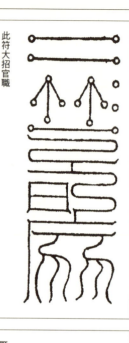

悪霊の力により職場で昇進した場合、その霊の祟りを除く。

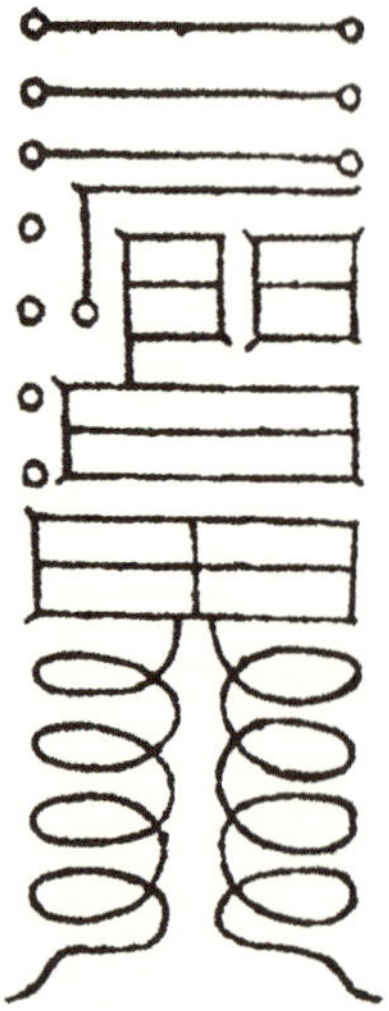

厭伏屍鬼損害人口符

寺や墓地の地下に伏す屍が、使用人や部下に祟るのを防ぐ。

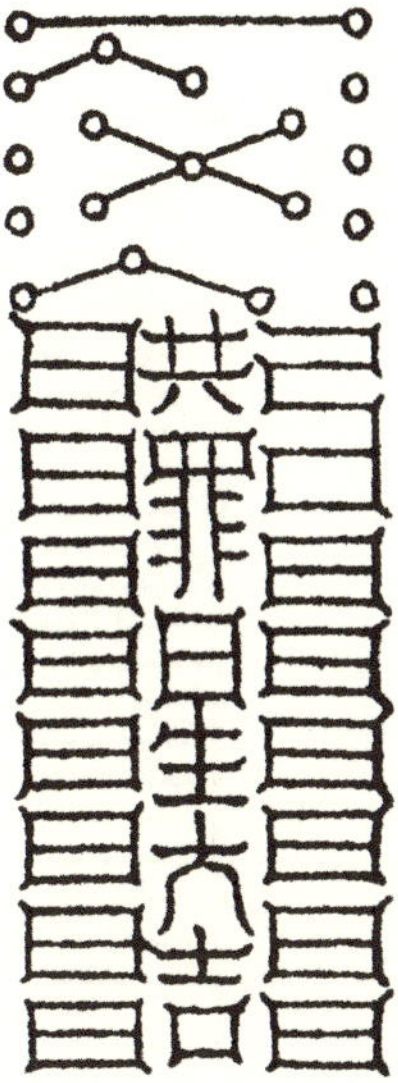

盗賊不侵万時称意符

盗難に遭うこともなく、願いはすべてかない、幸福になれる。

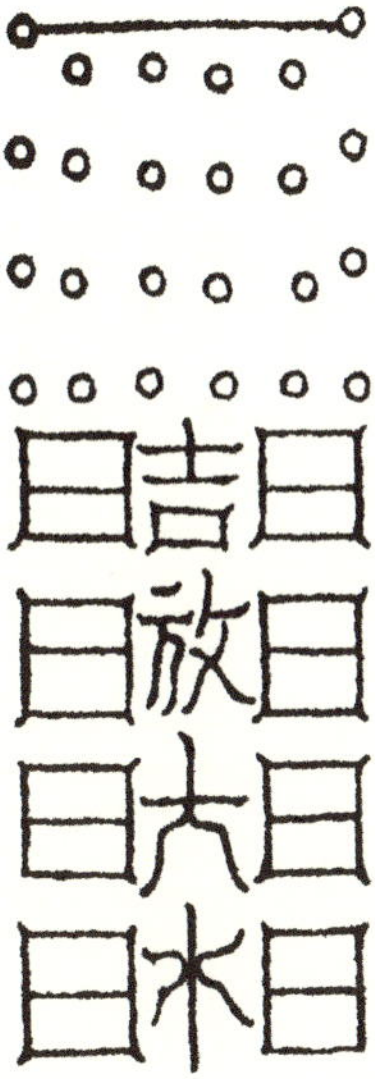

厭除日重疾病之災符

いくつもの病気が重なって長患いになる害を防ぎ、平癒させる。

龍神非吊符

雨が降らず、干魃のため農作業に支障が出るとき、龍神を招く。

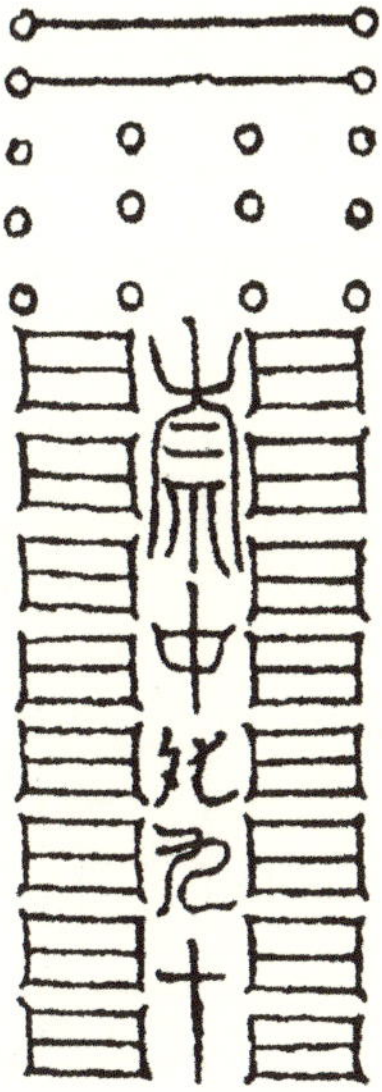

厭犬鶏狐狸鳴上屋符

鶏などの家禽や動物が、家屋の屋根に上るといった怪事を防ぐ。

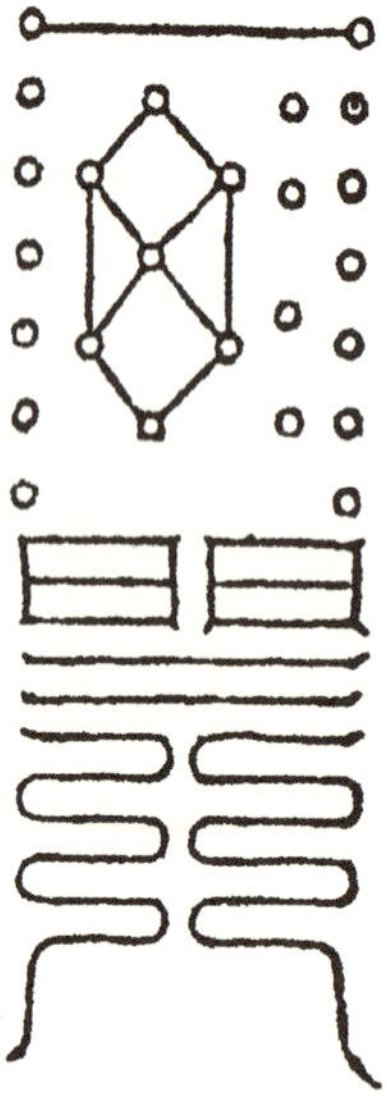

招金銀自入大富貴符

家に財産を招き入れ、自然に豊かになれる。

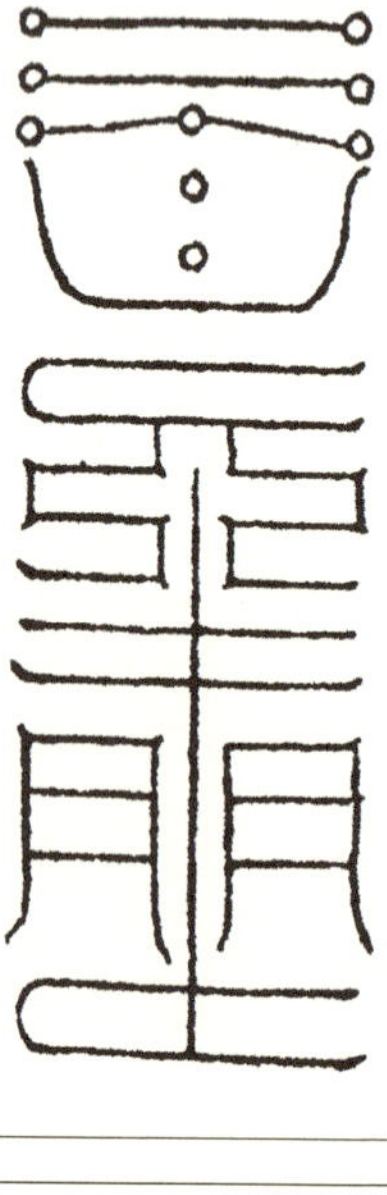

保宅舎門戸人口清吉符

門戸を守って家内に災いが入るのを防ぎ、他人から賛辞を浴びる。

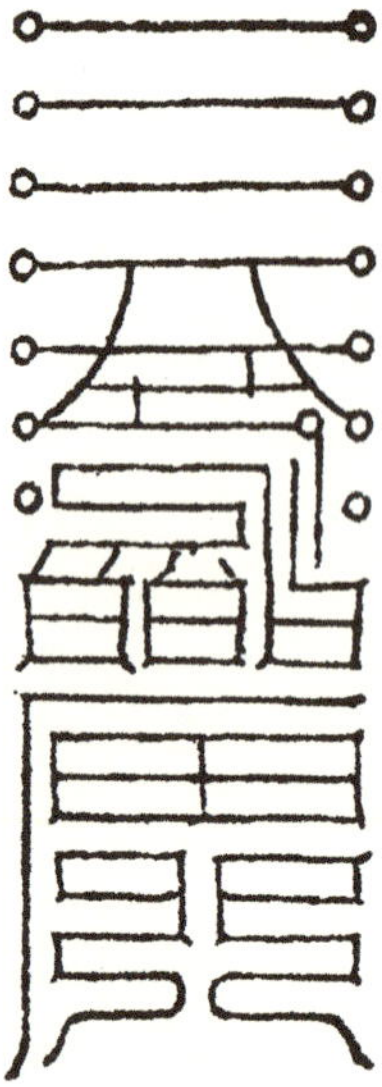

厭蛇虫作諸怪祟符

蛇や虫が家に入ってくるのは凶兆。これらの怪事や祟りを防ぐ。

厭神祠精魅鬼符

神の祠、野の精や土石の精といった自然の精霊などの祟りを防ぐ。

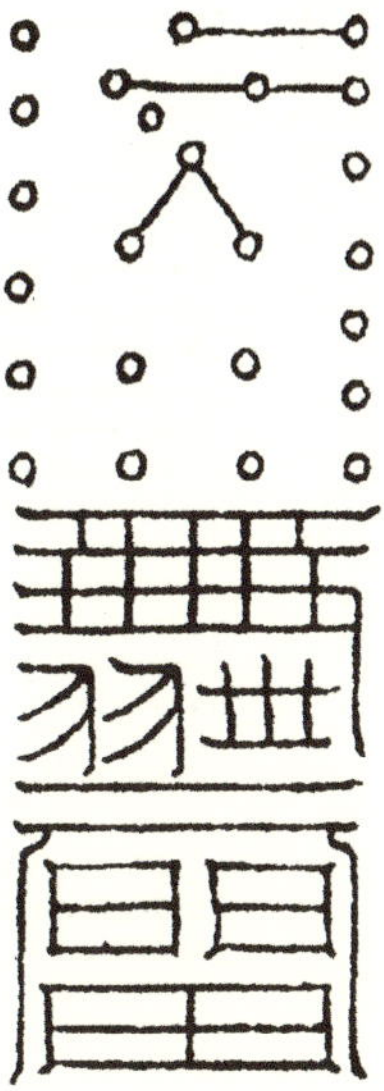

厭殺星符

誕生日の星回りが悪いために、絶え間なく降りかかる災いを防ぐ。

厭除発狂万物之精符

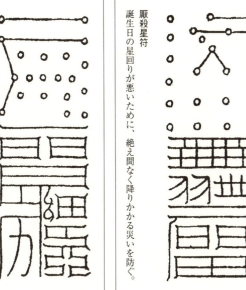

万物の精が狂い、秋に桜が咲くなどの異常気象をもたらすのを防ぐ。

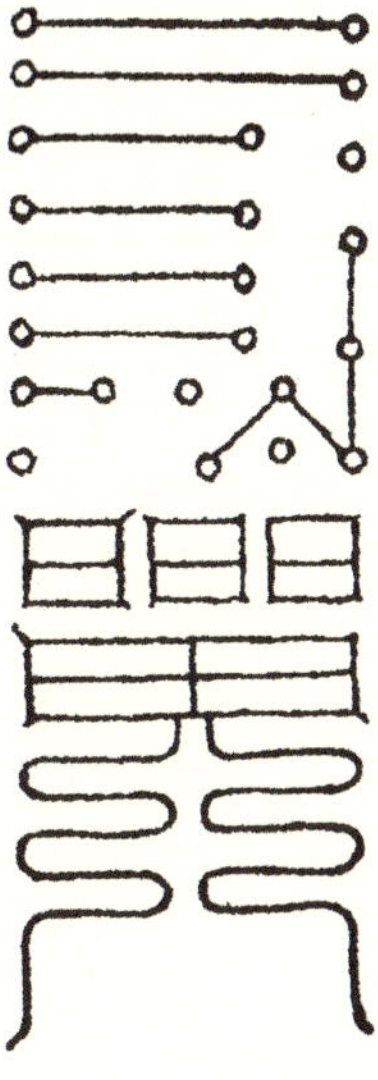

厭東方土気精耗鬼符

東方の土神が祟って、人の精気が消耗することを防ぐ。

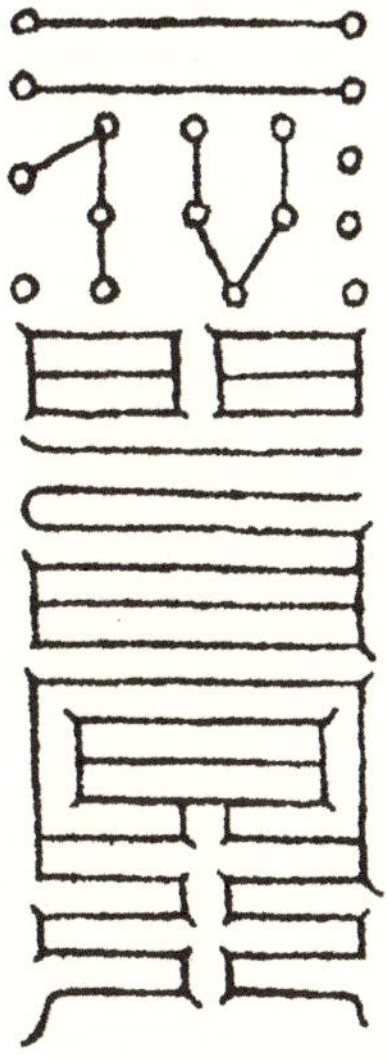

厭除官刑獄鬼符

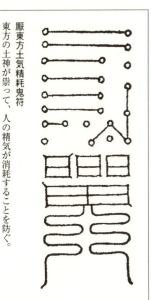

職務上の犯罪で罰せられ、獄死して霊鬼となった者の祟りを防ぐ。

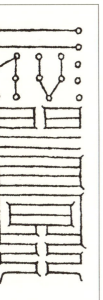

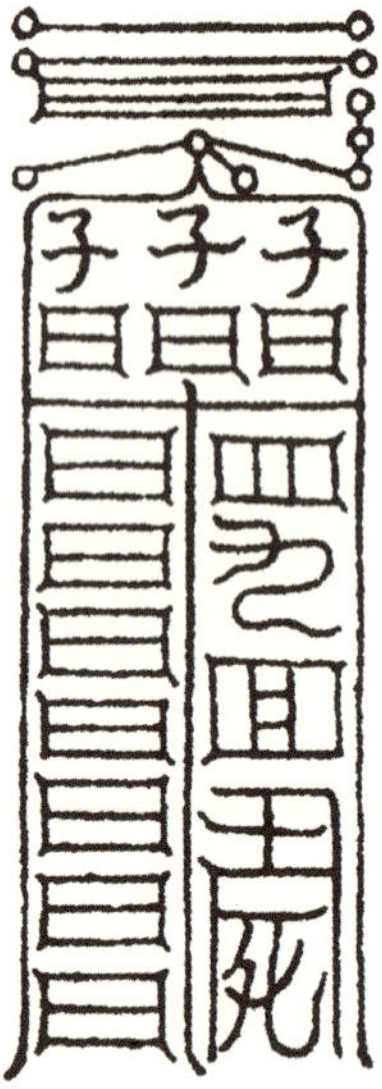

厭老樹木作精魅鬼符
古く老いた樹木に宿る木の精霊が祟ることを防ぐ。

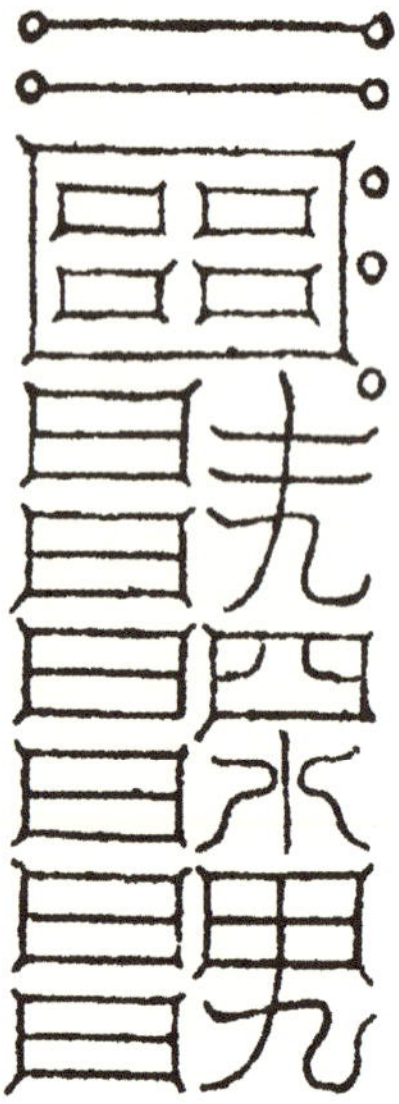

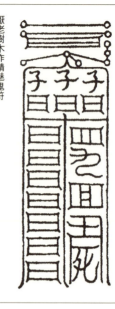

厭除淫祠好悪之鬼符
邪神を祀った祠の祟りや、また悪事をなす気を好む霊鬼を除く。

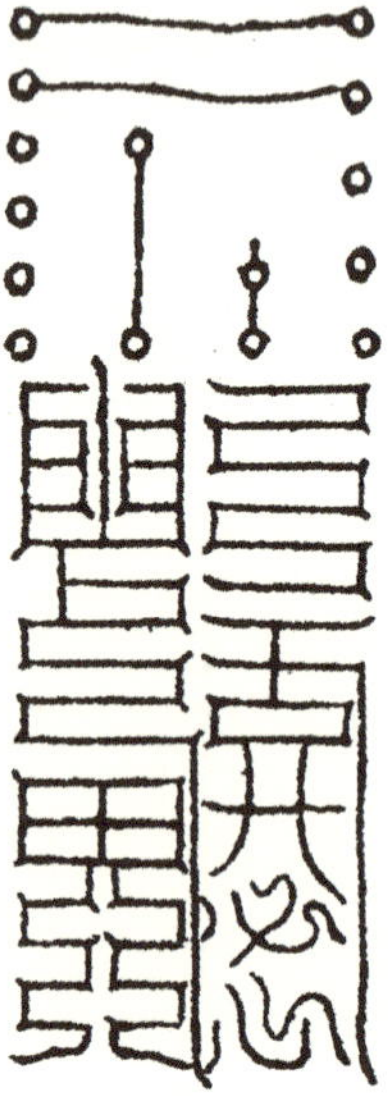

三光百霊雷電不侵符
日月星の三光に異常が起こり、国に災害をもたらすのを防ぐ。

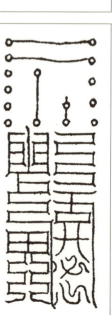

厭除太歳疾疫之侵符
太歳（木星）の年神が引き起こす疫病に感染する害を免れる。

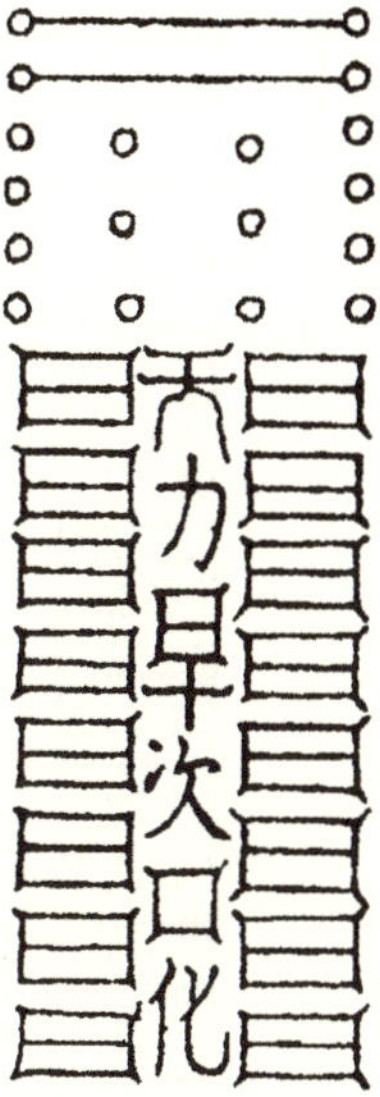

厭天反地復馬不生児之鬼符

天の気、地の気がともに乱れ、国に災難をもたらすのを防ぐ。

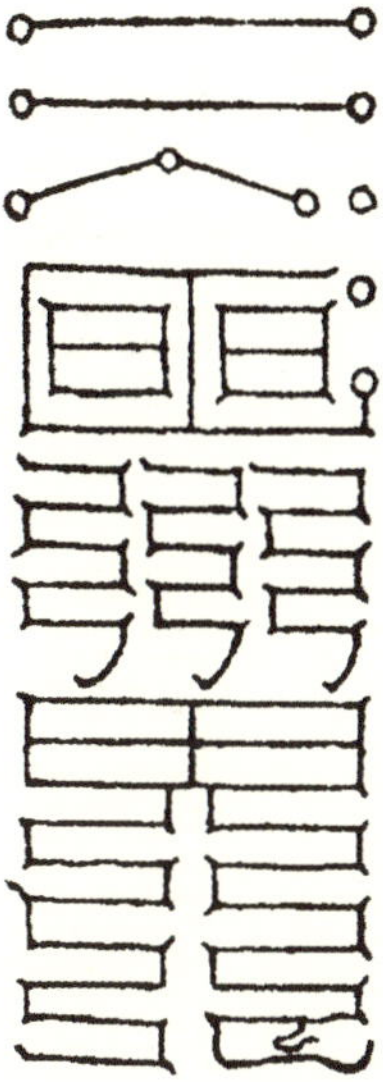

厭官司呼喚火速事符

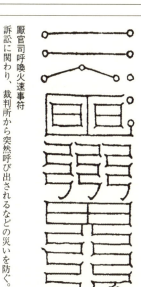

訴訟に関わり、裁判所から突然呼び出されるなどの災いを防ぐ。

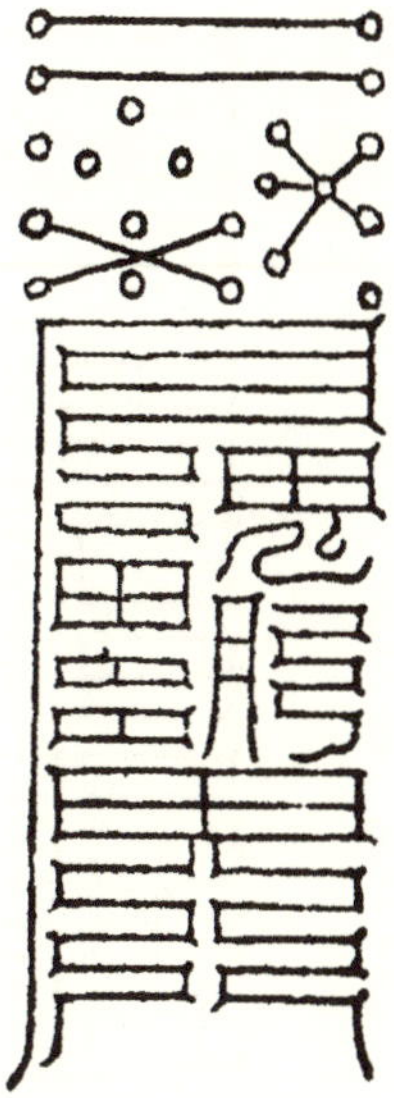

辟邪駆鬼復正保家符

邪気を除き、悪鬼を駆除して、家内を正しく平穏に保つ。

厭疫気百雑鬼符

疫病などの災いをもたらす霊鬼を除く。農作物も安泰が約束される。

厭夢寐驚人鬼符

夢の中で何かに驚き、襲われたりするため、体が疲労するのを防ぐ。

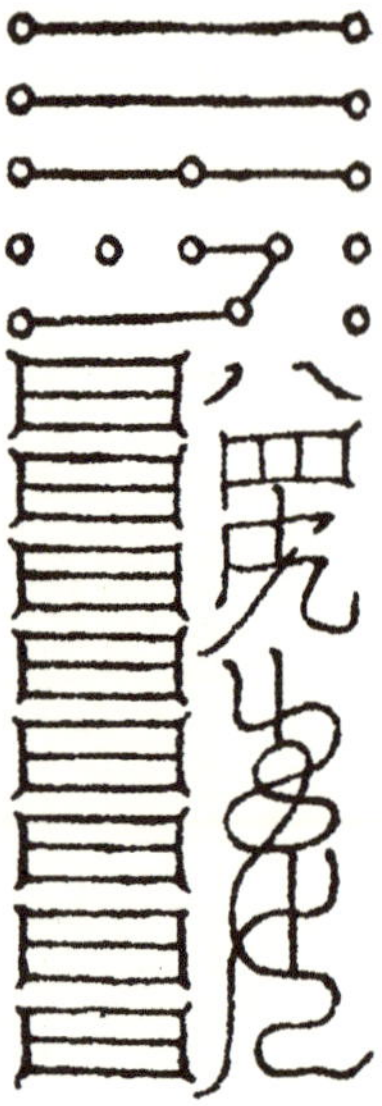

厭自焙男女胎衣血腥不浄鬼符

胎衣納めの儀式を欠いたために、不浄が霊鬼となり祟るのを防ぐ。

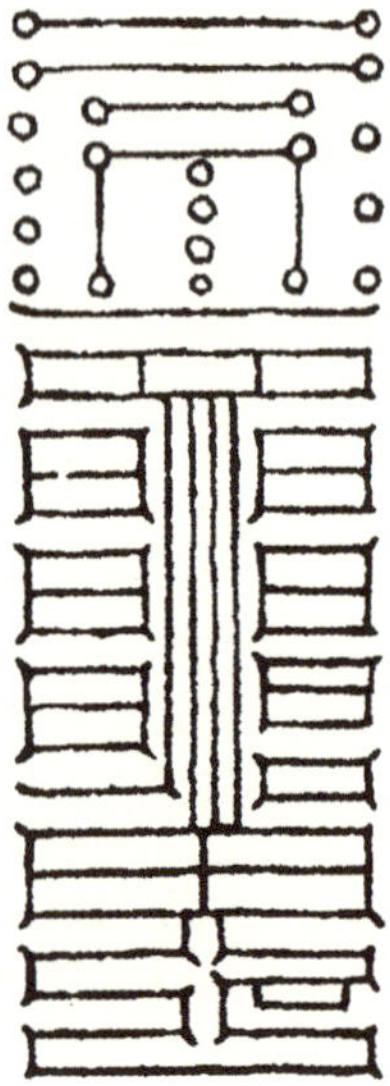

厭牛馬六畜死奴婢逃亡之鬼符

死んだ家畜が祟ったり、使用人が逃亡するなどの災いを防ぐ。

厭不時驚恐悩人之鬼符

突然、人を驚かしたり、恐れさせる怪事を鎮め、消滅させる。

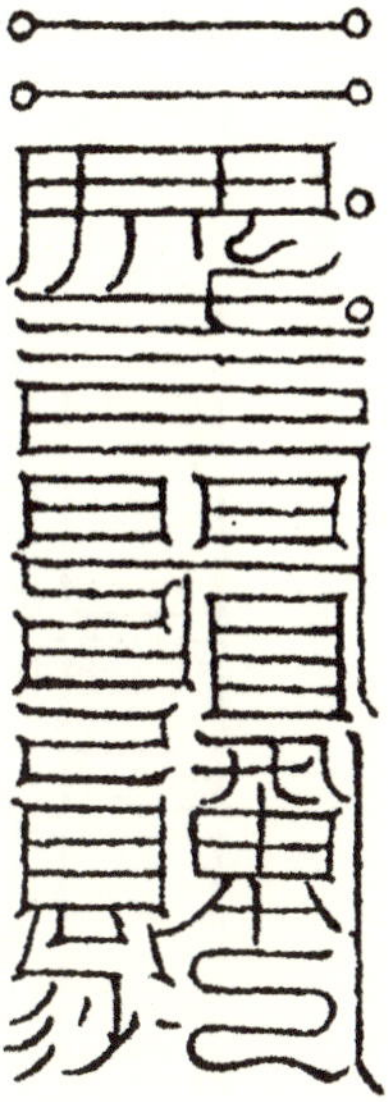

厭腹脹飲食不下鬼符

食事の後に腹が張るなどの不快感を起こす霊鬼を除き、回復させる。

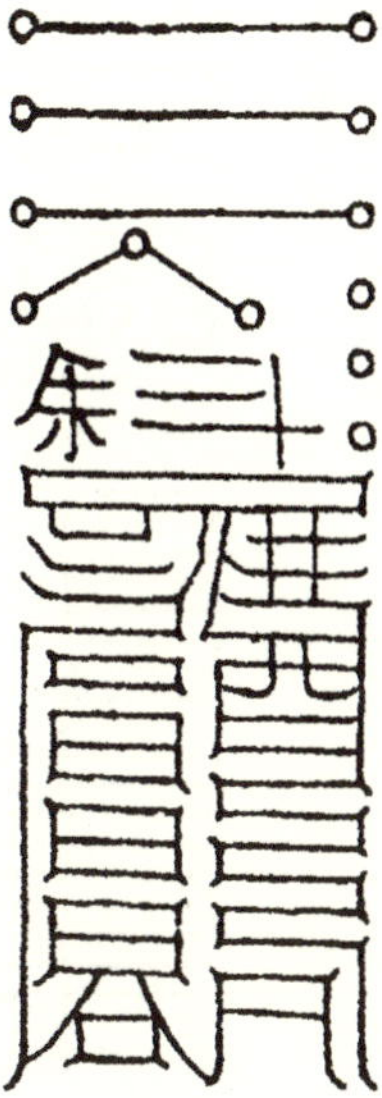

厭丘塚伏屍疾病鬼符

古塚の跡などに建てた家に、地下の屍が霊鬼となって祟るのを防ぐ。

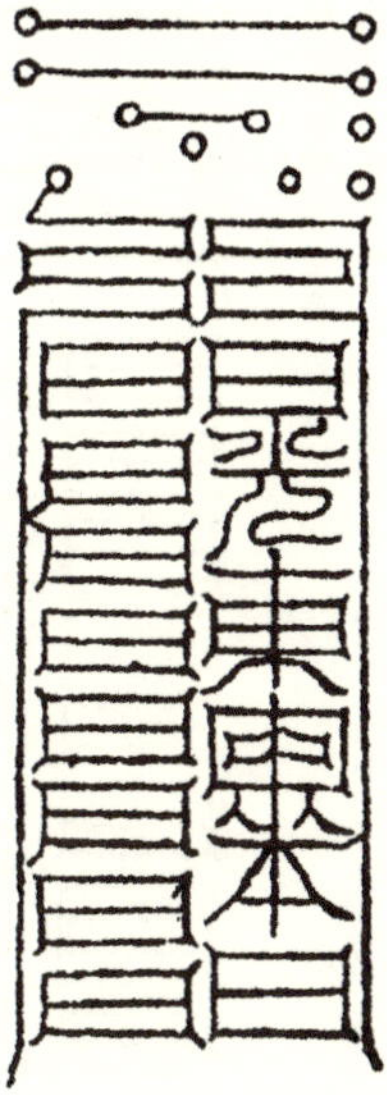

厭鬼怪不時呼人姓名符

不意に名を呼んで人を驚かしたり、家内に怪事を起こす霊鬼を除く。

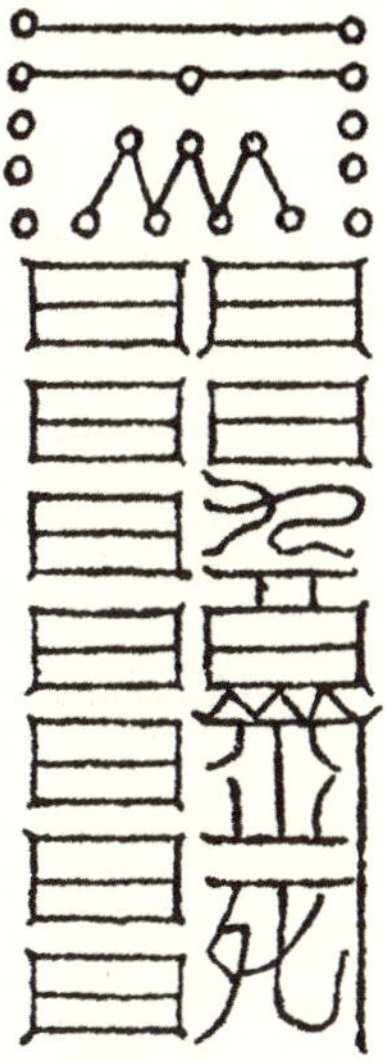

厭盗賊驚恐人符

盗賊に驚かされたり、脅されて恐ろしい思いをするのを防ぐ。

厭伏屍生殺鬼符
地中に埋もれた屍の霊鬼、生き霊や死霊がもたらす祟りを防ぐ。

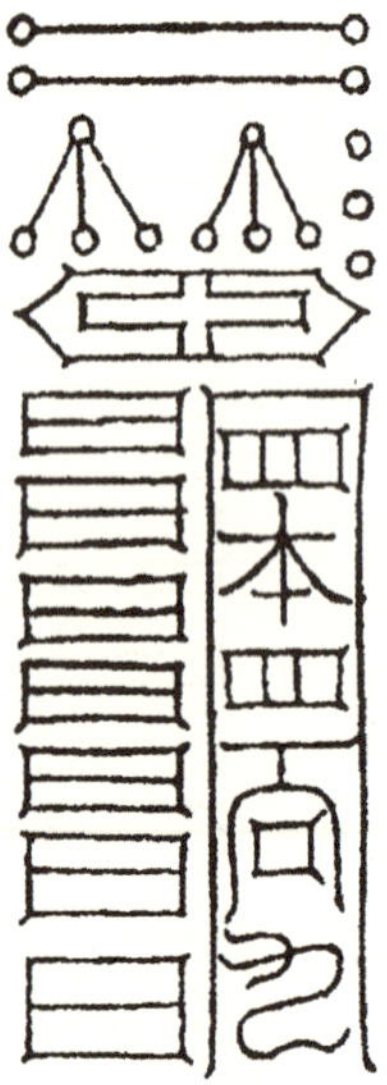

厭不宜田蚕疾病之鬼符
農作物の不作や養蚕の不調、家族に病人が絶えないなどの害を防ぐ。

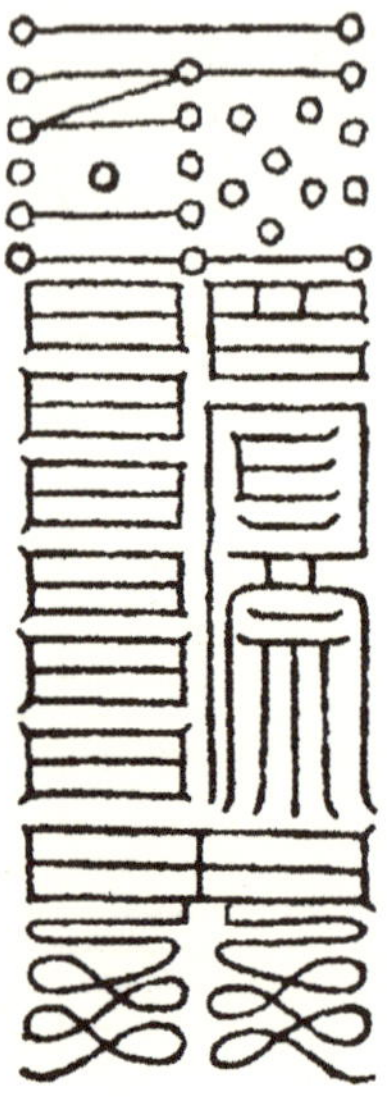

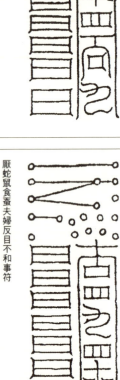

厭百怪口舌之鬼符
種々の霊などの祟りによる怪事や争いが絶えないなどの害を防ぐ。

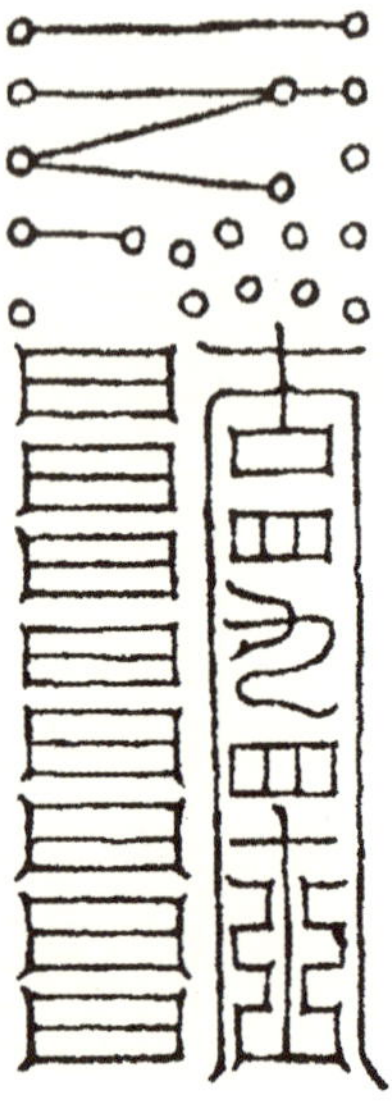

厭蛇鼠食蚕夫婦反目不和事符
蛇や鼠が蚕を食べたり、夫婦仲に異変が起こり不和となるのを防ぐ。

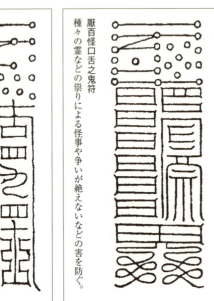

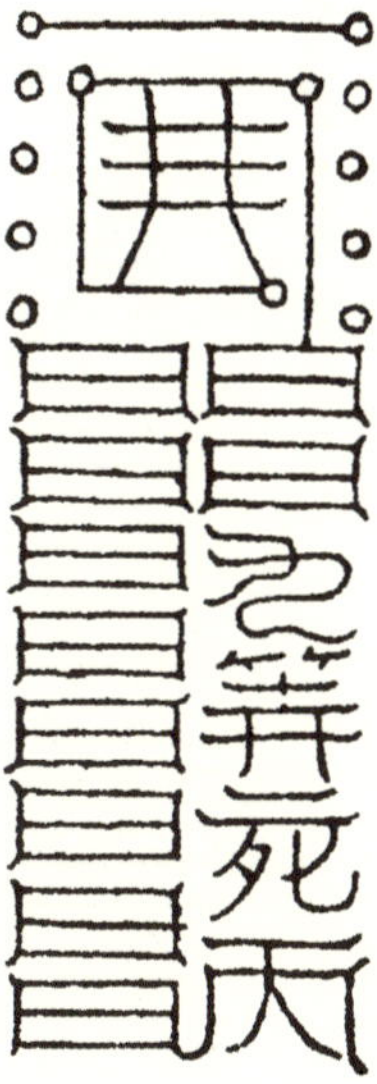

田蚕六畜蕃息符
農作物をよく実らせ、家畜を肥えさせ、養蚕を成功させる。

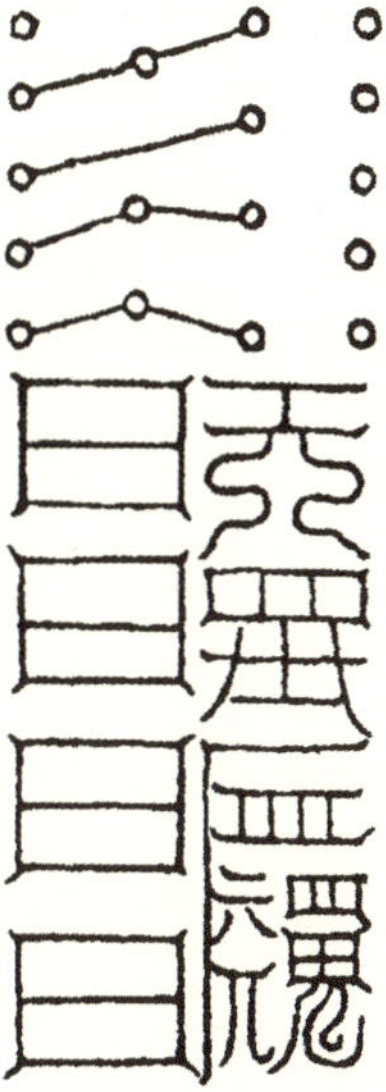

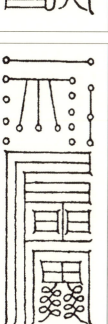

厭除百鬼不得害人符
種々の鬼や霊が祟って、人に事故などによる害を与えるのを防ぐ。

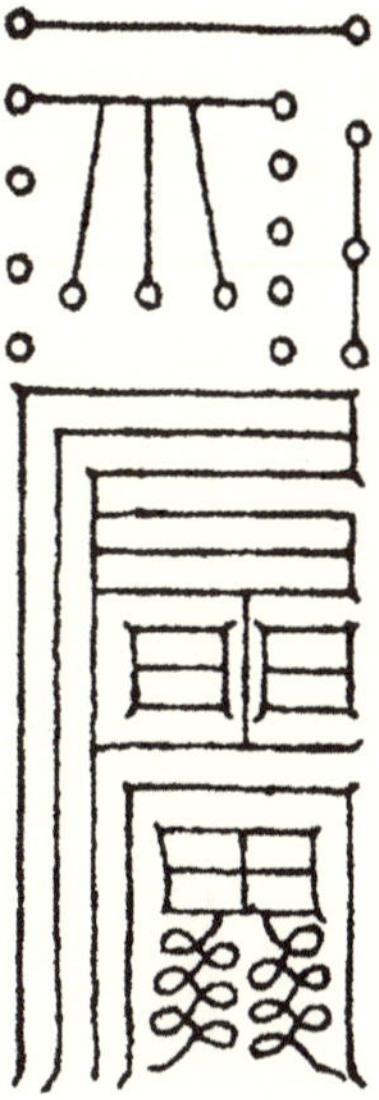

宜子孫大貴和睦長命符
子孫が豊かになり、仲睦まじく過ごし、長命が約束される。

厭除疾病連綿之鬼符
家族に病人が絶え間なく生じるのを防ぎ、さらに平癒に導く。

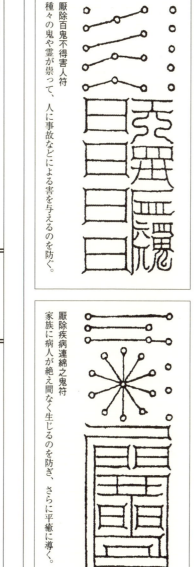

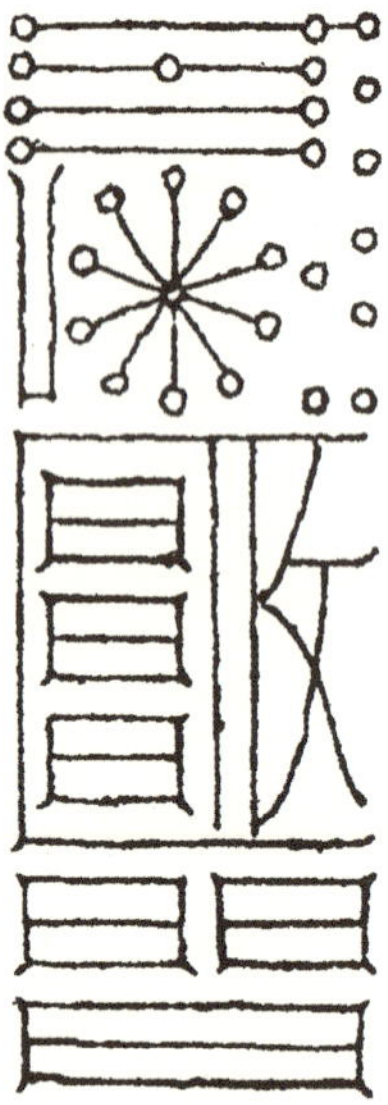

厭除疾病盗戒虚耗之鬼符

家内に病人が続出し、盗難に遭い、財産が減少するなどの害を防ぐ。

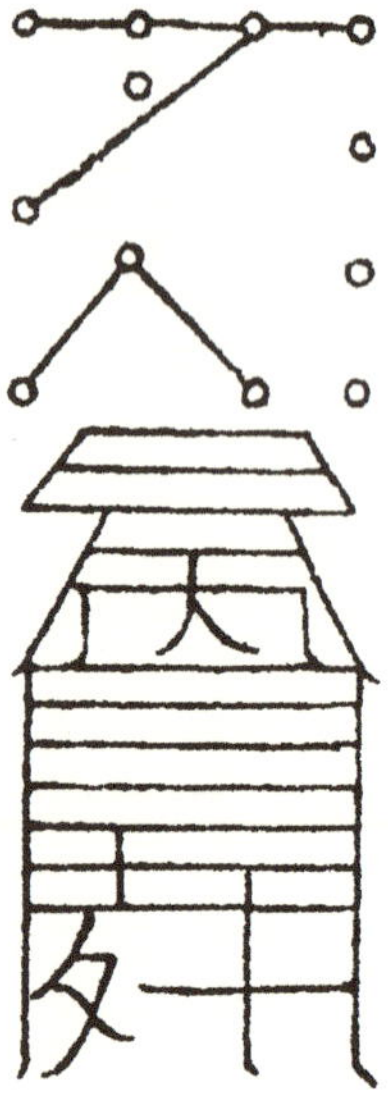

厭病患沈重滅福短寿之鬼符

家人の病気を重くし、福力を減らし、寿命を縮める悪鬼を除く。

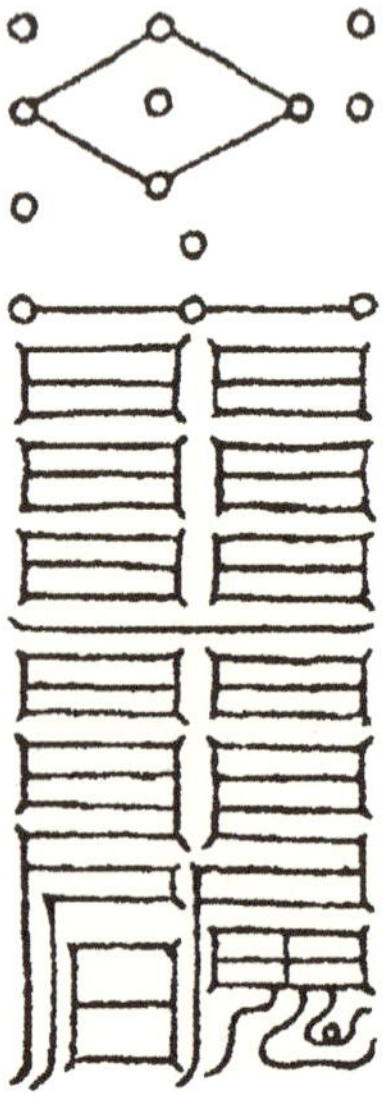

厭産耗鬼不平尅害符

家業を衰退させ、また人に災難をもたらす霊鬼を除く。

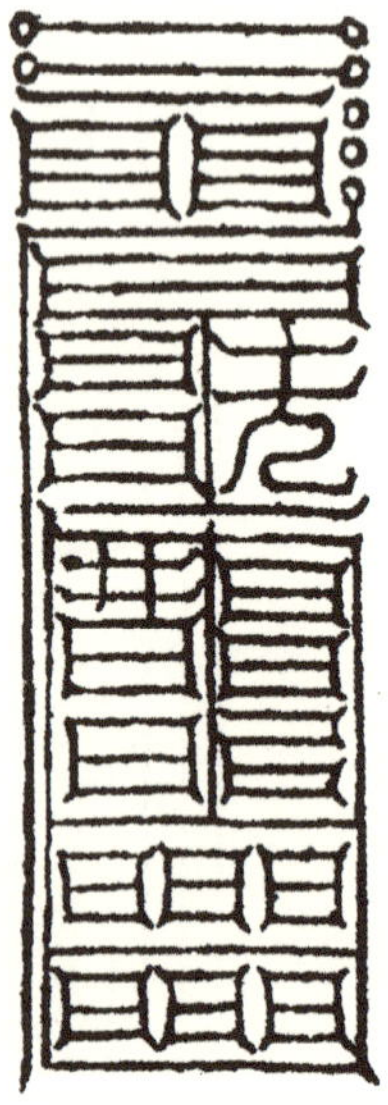

厭不詳牛畜生産鬼符

家畜を殺傷し、出産や生育を妨げる悪鬼を除く。

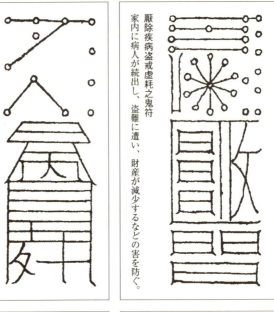

霊宝三部八景真玉符《全24符》

道教では五臓六腑をはじめとして、身体のあらゆる部分に神が宿り、それぞれ名前も、容貌や服装も、職能も、いずれも異なるとされている。神仙の道を行ずる人は、病があればその病気の部分を担当する神の名前を念じ、その神を呼び出して、その力で病の回復をはかる。つまり、その神があたかも存在するかのように、存思内観し、人体に宿る神々を思うのだ。これらの神々の名前は、道教経典によって同じ体の部分でも相違があり、また数も異なる。

これは多くの道士たちが、長い年月にわたって実践的に研究し、内観に使用して有効な神々を少しずつ補足してきた結果である。そうした体内神の中でも特に有名なのが、二十四神だ。二十四神とは、天の二十四の真気（これが暦の上では立春、立夏、立秋、立冬とか夏至、当時などの二十四節気となっている）が、ミクロコスモス（極小宇宙）ともいえる人間の体内に宿ったもので、その真気をうまく調節できれば、心身調和し、無病息災でいられるわけだ。さらに、道士たちは、これらの神々を念じることで単に病気を治すだけでなく、心身ともに変革し、究極には道教の最終目的である不老長生をはかろうとしたのだ。

むろん、一般の人々が心の中に神々のイメージを描くことで病魔を退散させ、あるいは病気を予防し、さらに不老不死の仙胎を体内に創造することは、きわめて難しい。そこに霊符の意義が生じてくるわけだ。

ここに紹介したのは、身体にかかわる二十四神に感通する霊符である。患部に関係する霊符を朱書して飲み、その神の名前を念じて、病気の治ることを願えば、その部分に精気が宿り、自然治癒能力が活発に働くとされている。

そのうえこの霊符には『雲笈七籤』によれば、単なる病気治しだけではなく、八年の間継続して飲めば、二十四神が姿を現し、数々の奇瑞を示す効能まであるという。

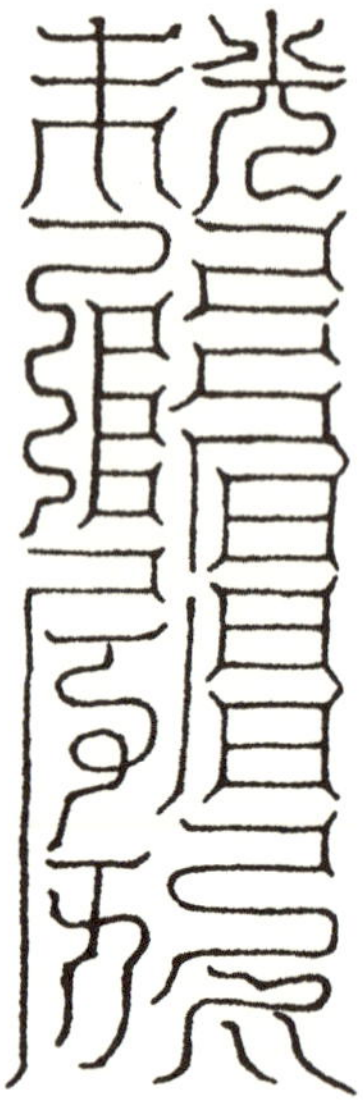

一景玉符上元洞天炁部一景神
頭脳を明晰にする符。

二景玉符天炁部二景神
髪の障害を治す符。

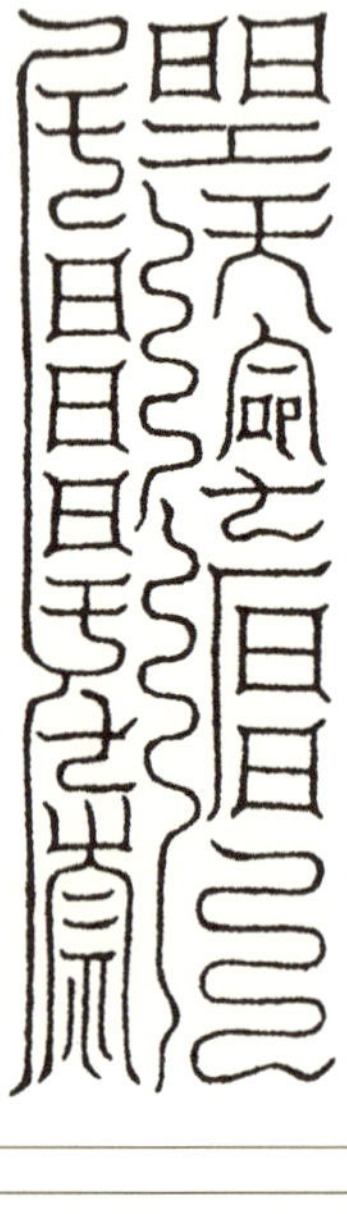

三景玉符天炁部三景神
皮膚の病気を治す符。

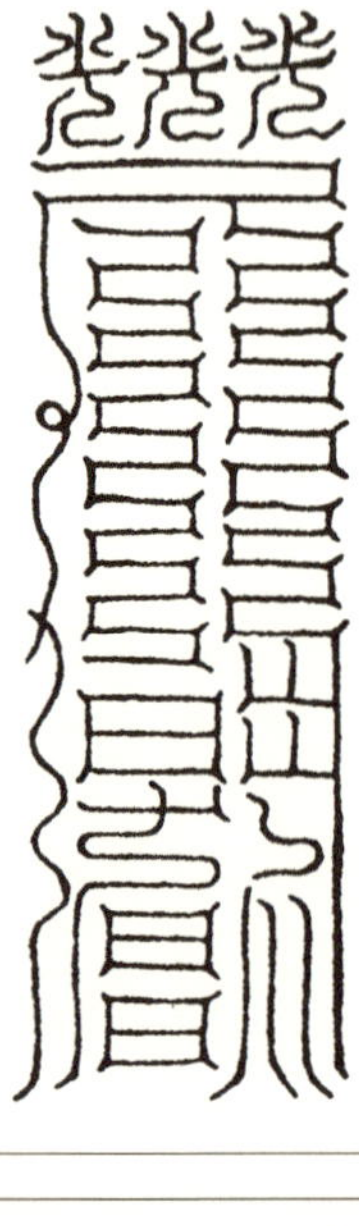

四景玉符天炁部四景神
目の病気を治す符。

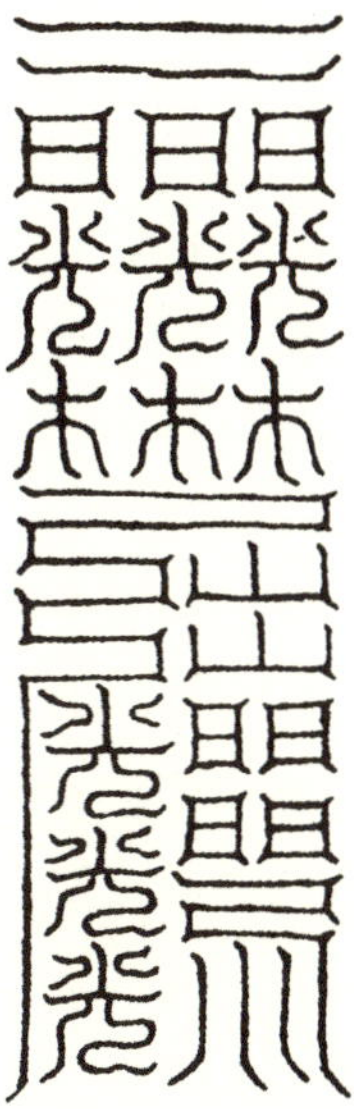

五景玉符天炁部五景神
首や肩の凝りを治す符。

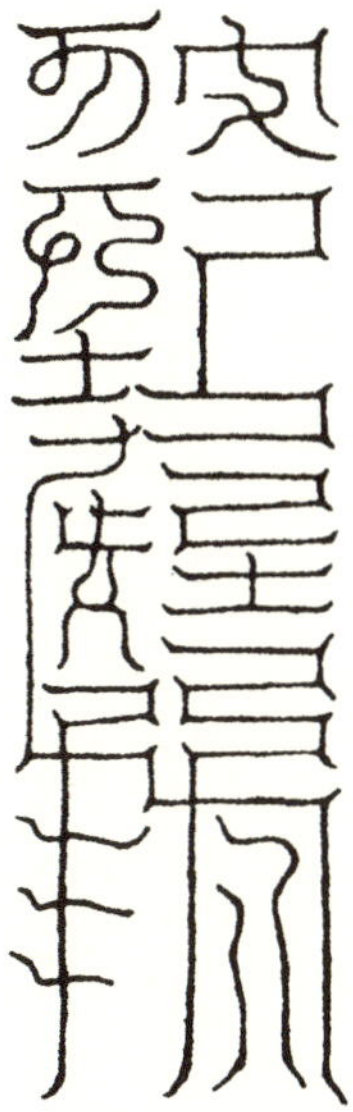

六景玉符天炁部六景神
脊髄の病気を治す符。

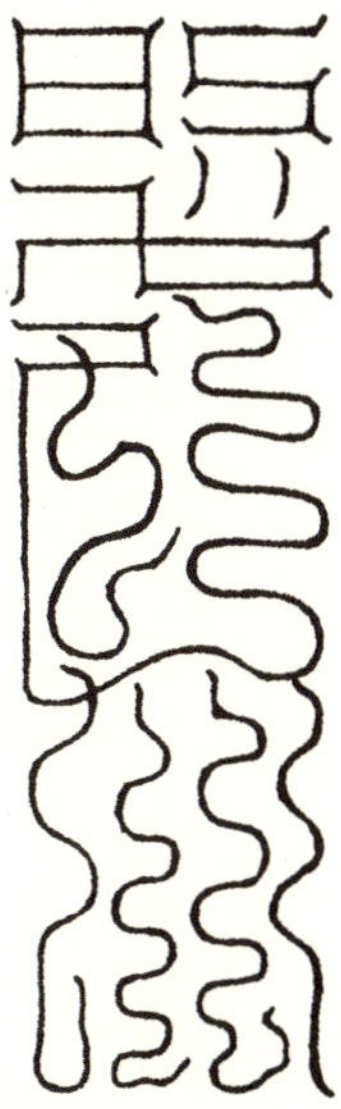

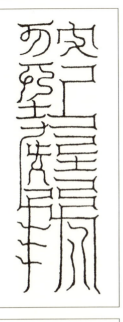

七景玉符天炁部七景神
鼻の病気を治す符。

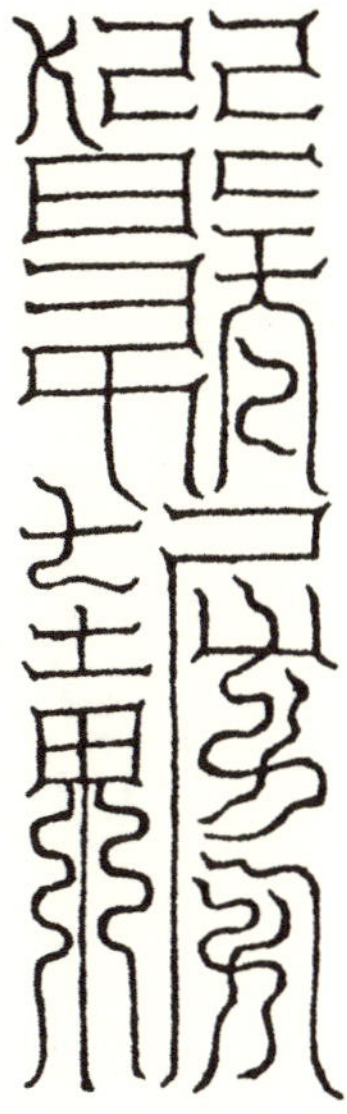

八景玉符天炁部八景神
舌の病気を治す符。

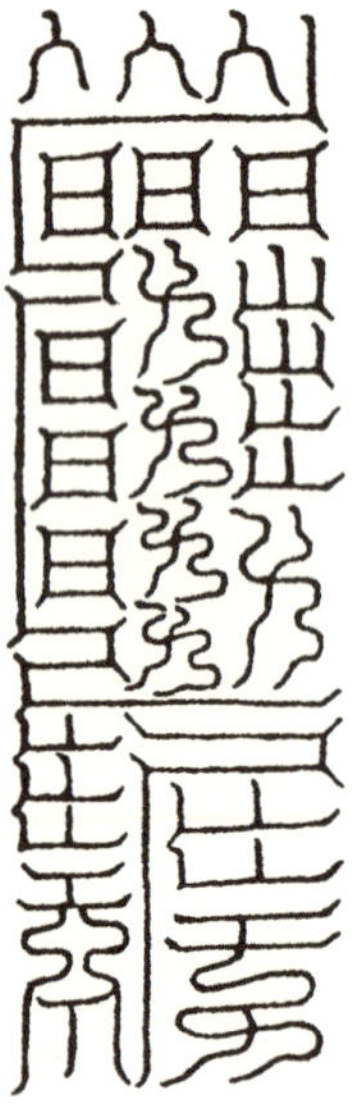

洞玄中元一景真符部一景神
喉の病気を治す符。

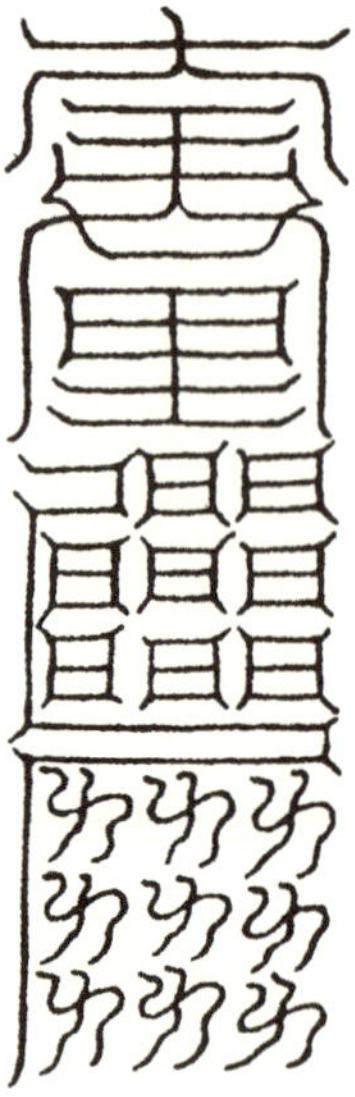

洞玄中元二景真符部二景神
肺の病気を治す符。

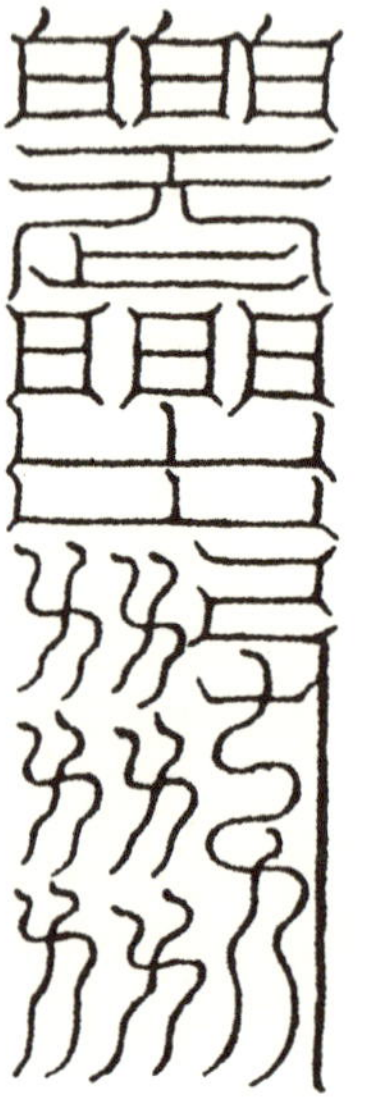

洞玄中元三景真符部三景神
心臓の病気を治す符。

洞玄中元四景真符部四景神
肝臓の病気を治す符。

洞玄中元五景真符部五景神
胆嚢の病気を治す符。

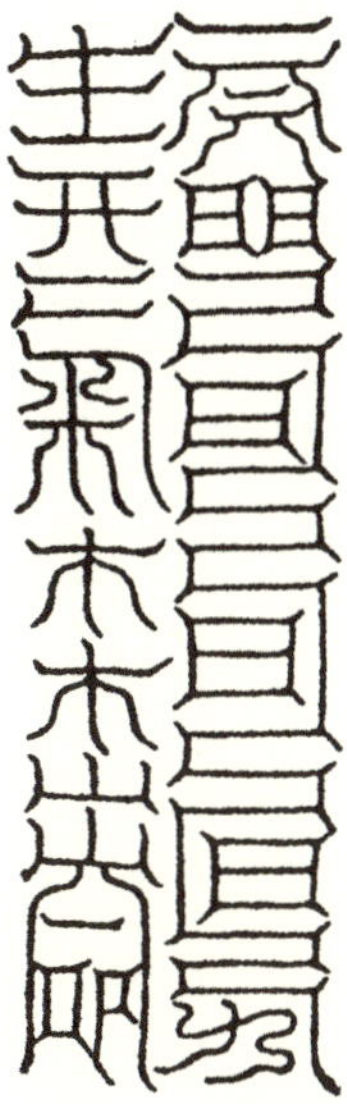

洞玄中元六景真符部六景神
左の腎臓の病気を治す符。

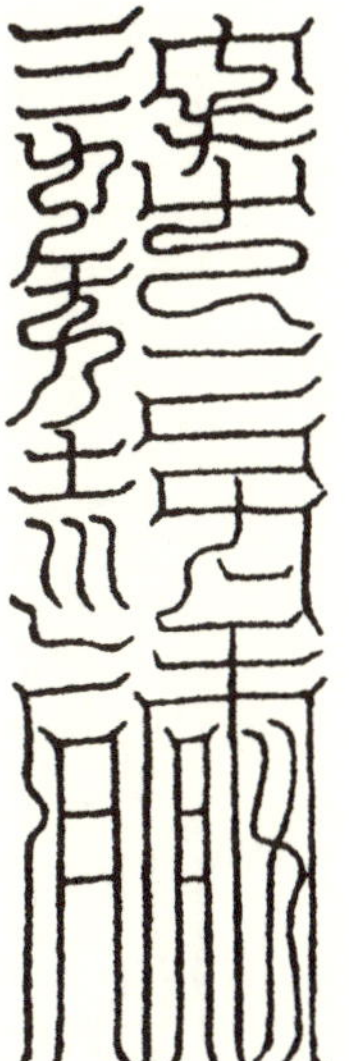

洞玄中元七景真符部七景神
右の腎臓の病気を治す符。

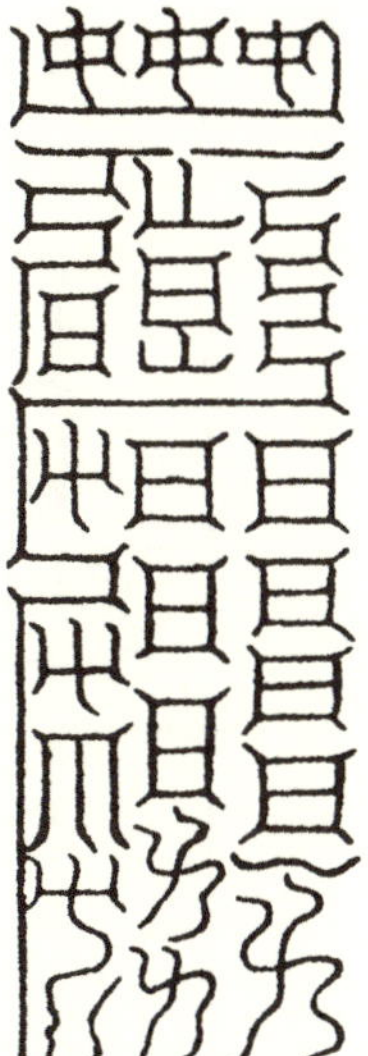

洞玄中元八景真符部八景神
黄疸を治す符。

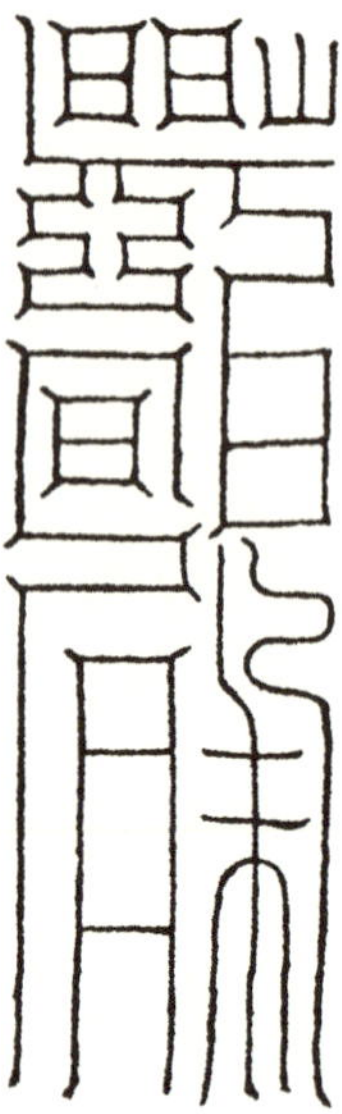

洞神下元一景霊符部一景神
胃の病気を治す符。

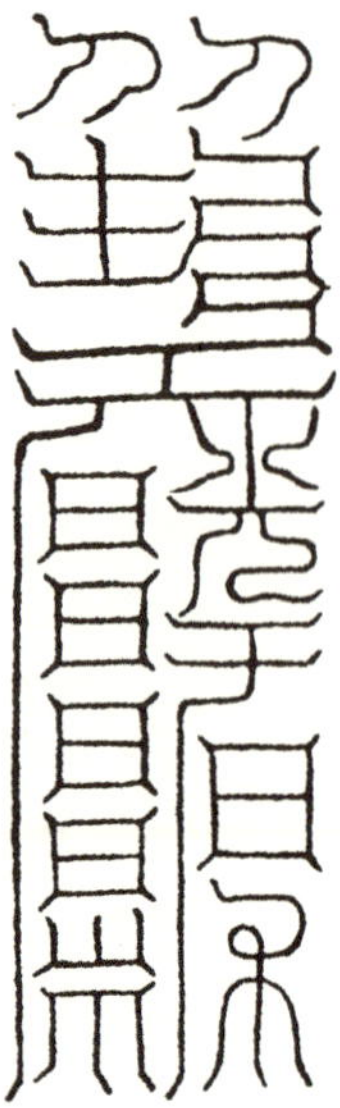

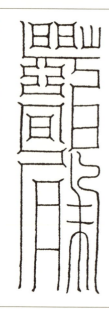

洞神下元二景霊符部二景神
腸の病気を治す符。

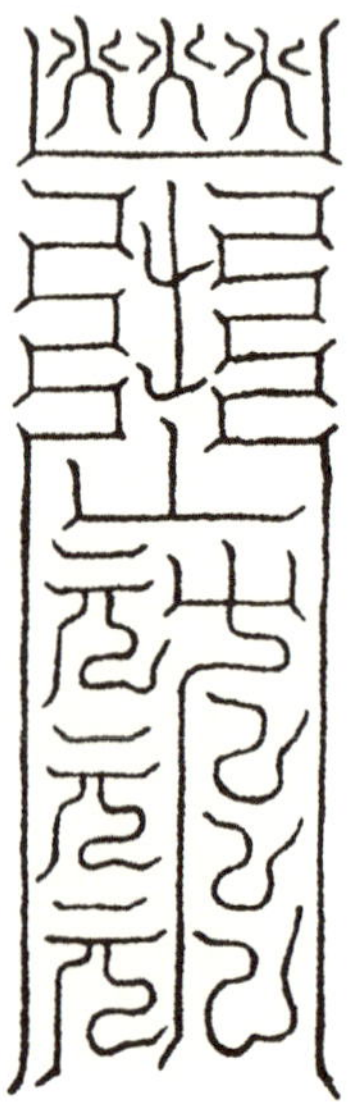

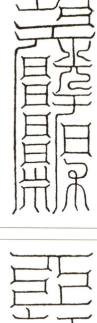

洞神下元三景霊符部三景神
便秘を治す符。

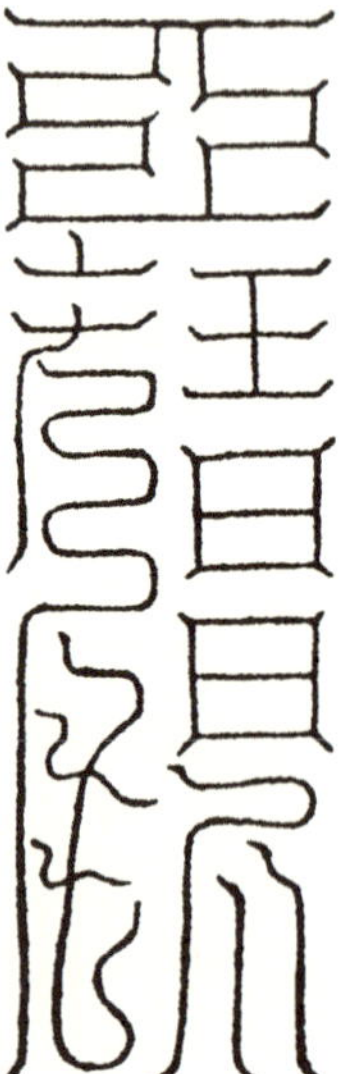

洞神下元四景霊符部四景神
腫れ物を治す符。

洞神下元五景霊符部五景神
胸郭の病気を治す符。

洞神下元六景霊符部六景神
肋膜の病気を治す符。

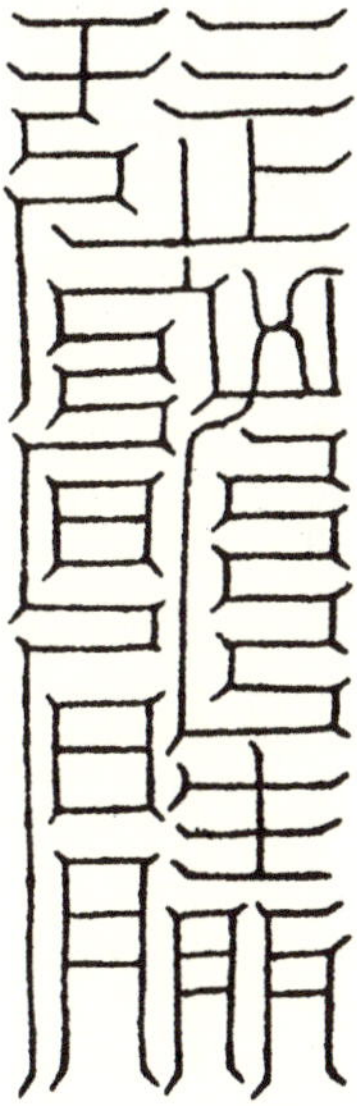

洞神下元七景霊符部七景神
左手足の病気を治す符。

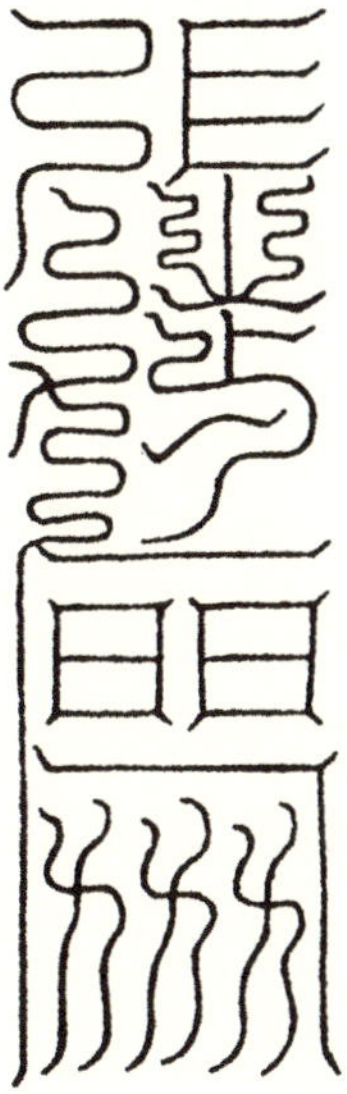

洞神下元八景霊符部八景神
右手足の病気を治す符。

武帝應用霊符《全58符》

これら五十八の霊符は、武帝が用いたとされる。武帝は姓は司馬、名は炎。中国、西晋（二六五〜三一六年）の初代皇帝で、武帝は諡だ（西王母がその宮廷に降臨したとされる、漢の武帝とは別人）。『三国志』などで知られる魏・呉・蜀の三国時代、司馬氏は炎の祖父懿以来、魏の国政の実権を握った。父の昭は蜀を平定した殊勲によって晋王となったが、急死する。炎はその後を継いで晋王となり、加えて魏からも王位を禅譲され、さらに呉を滅ぼして、天下統一を遂げた英帝である。西晋の武帝の時代に、許遜という神仙（仙去後は許真君と呼ばれる）がいた。その高名が武帝の耳にも届き、許遜は武帝に乞われて役人となる。そして、方術を使って飢えた人々を救ったり、神薬をもって疫病を防いだりした。また、霊符を書いて万民に施すことで、災厄を免れさせたり、多くの妖異を鎮めたりするなど、数々の奇跡を起こす。許遜は、その功で生きながらに神として祀られるほどの賢人だったのだ。許遜はその後、官職を辞して西山で修道したすえに孝道の教えを興し、さらに済世利民のために尽くす。やがて、四十二人の弟子とともに昇仙した。そして、許真君が武帝に伝えたといわれる霊符こそが、ここに紹介する武帝應用霊符なのだ。

これらの霊符は白紙、または黄紙に朱書して用いる。佩帯したり、竈の上（現在なら台所のガス台近くなど）に貼ったり、墓地で焚いたり、畜舎に貼ったり、焼いて灰を服用するなど、使用法は多岐にわたる。なお、霊符に施行法が指定してある場合は、そのとおりに使用するのは当然だが、特に指定がない場合は、小さな紙に書写して、名刺入れや定期入れなどに入れ、常に所持するといい。また、神棚に置いたり、鴨居の上など、家の高いところに貼るなどして用いてもかまわない。現代向きではない内容の霊符も多いので、必要なもののみ使用すればよいだろう。

第一　保安霊符

一生の安寧を保ちたい人が所持すれば、望みがかなう。

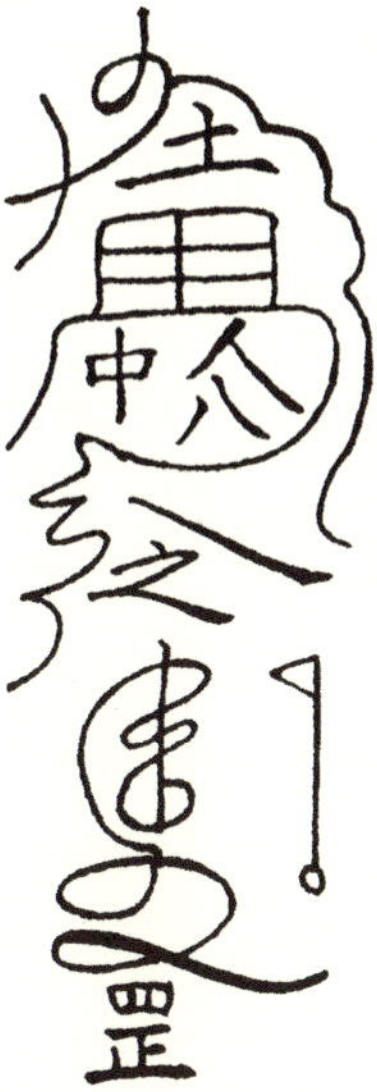

第二　保命霊符

長生きをしたい人が所持すれば、望みがかなう。

第三　保人口符

家内に若死にする者が多ければこれを減らし、子孫繁栄を約束する。

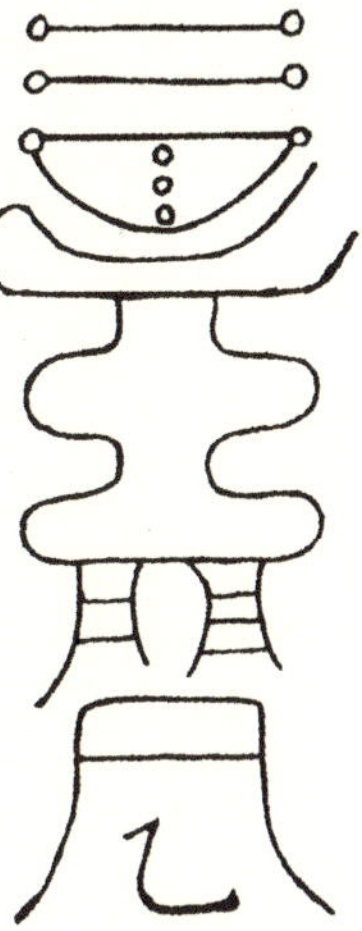

第四　七真符

常に持ち歩けば、道教の七真人の守護を受けることができる。

第五　鎮霹靂霊符

激しい雷雨に見舞われたときでも、落雷などの災難を免れる。

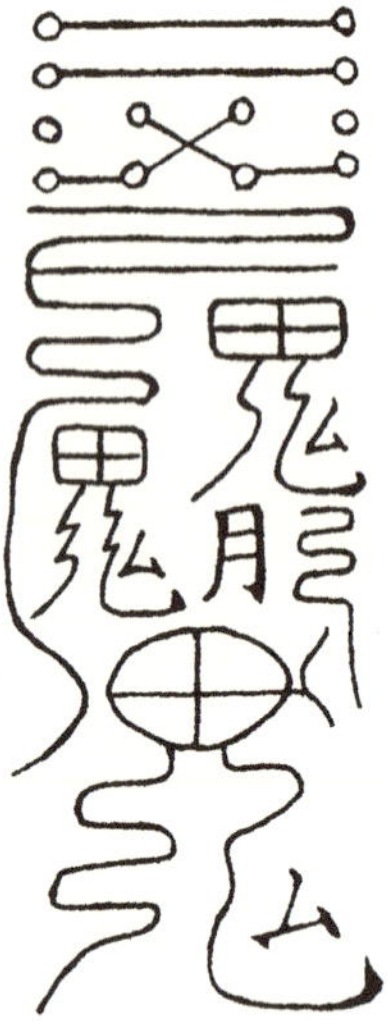

第六　泰山符

国家の安寧を守る泰山に鎮座する神が、それと同様に家を守る。

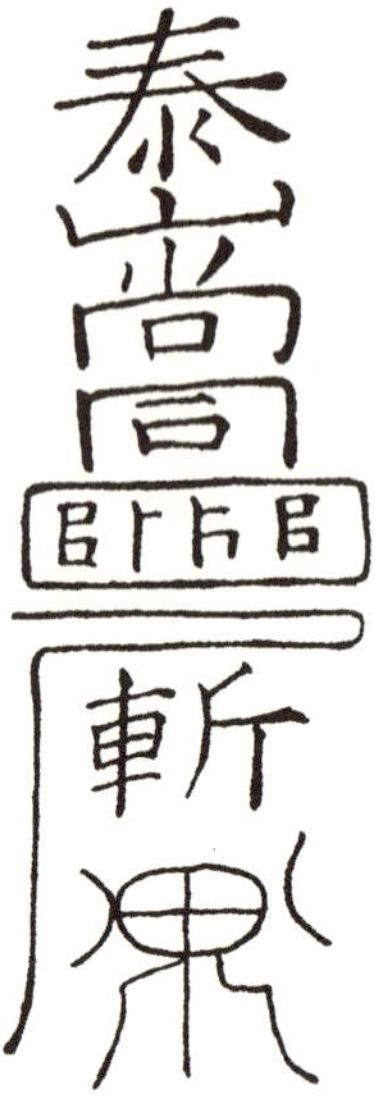

第七　鎮金神符

家のどこかに貼れば、建物の修理などの際に金神が祟るのを防ぐ。

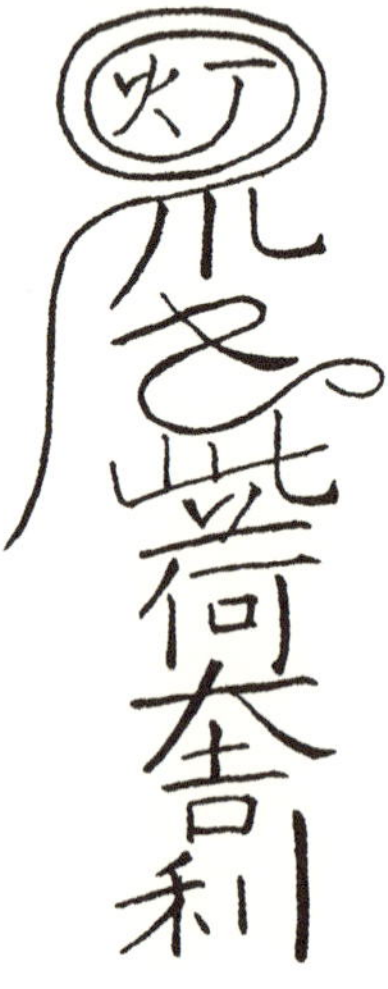

第八　鎮動土符

家のどこかに貼れば、建物の修理などの際に土神が祟るのを防ぐ。

第九　謝土符
建物の建築や修理が無事に終わった後、土神に感謝して捧げる。

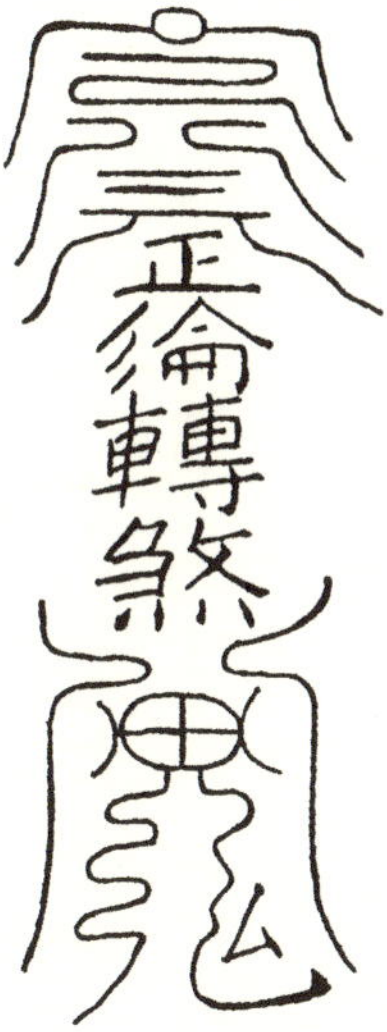

第十　起攢符
建物の修理の後、道具を土に埋め災いを解くかわりにこの符を使用。

第十一　鎮子孫不和符
家内の不和を除き、子孫の和合及び繁栄を約束する。

第十二　鎮夫婦不和符
妻が所持すれば、家の衰亡の原因となる夫婦の不和を和合に転じる。

第十三　鎮父子不和符

父子が不和のとき、父は慈愛心を、子は孝行心を身につけられる。

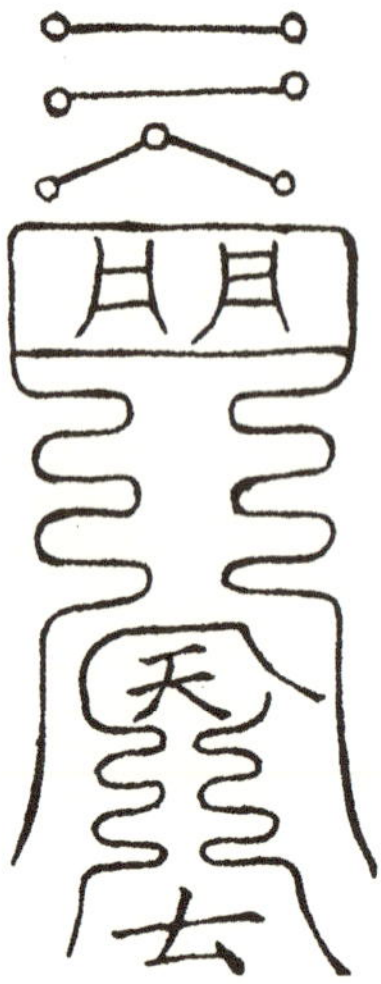

第十四　鎮官司不侵符

所持するか家内に貼ることで、訴訟沙汰などに巻き込まれずにすむ。

第十五　鎮口舌不侵符

家の中央に貼れば、家族の間の争いが避けられる。

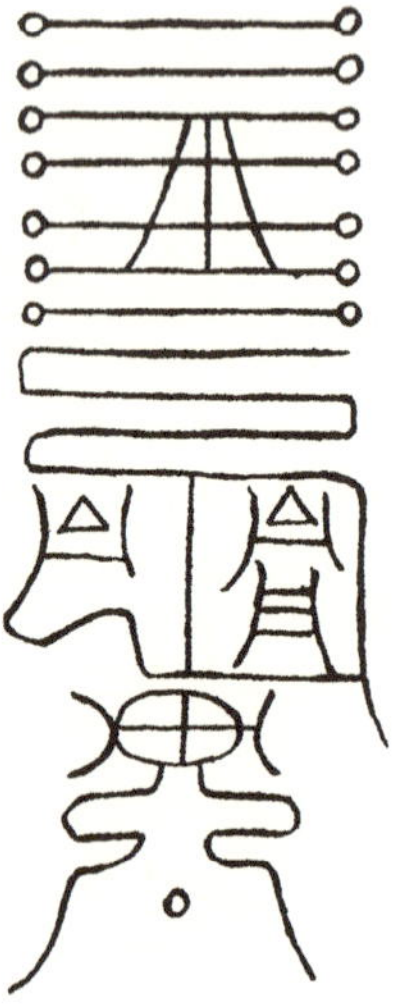

第十六　鎮鬼怪不侵符

家内に生じる種々の怪現象や不吉な出来事を解消する。

第十七　鎮失害符
家内から頻繁に多くの財産が失われる災いを防ぐ。

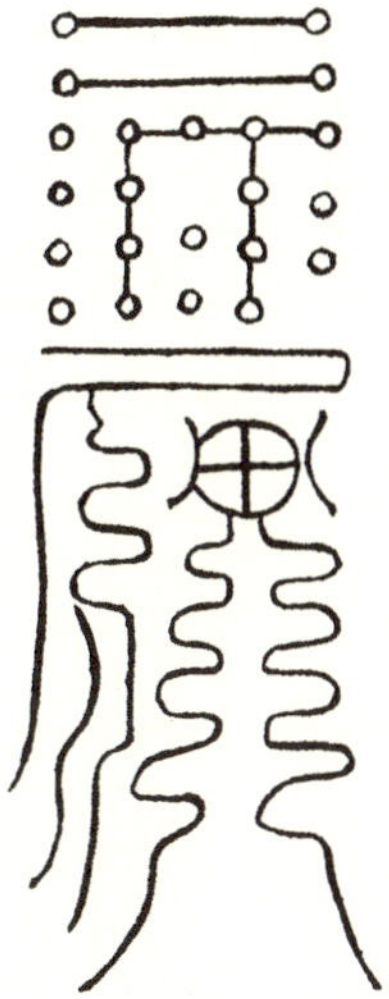

第十八　利官太古符
職場内で昇進がかなったり、給料が増える。

第十九　利経営神符
家業は成功し、農作物はよく実り、利潤がより多く上がる。

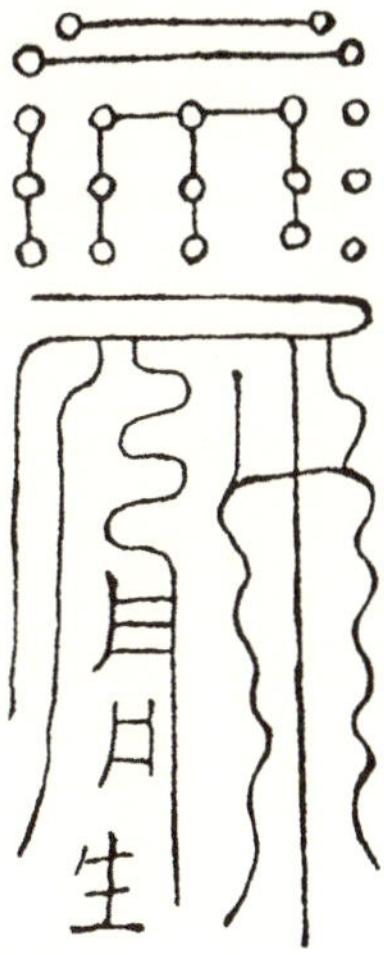

第二十　鎮田蚕不旺符
衰運にあった農家の田畑作や養蚕が一転成功し、増収が得られる。

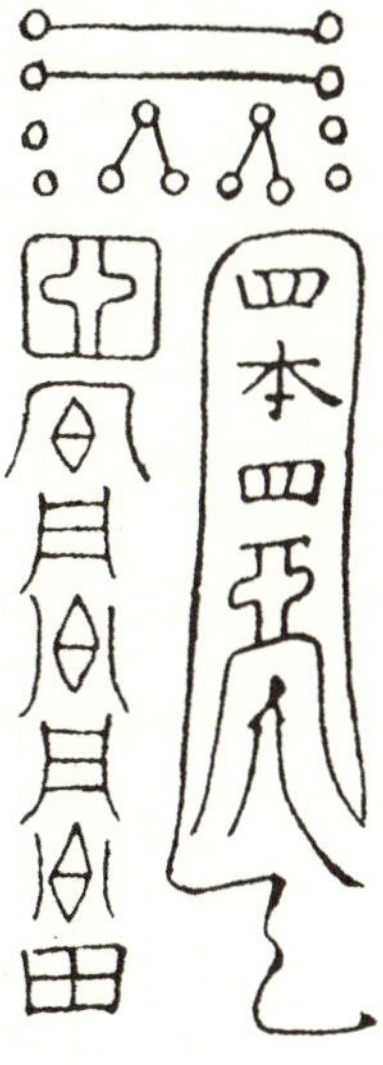

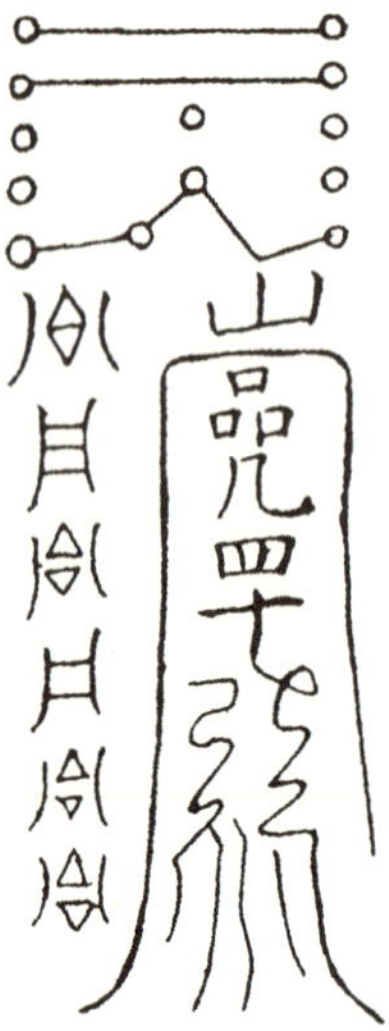

第二十一　鎮鼠食蚕符

養蚕業を営む農家で、鼠に蚕を食われる被害を免れる。

第二十二　鎮娘神符

子供が義理の母を持ち、不和に苦しむのを免れる。

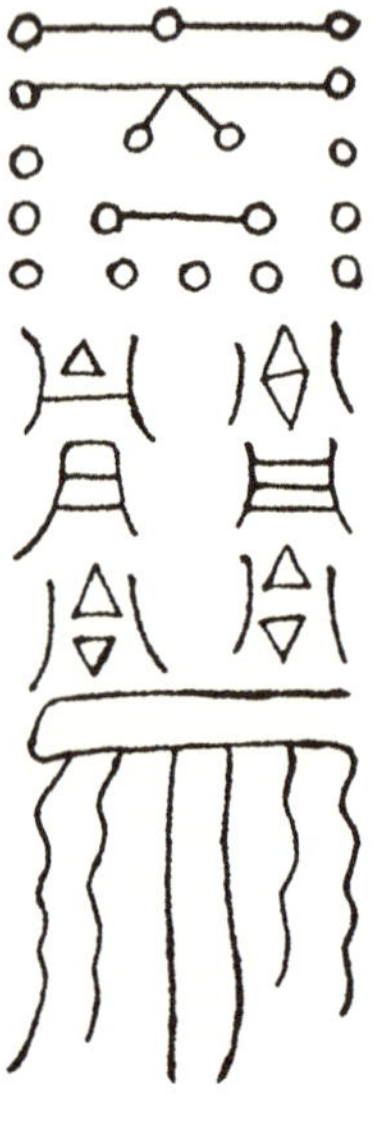

第二十三　鎮耗神符

耗神の祟りで財産が減少するのを防ぎ、逆に富を家内に招く。

第二十四　端午吉符

これを持てば、家内の種々の不祥事を除き、男子を得られる。

第二十五　鎮燈白明威符
灯火が怪しく燃えて不吉なことが起こりそうなときに用いる。

第二十六　鎮鶏母鳴符
母鶏が鳴くのは凶兆。このために生じる病人や財産の損失を防ぐ。

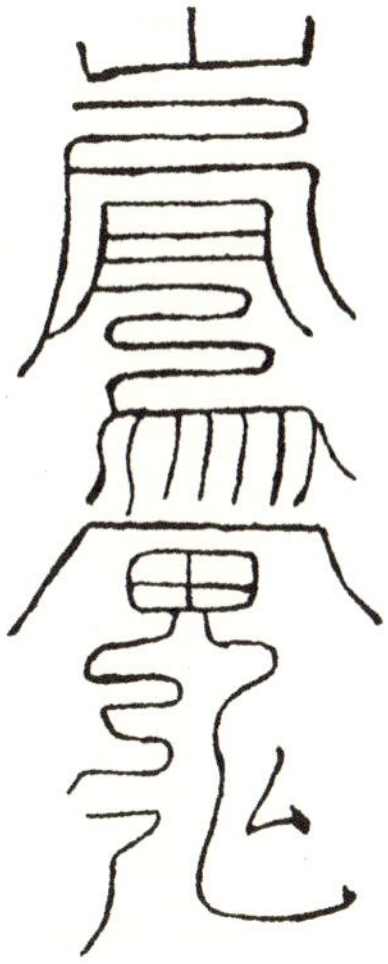

第二十七　謝起攢符
建物の建築や修理が無事に終わった後、神に感謝して捧げる。

第二十八　鎮除凶禍符
家内に災いや凶事、争いなどが多いとき、これらの害を防ぐ。

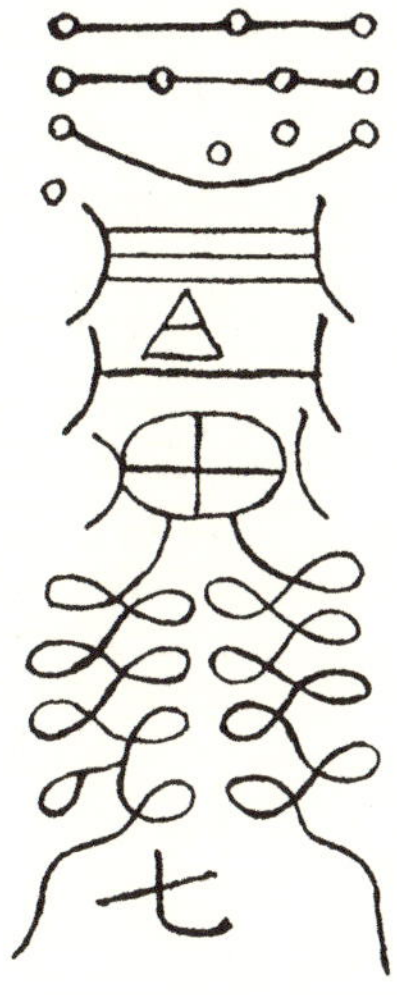

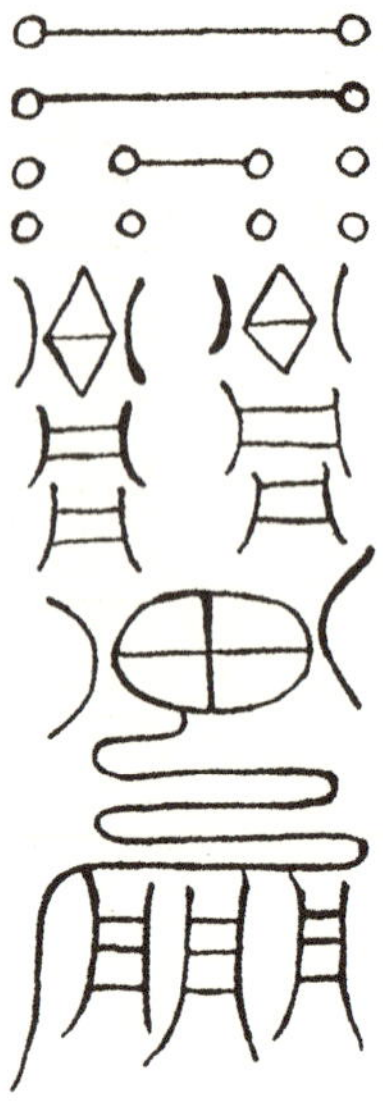

第二十九　鎮土煞符

土煞による激しい災いを鎮め、あらゆることの安全が守られる。

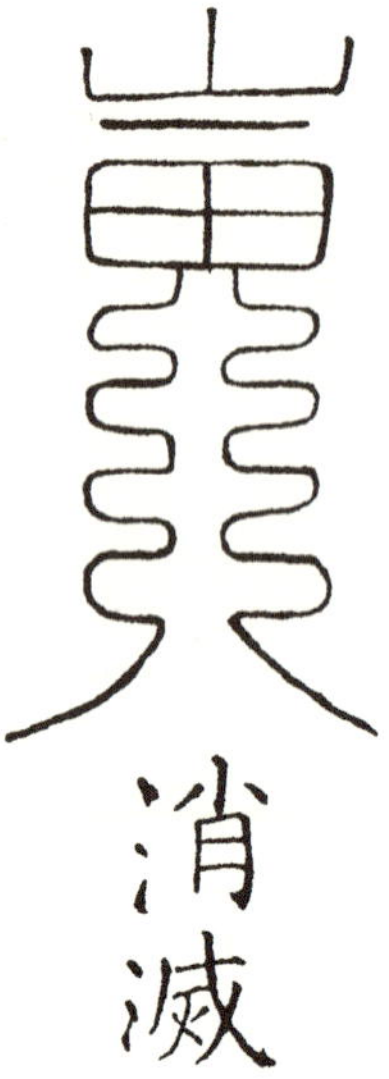

第三十　鎮陰府符

墓地でこの符を焼けば、土神の祟りを鎮めることができる。

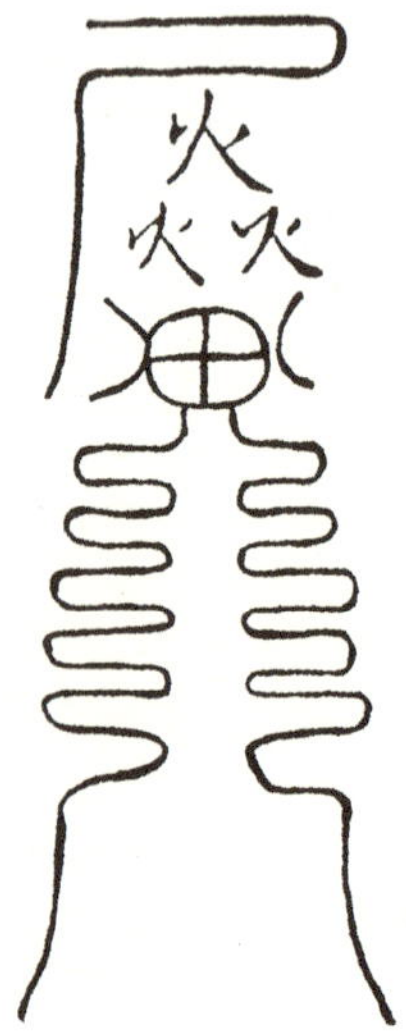

第三十一　凶葬避忌符

恨みを残して横死した人が祟って、災いをもたらすのを防ぐ。

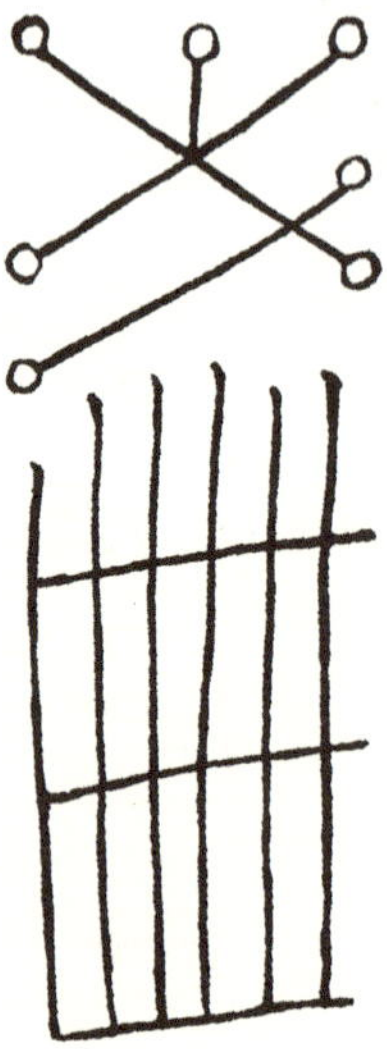

第三十二　葬値孝子符

親孝行の子供によって、立派な葬式を出してもらえる。

第三十三　孕婦送葬符
妊婦が亡くなるなどの不吉な出来事が起こるのを防ぐ。

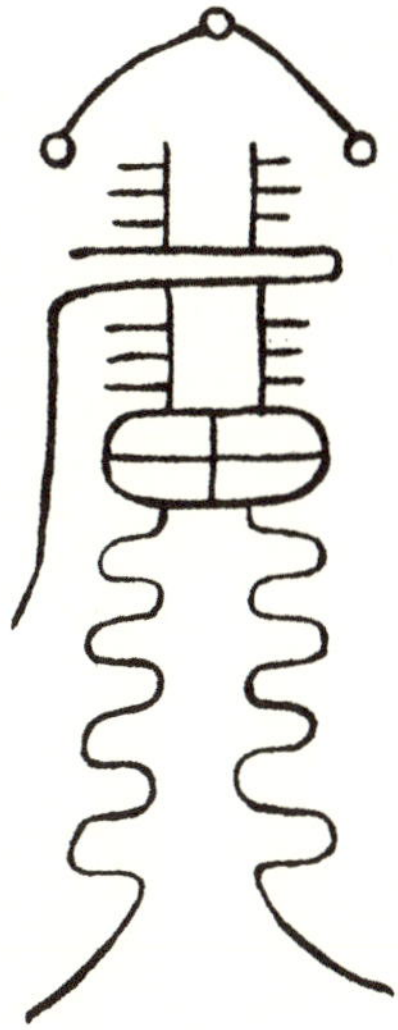

第三十四　鎮地中白虎符
葬儀の日、西方の凶方をやむを得ず犯すときに用いる。

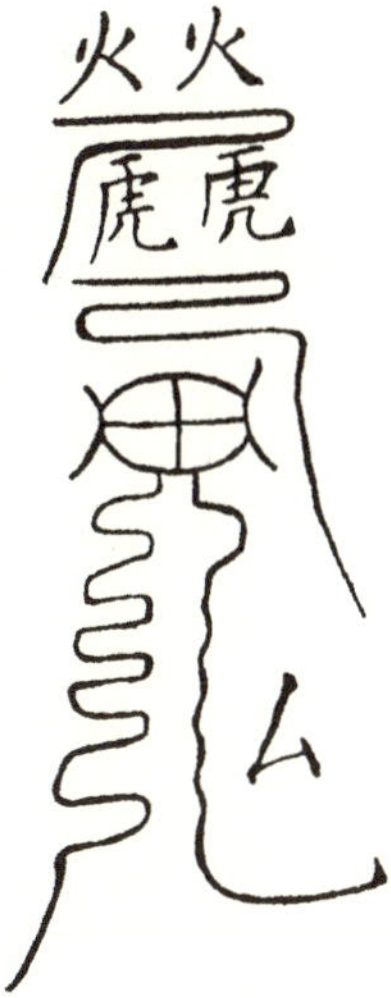

第三十五　鎮白虎符
家の西方を犯さざるを得ないとき、災いを被るのを避けられる。

第三十六　鎮剣鋒殺符
剣鋒殺という凶方を犯すとき、人形とともに箱に入れ墓に埋める。

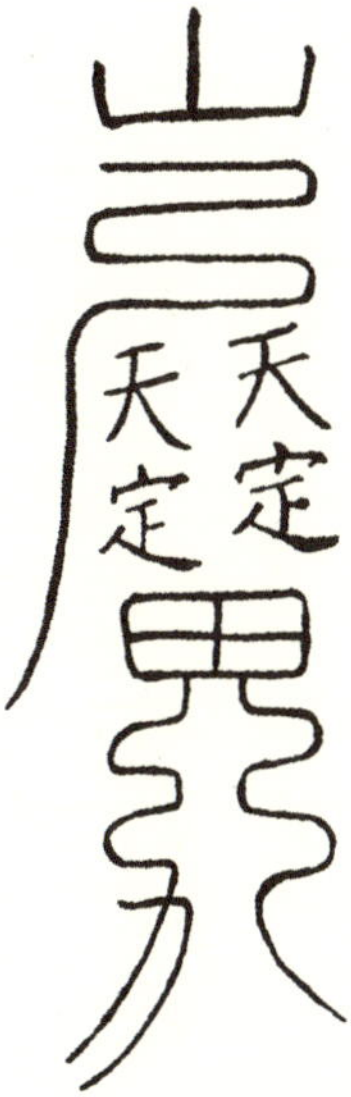

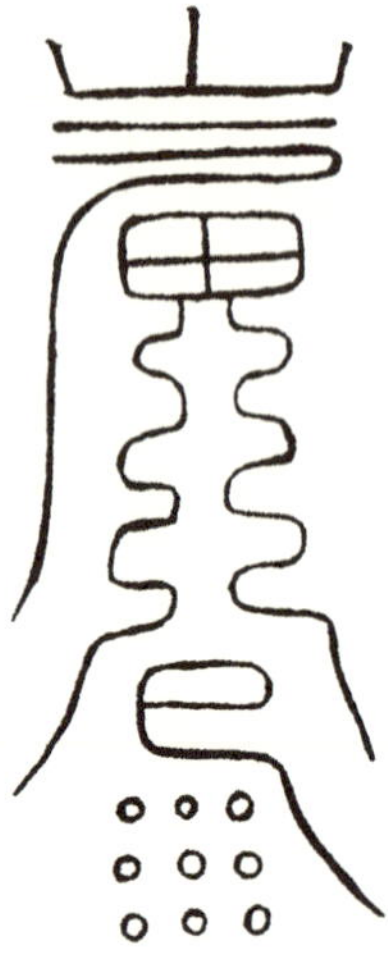

第三十七　鎮白衣殺符
推命の白衣殺により、長男や長女が病気にかかったとき用いる。

第三十八　鎮鐵掃箒符
推命の鉄掃箒により祟られたとき米倉（米櫃でも可）の上に貼る。

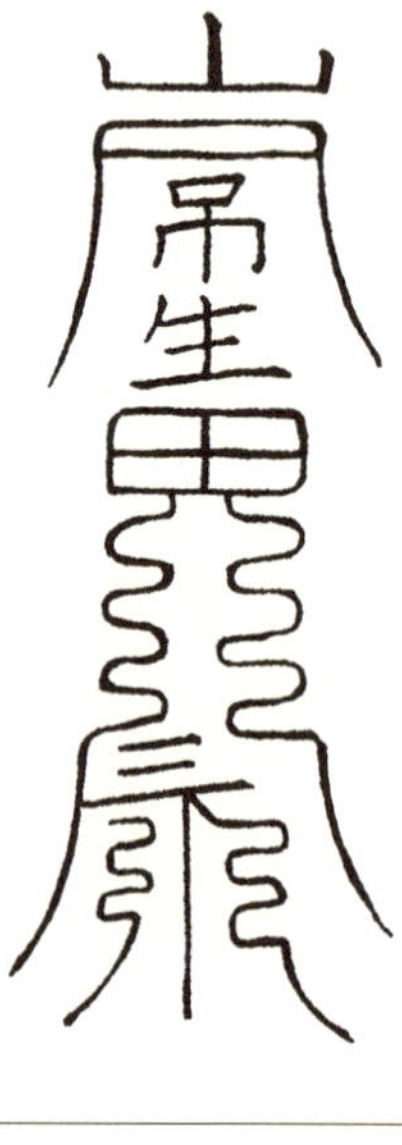

第三十九　鎮骨髄破符
推命の骨髄破により、家に不運をもたらしそうな男女が所持する。

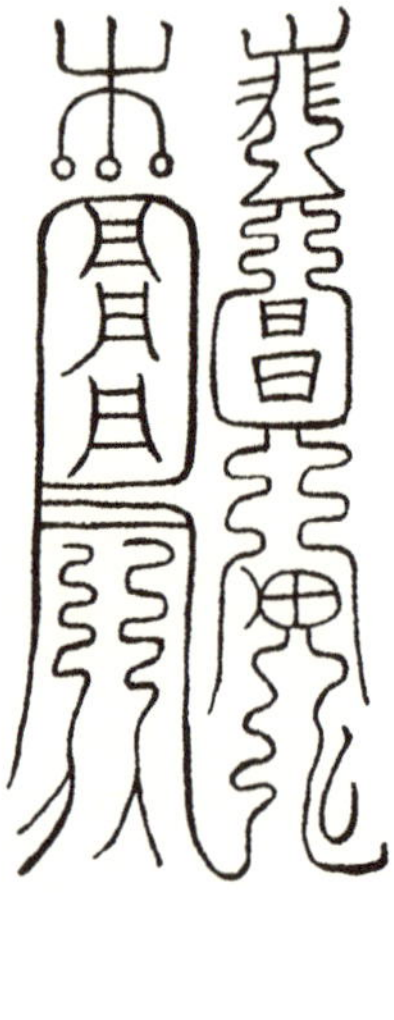

第四十　鎮女犯破家殺符
推命判断により、家に不運をもたらしそうな妻が所持する。

第四十一　鎮三姦六伏人符

心に邪悪な思いや淫らな気持ちが生じたとき、所持すると鎮まる。

第四十二　鎮外姓喪在家符

家内に母方の姓を持つ居候がいることで生じる厄介ごとを免れる。

第四十三　鎮門自响符

常に台所に貼っておけば、災いがないとされる。

第四十四　鎮釜自鳴符

かまどに貼ると、釜鳴りなどの怪事が起こるのを防ぐ。

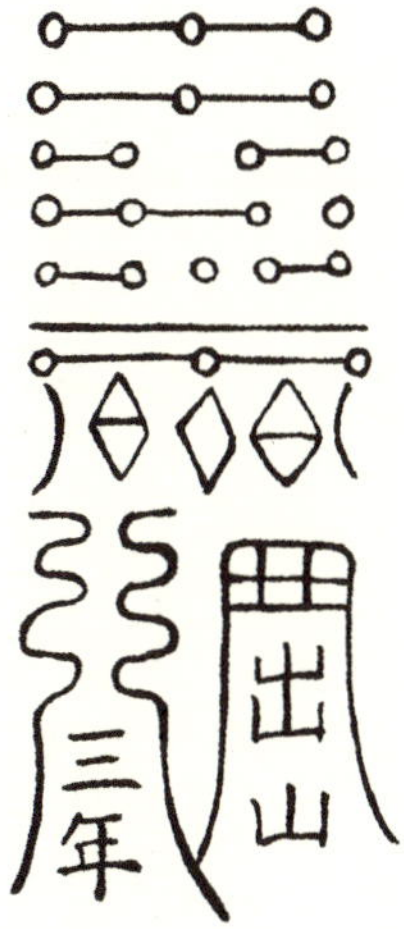

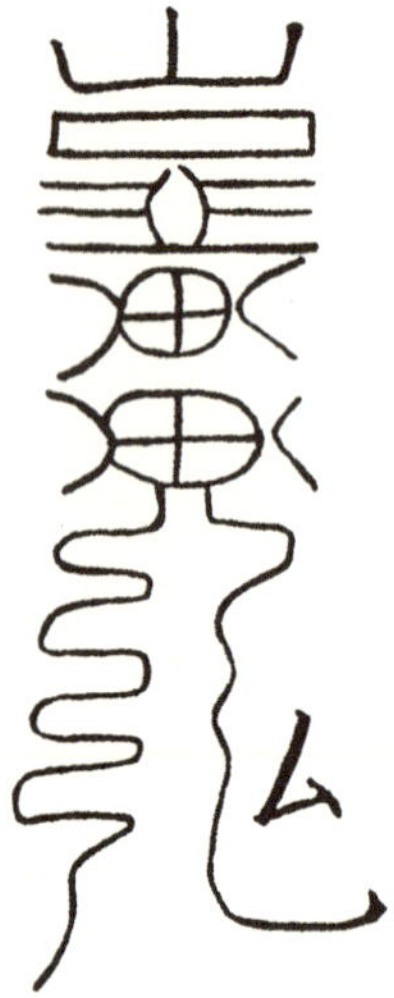

第四十五　鎮窓自鳴符

風もないのに窓が鳴るなどの不吉な怪事が起こるのを防ぐ。

第四十六　鎮犬無人自吠符

台所に貼ると、飼い犬が人影もないのに吠えるなどの怪事を防ぐ。

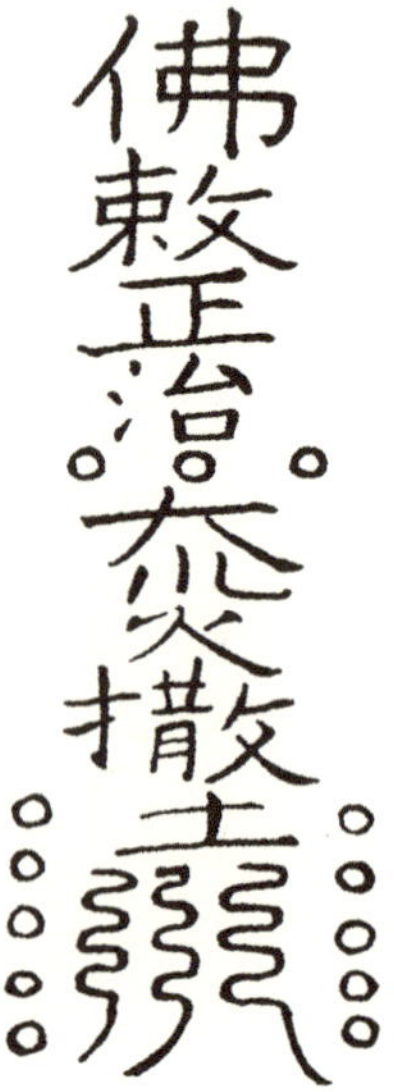

第四十七　鎮犬上房符

飼い犬が室内に入り込む怪事がもたらす災いを防ぐ。門の上に貼る。

第四十八　大門内微屎符

清浄な霊場の門内に汚れがあるとき、これを清める。窓の上に貼る。

第四十九　鎮瘟疫符

家の中央に貼れば、疫病が流行しても家族が感染するのを防ぐ。

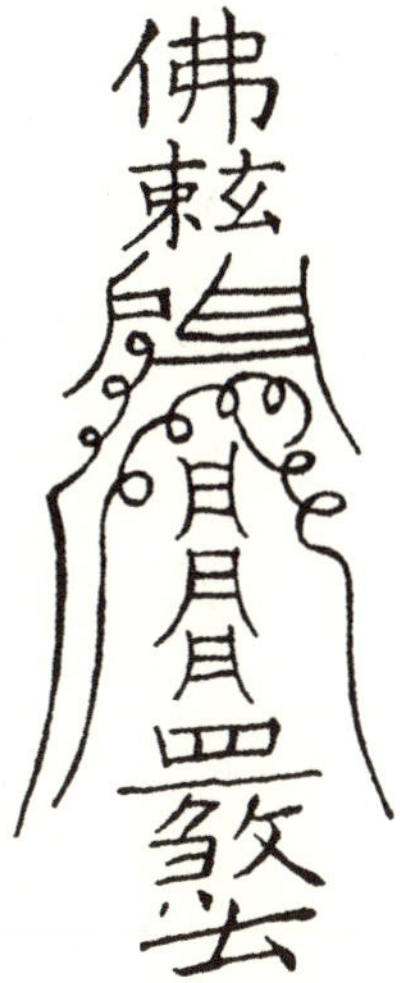

第五十　鎮保猪不災符

山辺に住居がある場合、猪がもたらす災いを防ぐ。

第五十一　鎮救猶瘟符

家の中に貼れば、人命を奪う悪病が流行しても、その災いを免れる。

第五十二　鎮盗賊符

家の中に貼れば、空き巣や強盗などの盗難に遭う災いを免れる。

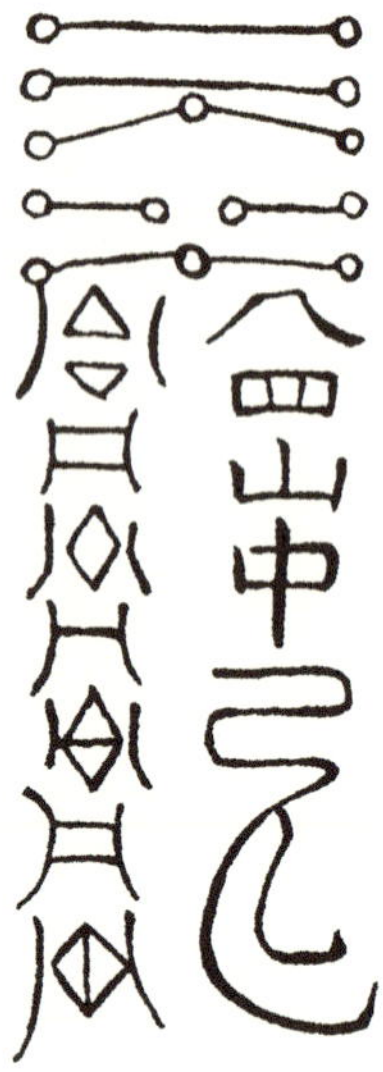

第五十三　鎮産婦不下符

焼いて灰を飲めば、出産のとき安産が約束される。

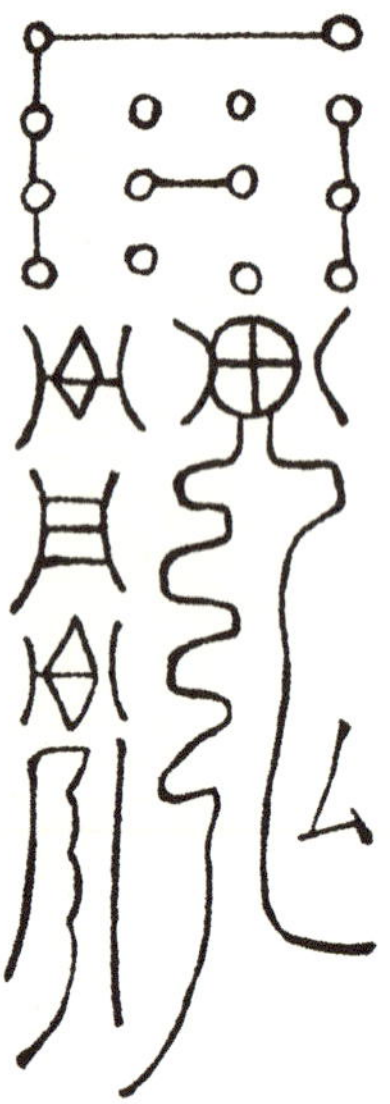

第五十四　金銀入宅符

家内に望むままの富を招き入れることができる。

第五十五　鎮夢不詳符

家族に悪夢を見る者がいることで招く凶事を自然消滅させる。

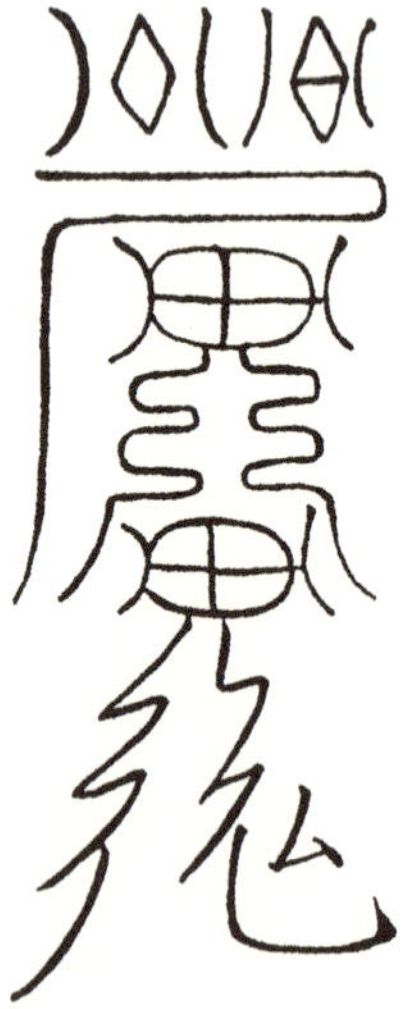

第五十六　鎮鼠咬人衣符

家の中に貼れば、鼠が人の衣服を咬むことで生じる災いを防ぐ。

第五十七　鎮六畜走失符

畜舎に貼れば、家畜がしばしば逃げるのを防ぐ。

第五十八　鎮六畜亡死符

家畜がしばしば事故や病気で死ぬのを防ぐ。

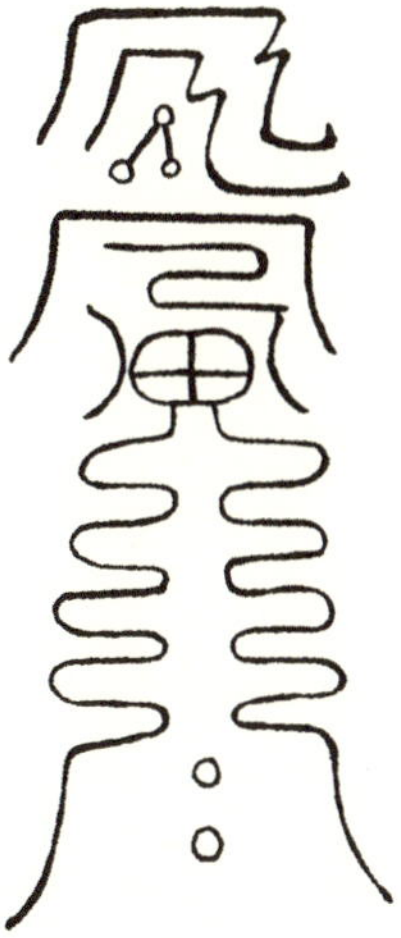

天罡三十六霊符《全36符》

天罡星の略である「天罡」という言葉は、日本人にとっては聞き慣れないが、中国の人々には明代の小説『水滸伝』で、きわめてなじみが深い。その中から、天罡星に関する挿話を少し紹介してみる。

梁山泊に集結した宋江ら百八人の頭目が、天地の神々に祈った。すると七日目の満願の夜、天上から絹を裂くような声が一声、乾（北西）の方角で響いた。人々がそちらを見ると両端が尖り、中央が広がった金の皿が立っている。

そして、この皿の中から光線が放射されて、人の目を射た。さらに、色鮮やかな赤気が渦巻いて、そこから一塊の火が渦巻きながら出現し、丸盆のような形となって、祭壇に転がり落ちた。火は祭壇を一回り転がると、最後には真南の地面にもぐり込んだ。そこで人々が土を掘り下げ、火の固まりを探すと、地下三尺ほどもいかないうちに、一つの石碑が見つかった。石碑には霊符書写の際に使われる神聖文字が、表面に三十六行、裏面に七十六行、それぞれ記されていた。それらは宋江ら大頭目の名前三十六と、朱武ら小頭目の名前七十二で、各人の名前の上には「天魁星呼保義宋江」「地魁星神機軍師朱武」というように、あだ名に加え天○星、地○星の文字が冠されていたという。

これらは天罡星三十六、地煞星七十二と総称されるが、ともに人の寿命や運命に関係する北斗南斗中の星ともいわれる。また、天罡は北斗星の別名とされるが、定かではない。ともあれ、この逸話に見られる天罡とは、人の吉凶に関連する天界の諸星諸神を総称して名づけたものである。

なお、この「天罡三十六霊符」は、いずれも白紙、または黄紙に朱書して所持する。日月星二十八宿および神々の守護を得られ、さまざまな霊祟、神罰を防ぐことができる。また、あらゆる病魔から身を守り、天や地、人がもたらす災いを避け、平安に過ごせるともいわれている。

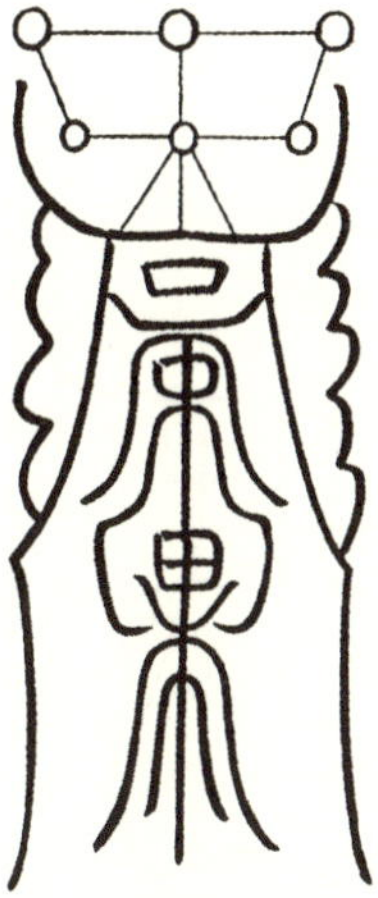

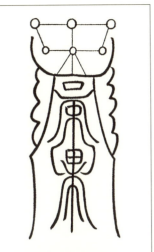

除日月星諸宿曜祟罰御真符
三光百霊がもたらす種々の災いを防ぎ、無事に過ごせる。

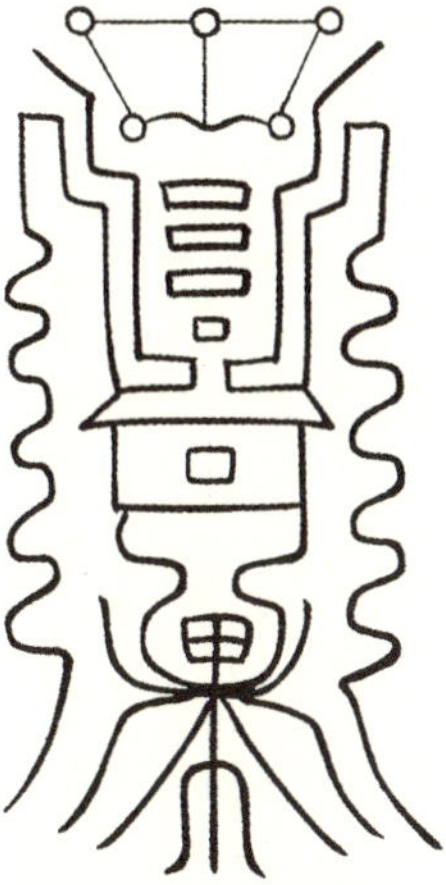

蒙日月星諸宿曜加護御真符
三光百霊がもたらす種々の祟りを防ぎ、無事に過ごせる。

除本命星之祟罰御神符
本命星がもたらす祟りを防ぎ、無事に過ごせる。

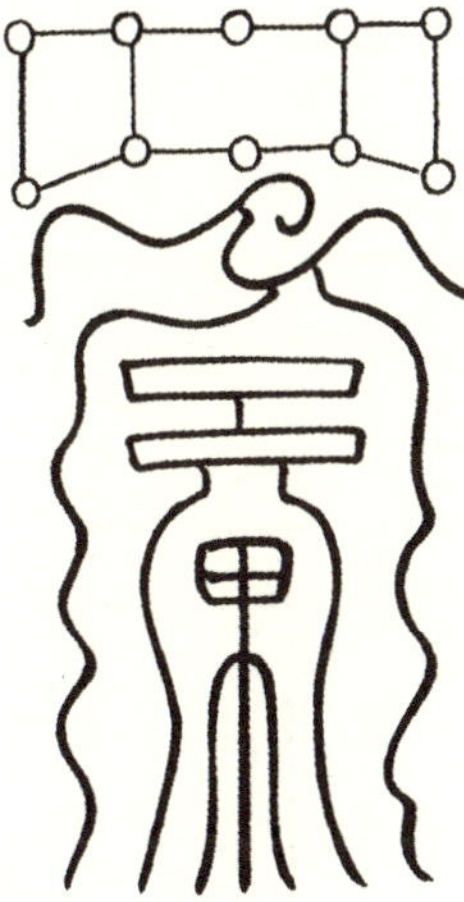

蒙本命星之加護御霊符
本命星の加護が得られ、災いを防ぐ。

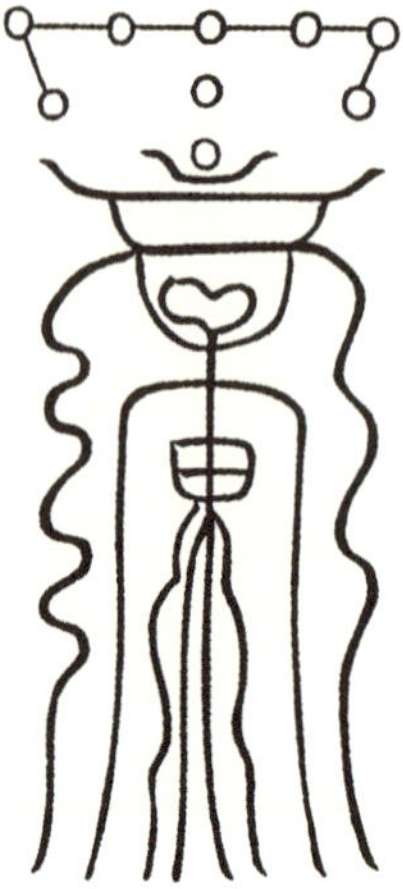

除年月日時属星祟罰御真符
属星諸宿がもたらす祟りを防ぎ、安穏に過ごせる。

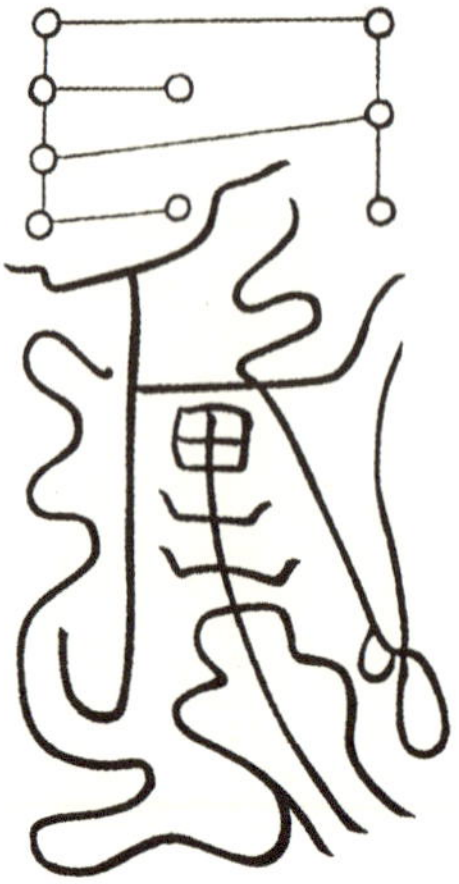

蒙當年星属星之加護御秘符
属星宿曜の加護が得られる。

除天神之祟災御真符
すべての天神がもたらす祟りを防ぎ、無事に過ごせる。

蒙天神之加護御秘符
すべての天神の加護を得られ、無事に過ごせる。

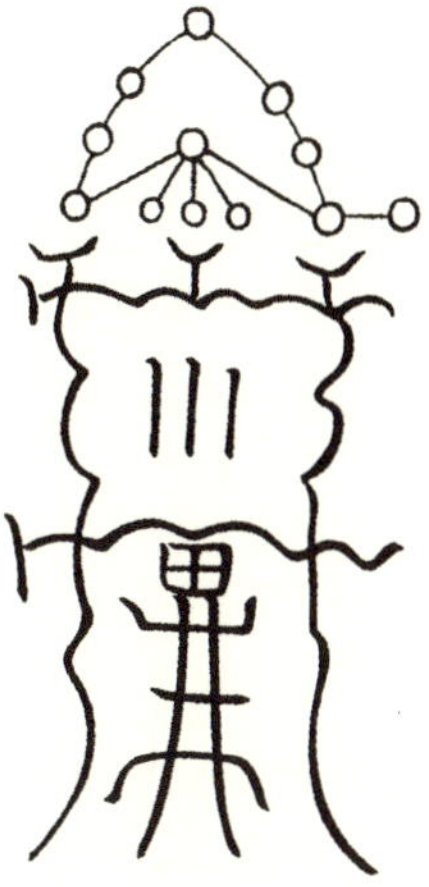

除地祇之祟罰御霊符
すべての地神がもたらす祟りを防ぎ、安穏に過ごせる。

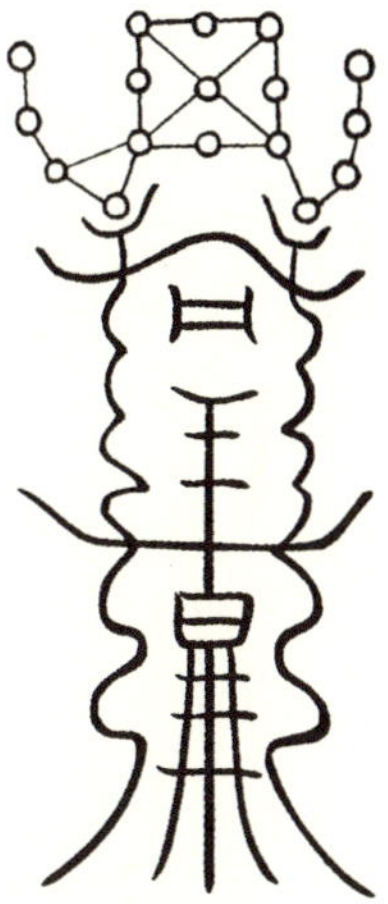

蒙地祇之加護御神符
地神の加護が得られ、災いに遭うことなく過ごせる。

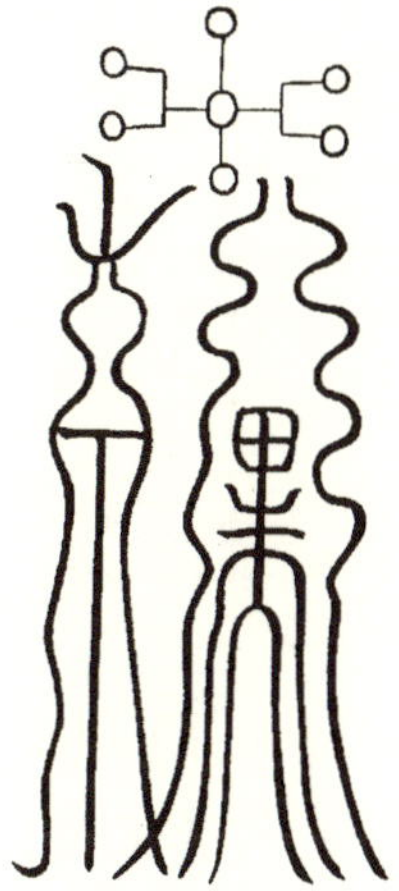

除一切水神之祟罰御神符
すべての水神がもたらす祟りを防ぎ、安穏に過ごせる。

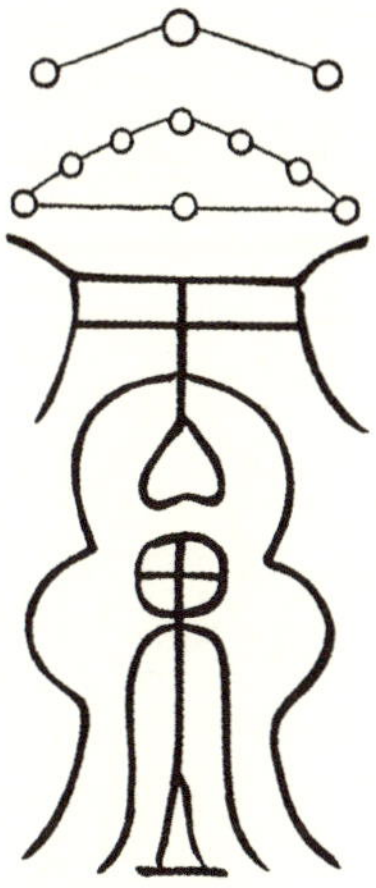

蒙水神海神之加護御秘符
水神や海神の加護が得られ、無事に過ごせる。

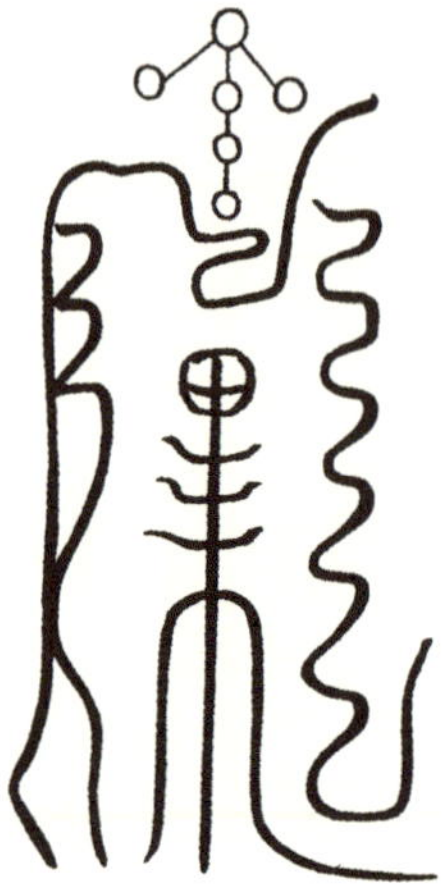

除家屋守護神之祟罰御神符
守護神がもたらす祟りを防ぎ、家内の安穏が保てる。

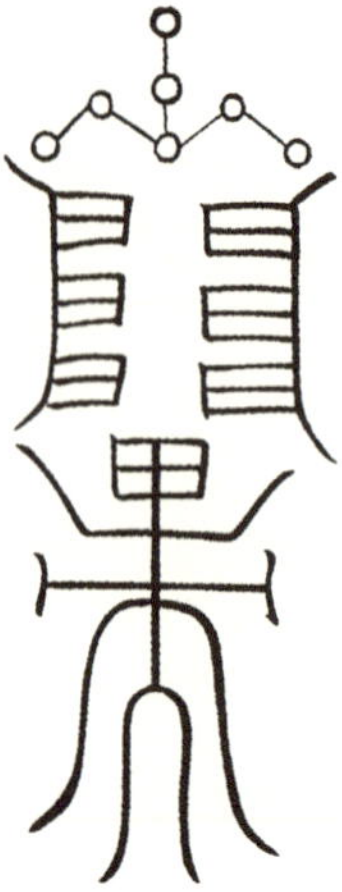

蒙家屋守諸神之加護御真符
神霊の守護が得られ、家の内外ともに安全を保てる。

除竈神之祟御真符
竈神がもたらす祟りを防ぎ、家内に病人や諍いが生じない。

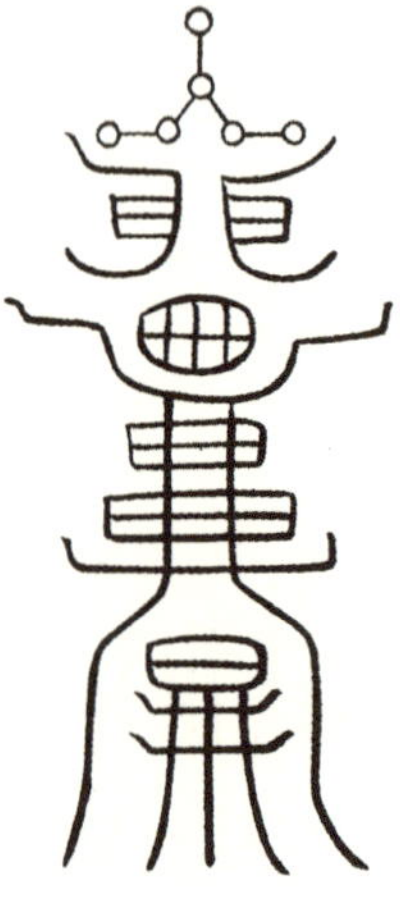

蒙竈神之守護御霊符
竈神の加護が得られ、家内繁昌が約束される。

除土公神之祟罰御霊符
土公神がもたらす祟りを防ぎ、家内安全を保てる。

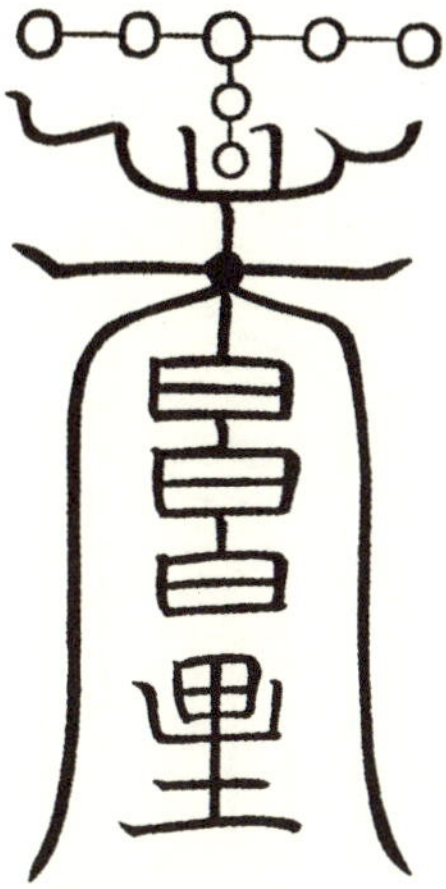

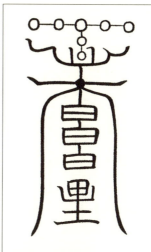

蒙土神之加護御神符
土神の加護が得られ、家門繁昌や子孫長久が約束される。

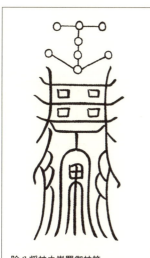

除八将神之祟罰御神符
八将神がもたらす祟りを防ぎ、安穏に過ごせる。

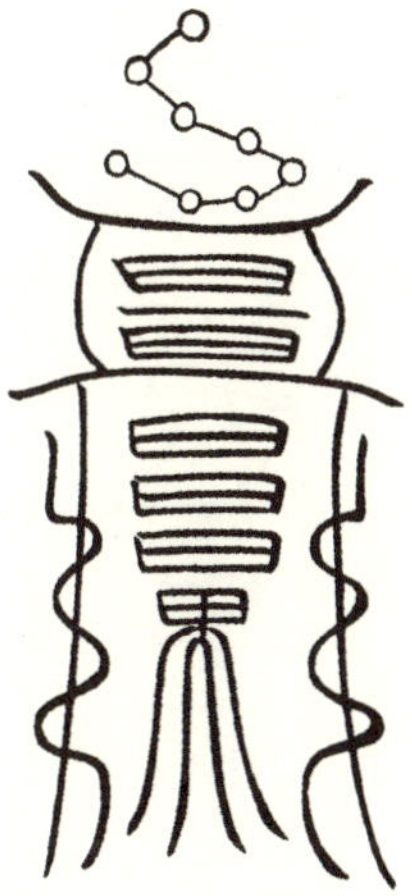

蒙八将神年中之加護御秘符
八将神の加護が得られ、安穏に過ごせる。

除金神之方犯祟御神符
金神が鎮座する方角を犯して祟られても、即座に安穏に転じる。

蒙金神之加護御秘符
金神が鎮座する方角を犯しても、何事もなく過ごせる。

凶方向事企出行無難之御神符
凶の方角に向かって事を企てたり、出立しても安全に過ごせる。

除八方凶殃殺罰御秘符
天地八方凶方がもたらす災いを防ぎ、無事に過ごせる。

禳除天地間遊行瘟鬼神御真符
悪鬼神がもたらす祟りを防ぎ、疫病にかかることがない。

除年月日時之凶殃御霊符
どんなときも凶の方角がもたらす災いを防ぎ、安穏に過ごせる。

禳除妖怪邪気御真符
悪魔や鬼神、邪気を払い、妖怪に煩わされることがない。

除諸悪鬼病魔邪鬼御神符
病魔を退け、あらゆる悪病にかかることがない。

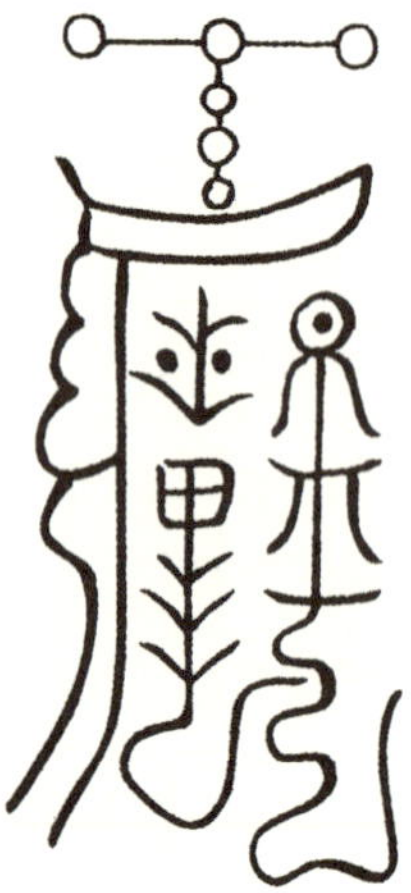

除生死霊魂邪気御秘符

生き霊や死霊、邪気などがもたらす災いを防ぎ、安泰に過ごせる。

除家内一切怪物不吉御霊符

家内のあらゆる怪物を駆除し、不吉な災いを防ぎ、一転吉事を招く。

除呪詛毒害難御神符

呪詛されたり、毒を盛られたりなどの災いを防ぎ、安穏に過ごせる。

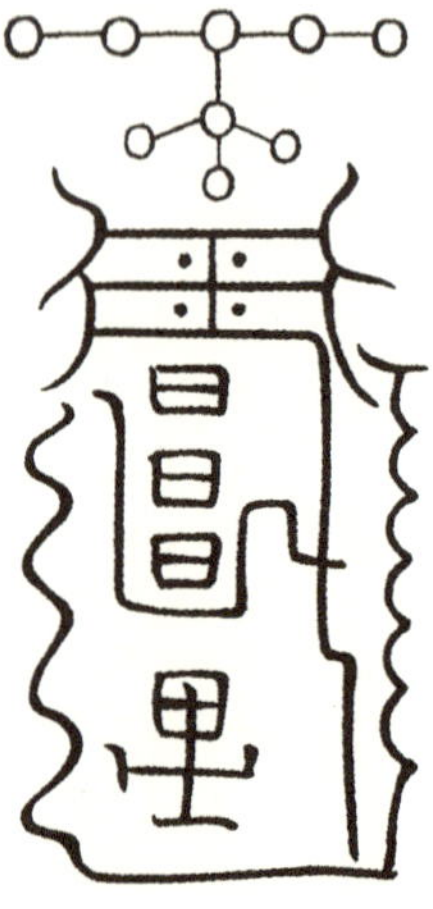

除怨敵盗賊邪障御神符

あらゆる敵や盗賊、怪事などの害を防ぎ、安全に過ごせる。

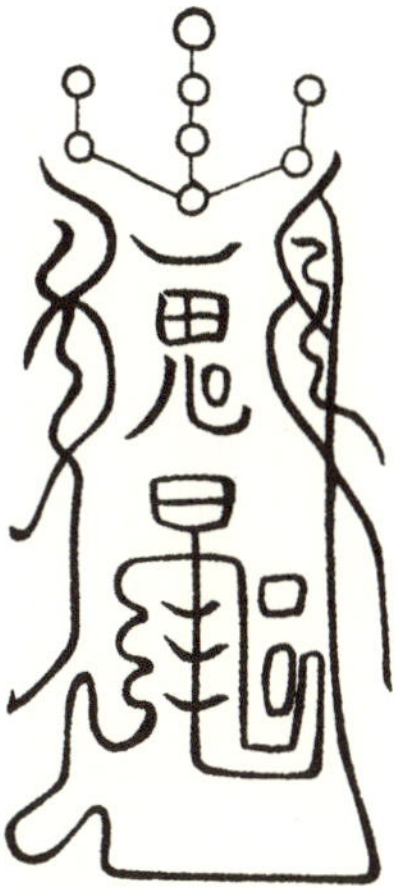

除雷災御真符

あらゆる雷事故などの災いを防ぎ、無事に過ごせる。

除一切悪夢不吉事御神符

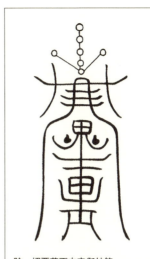

悪夢を見たり、不吉な出来事が起こるのを防ぎ、一転吉事を招く。

除天地人之災難御秘符

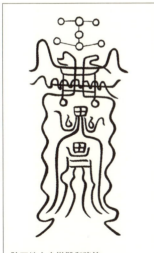

天災、地災、人災がもたらす種々の災いを防ぎ、憂いを除く。

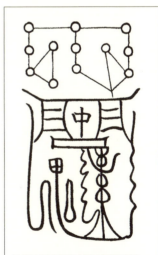

除頓死急病剱難水難火難御神符

あらゆる横死や種々の災いを防ぎ、無事に過ごせる。

二十八宿曜霊符《全28符》

「どのような星のもとに生まれたのか？」などという言葉がよく使われるように、人間が地上に生まれた際の天上の星の位置によって、その人間の一生が左右されるといわれる。また、その位置が地上の万物の存在、つまり動植物、日々の人間の行動の吉凶にも影響を与えるともいう。

　二十八宿とは、黄道に沿って天球を二十八に区分し、星宿、つまり星座の所在を明らかにしたものだ。ちなみに、太陰（月）はおよそ一日に一宿ずつ天球を運行する。中国では、天球を蒼竜（東方）・玄武（北方）・白虎（西方）・朱雀（南方）の四宮に分け、さらに各宮を七分している。

　東は角・亢・氐・房・心・尾・箕に分けられ、北は斗・牛・女・虚・危・室・壁、西は奎・婁・胃・昴・畢・觜・参、南は井・鬼・柳・星・張・翼・軫となる。

　これらの二十八宿を日に当てはめて、それが示す時刻に日々の吉凶を占ったり（例えば、角宿の日は結婚、移転などは大吉。葬式は大凶）、またその宿曜の日に生まれた人の運勢なども占うことができる（例えば、心宿の日に生まれた人は火難や盗難に遭いやすいが、福禄に恵まれる）。

　なお、二十八宿曜について、さらにくわしく知りたい方は、専門書に学んでほしい。ここに紹介した霊符は二十八宿の霊力が込められたものだ。各人が自分の生まれた日の宿曜を万年暦などで調べて、その宿曜の霊符を白紙、あるいは黄紙に朱書して所持するといい。そうすることで、符に込められた霊験が、持って生まれた運気の悪いところをカバーし、またよい運気を増大させてくれる。さらに、毎月の各宿曜の日は諸事に吉凶が定められているが、運勢暦を見てその日の宿曜の霊符を書写し、祈願し祀ることで、吉を大吉に、凶を小凶に変えることも可能となるのだ。

　なお、以下の霊符の下に記載した説明文が、二十八宿それぞれが支配する日の吉凶事である。

亢宿御真符
この宿曜日は婚姻、結納、種まきなどに大吉。家屋の建築は大凶。

角宿御真符
この宿曜日は婚姻、転居などに大吉。葬式は大凶。

房宿御真符
この宿曜日は家屋の建築や棟上げ、祭祀などすべての慶事に大吉。

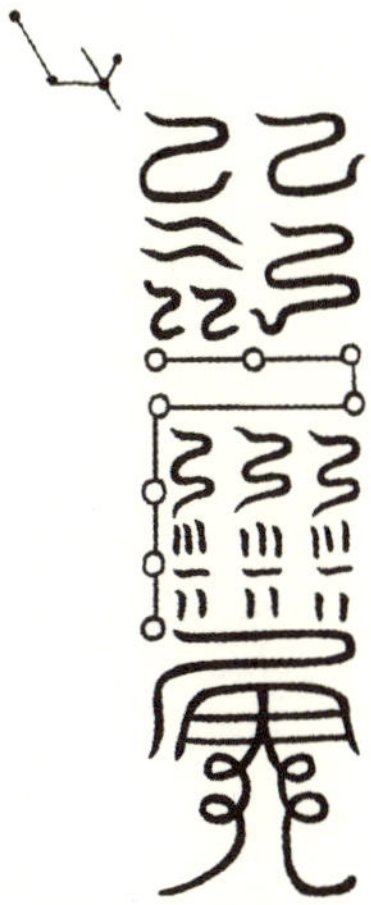

氐宿御真符
この宿曜日は開店、旅行などに大吉。家屋の建築は大凶。

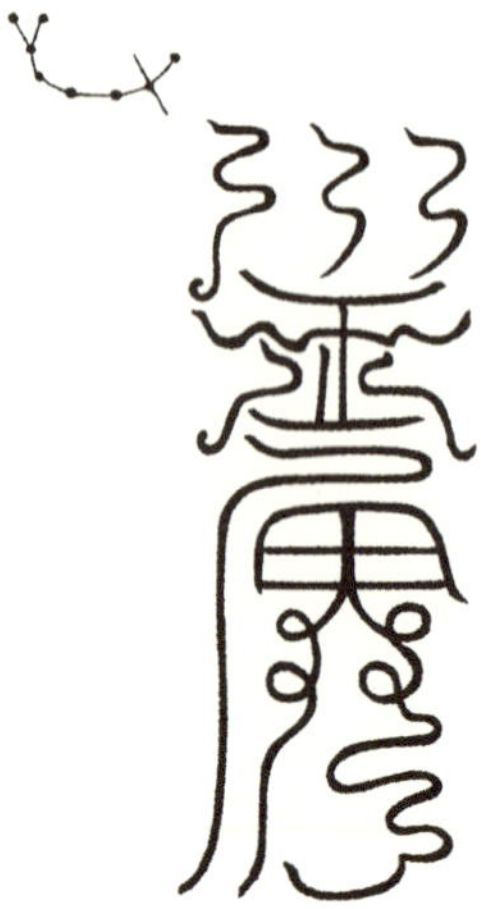

尾宿御真符

この宿曜日は薬の服用、婚姻、開店などに大吉。

心宿御真符

この宿曜日は治療、慈善事業などに大吉。婚姻などに大凶。

斗宿御真符

この宿曜日は特に家屋の建築が財宝を招く大吉。

箕宿御真符

この宿曜日は家屋の建築、醸造業などに吉。葬式は凶。

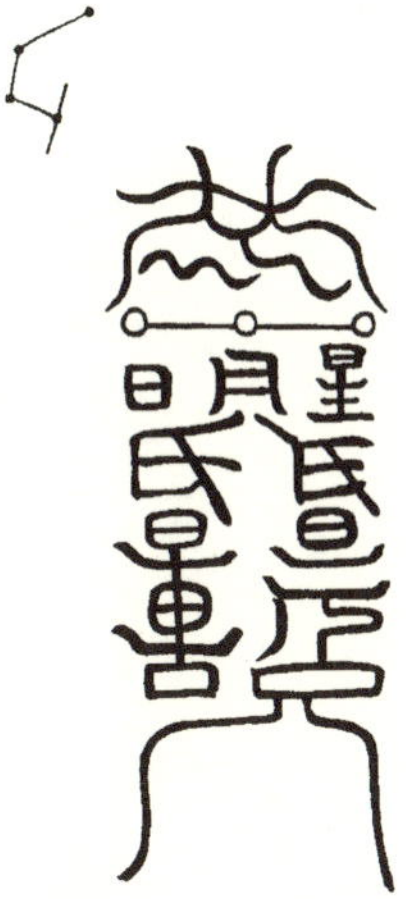

女宿御真符

この宿曜日は入学、治療などに吉。転居、開店などに大凶。

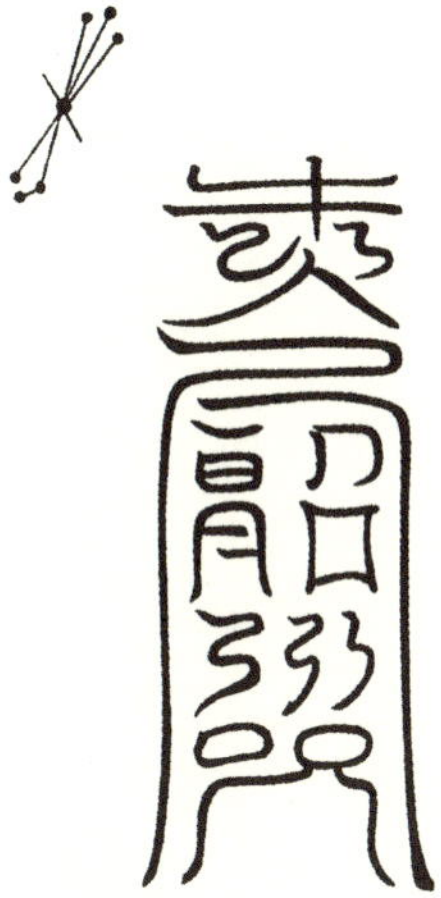

牛宿御真符

何をするにも吉が約束された日。特に午の刻が大吉。

危宿御真符

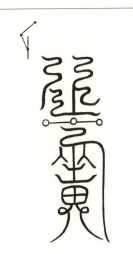

この宿曜日は酒造、造船などに吉。修繕、転居などに大凶。

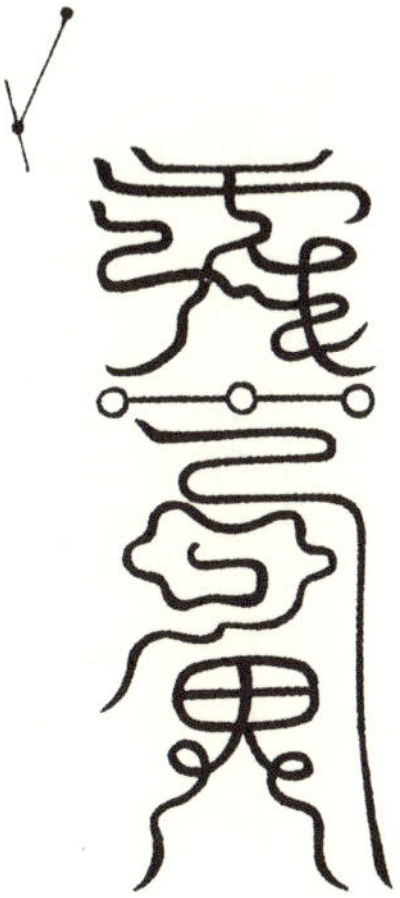

虚宿御真符

この宿曜日は仏事、供養などに吉。家屋の建築、は大凶。

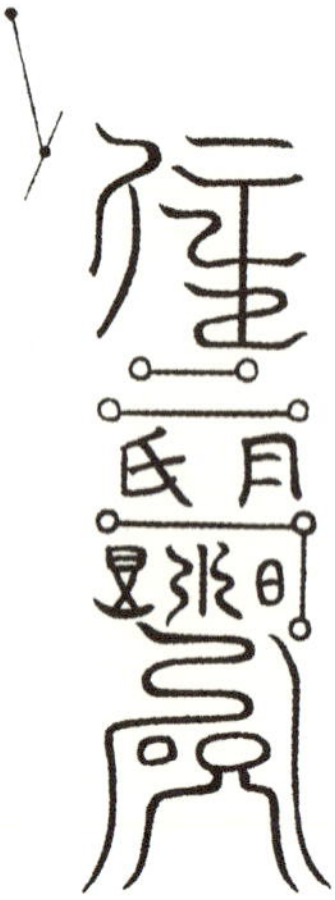

壁宿御真符

この宿曜日は家屋の建築、婚姻、葬式などに大吉。

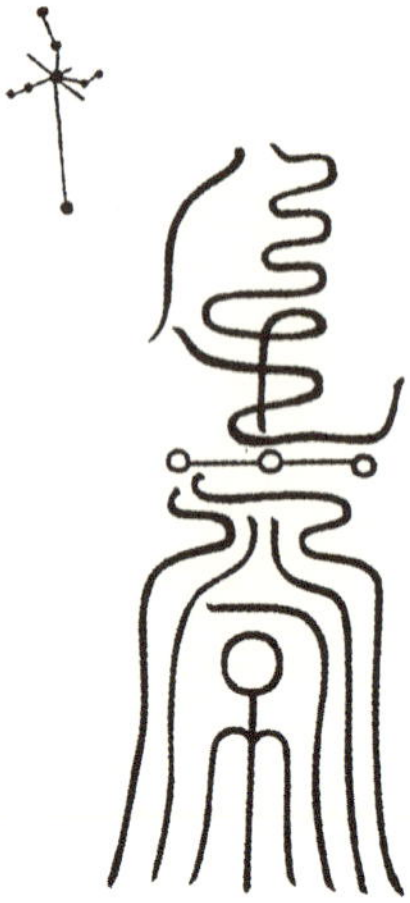

室宿御真符

この宿曜日は婚姻、転居などに凶。葬式は大凶。

婁宿御真符

この宿曜日は婚姻、結納、転居、厩や牧場の新築などに大吉。

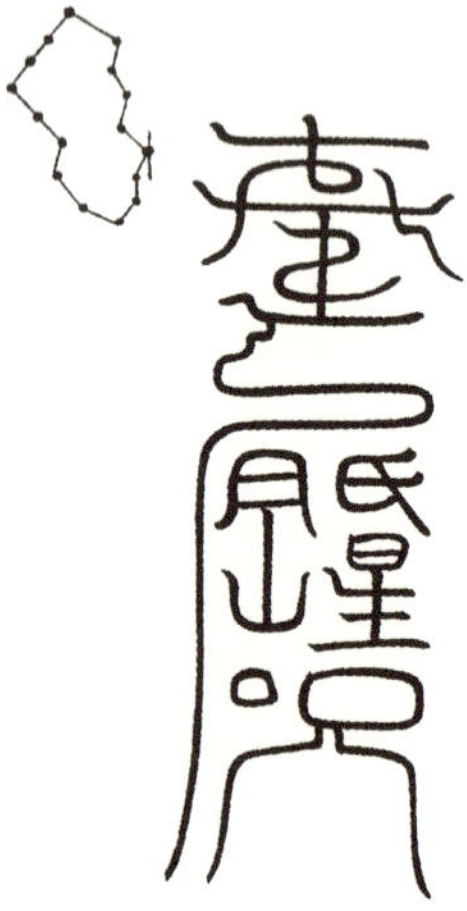

奎宿御真符

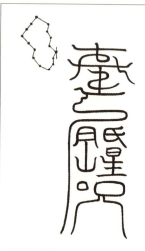

この宿曜日は酒造、牧場作りなどに吉。開店などは大凶。

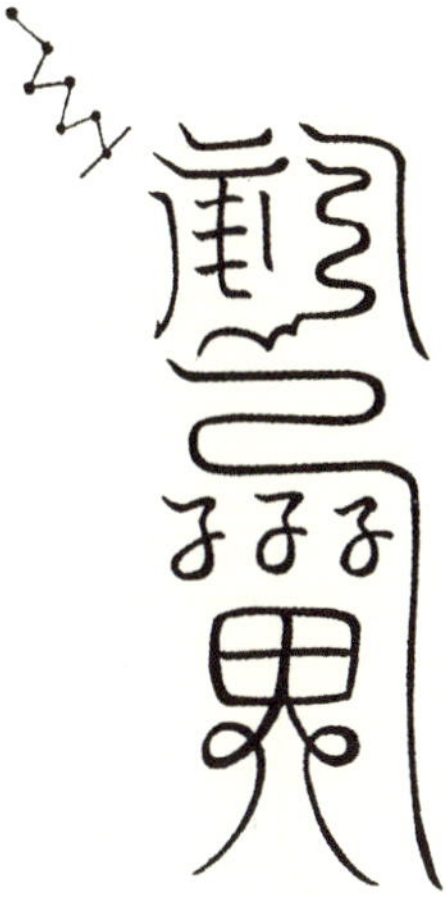

昴宿御真符

この宿曜日は棟上げ、転居、竈作り、厩や牧場作りなどに吉。

胃宿御真符

この宿曜日は婚姻、建築、裁判などに吉。葬式は大凶。

觜宿御真符

この宿曜日は入学、田畑を求めるなどに吉。家屋の建築などは凶。

畢宿御真符

この宿曜日は祭祀、葬儀などに大吉。貸し金などは凶。

参宿御真符
この宿曜日は財産作りなどに吉。葬式などは大凶。

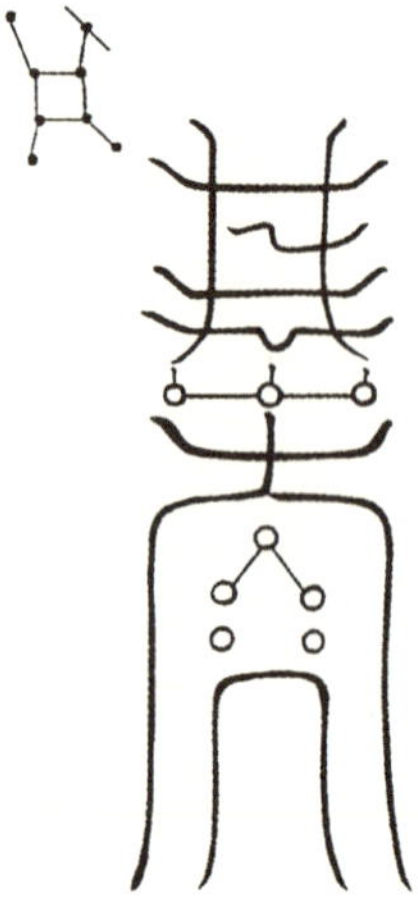

井宿御真符
この宿曜日は種まき、祭祀、婚姻などに大吉。葬式などに大凶。

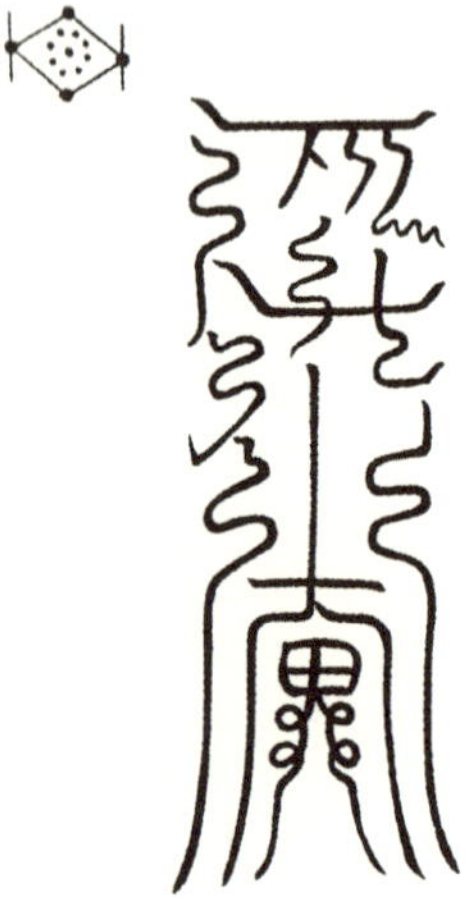

鬼宿御真符
この宿曜日は就職、入学など新しいことを始めるのに大吉。

柳宿御真符
敵と戦うには吉。葬式のほか、布を裁ったり、着初めするには大凶。

張宿御真符
この宿曜日は就職、修繕、種まきなどに大吉。

星宿御真符
この宿曜日は仏事、治療、乗馬などに吉。婚姻、葬式などは大凶。

軫宿御真符
この宿曜日は技芸を学ぶ、衣類の修理、婚姻、葬式などに吉。

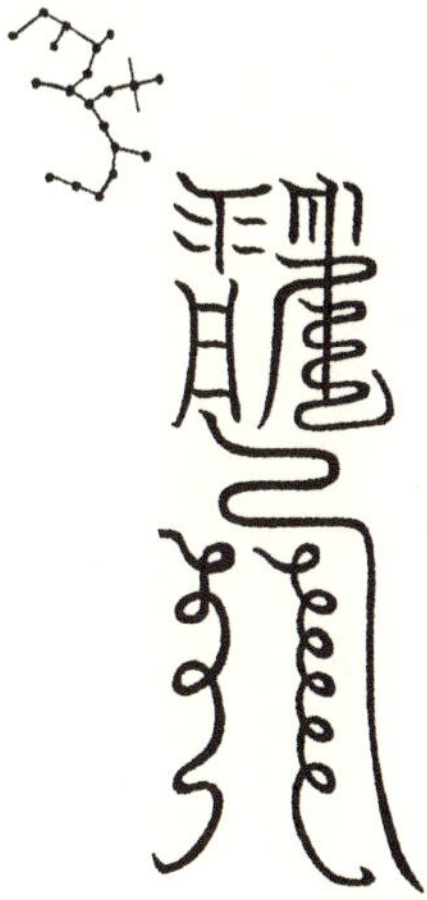

翼宿御真符
この宿曜日は田畑を求める、溝を掘る、普請などに吉。

正対化霊天真坤元十二支霊符《全12符》

この符は晋の時代の許真君という神仙が伝えたといわれ、一世一代使用できるという一種の万能符である。この符を所持していれば、病気にもかからず長生きし、人からは敬愛され、望みごとはすべてかない、よい地位につけるという。

それでは「正対化霊(せいたいかれい)」とはどういう意味か。

天には、少陰、太陰、少陽、陽明、太陽、厥陰(けついん)の六つの気があり、これらが地の十二支に合わさって動き、それぞれを正化し対化しているところから、このように呼ばれるという。

さらに、「天真(てんしん)」とは天の気、「坤元(こんげん)」とは地の気を意味する。つまり、天真坤元が相寄って玄妙な働きをするところから、「正対化霊天真坤元」と名づけられたというわけだ。許真君はこの霊符を使って数々の奇跡を現したといわれる。

この霊符は通常、黄色い紙に朱書し、掛け軸にして祀ったり、所持したりする。ただし、謹書する際は日、または方位が決まっているので、それに従うほうがよい。たとえば子(ね)年生まれの人なら子の日に、子の方位（北方位）に向かって書写する（卯(う)は東、午(うま)は南、酉(とり)は西の方位。他の干支の方位も、円を十二に分けて子を北に配し、順に時計回りに並べていって判断する）。

なお、この霊符は、自分の十二支から数えて七番目の干支(えと)のものを用いることになっている。つまり、たとえば鼠形の霊符は午年生まれの人が、牛形の霊符は未(ひつじ)年生まれの人が用いるということになる。

ちなみに、掛け軸にして祀りたい人に、とくに注意しておきたいことがある。それは、必ず暦で自分の生まれ年の干支と同じ日を調べ、その日ごとに掛け軸をかけ、供物をしなければならないということだ。

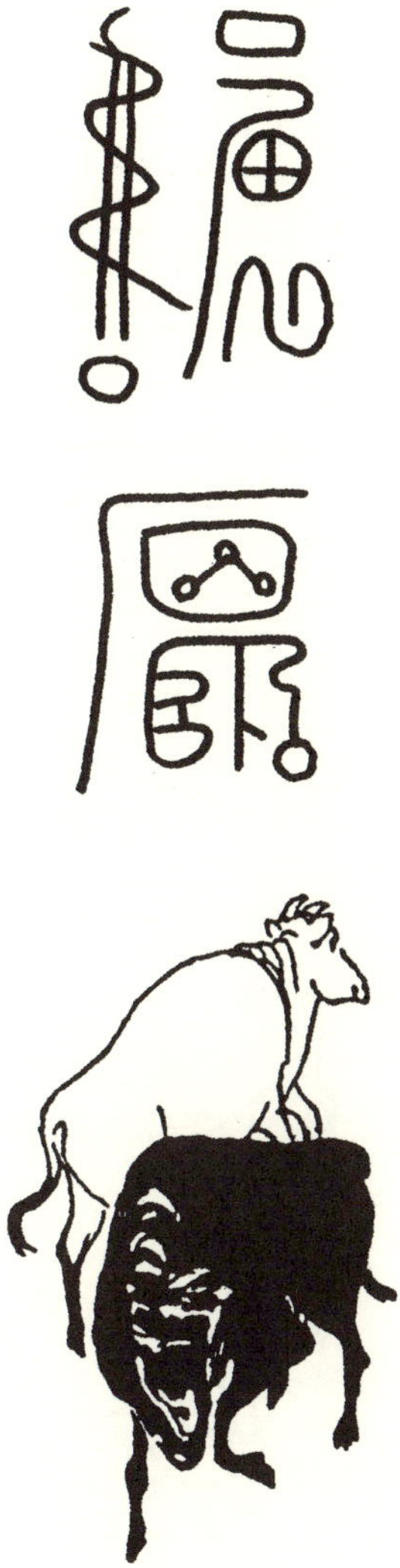

牛形之霊符
未年生まれの人が使用。

鼠形之霊符
午年生まれの人が使用。

寅形之霊符
申年生まれの人が使用。

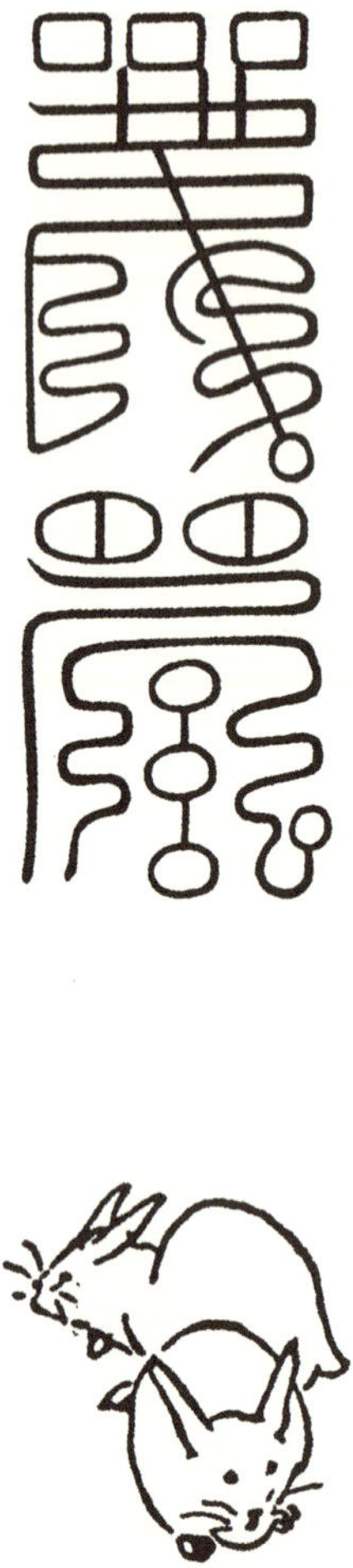

兎形之霊符
酉年生まれの人が使用。

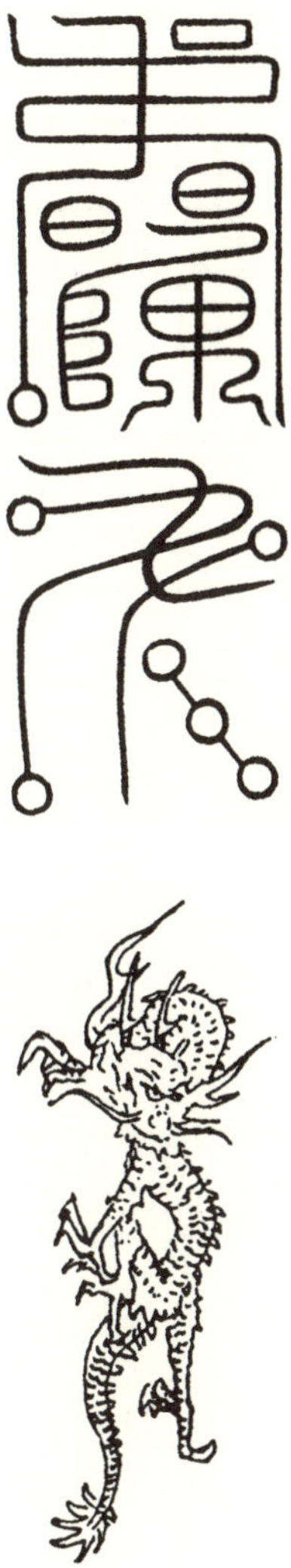

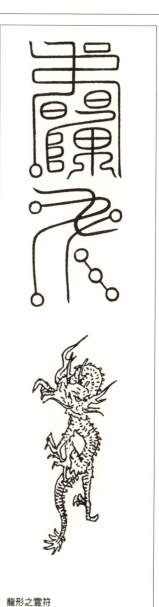

龍形之霊符
戌年生まれの人が使用。

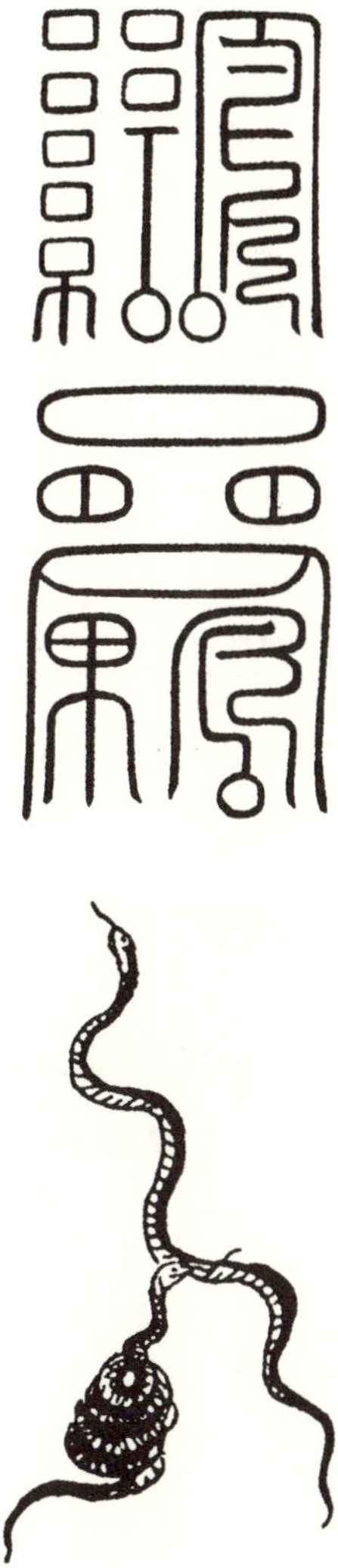

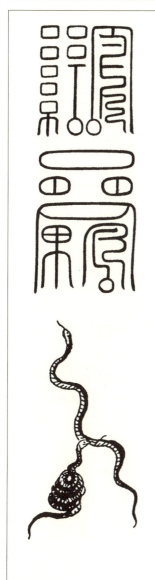

蛇形之霊符
亥年生まれの人が使用。

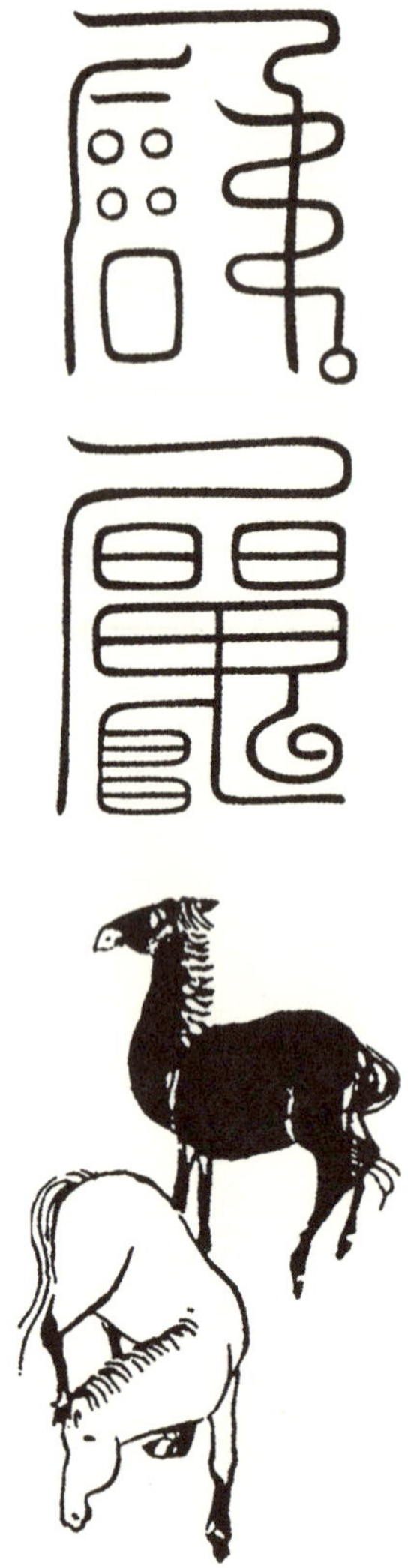

馬形之靈符
子年生まれの人が使用。

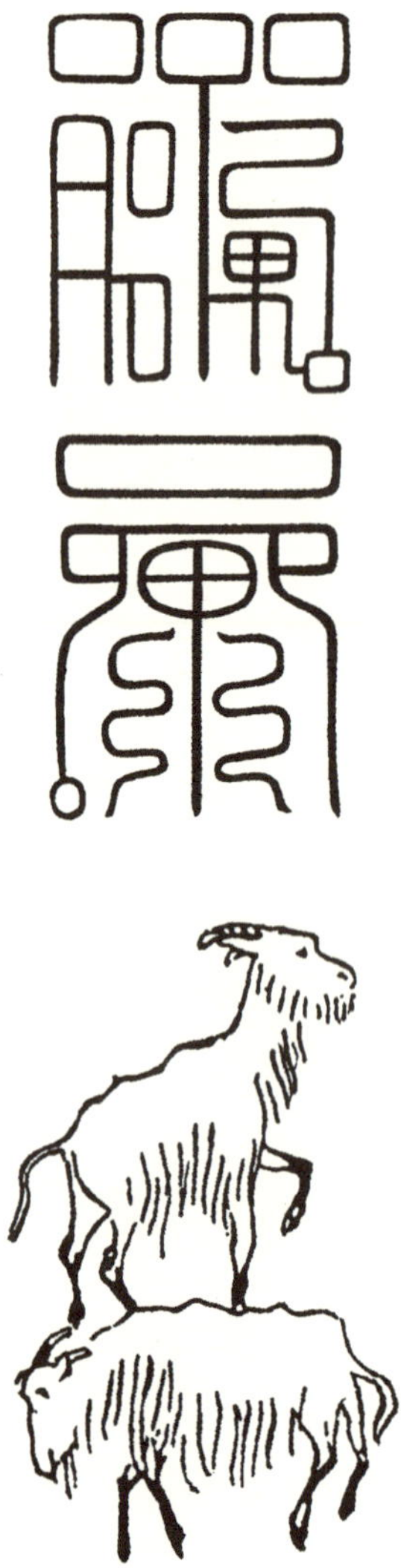

羊形之靈符
丑年生まれの人が使用。

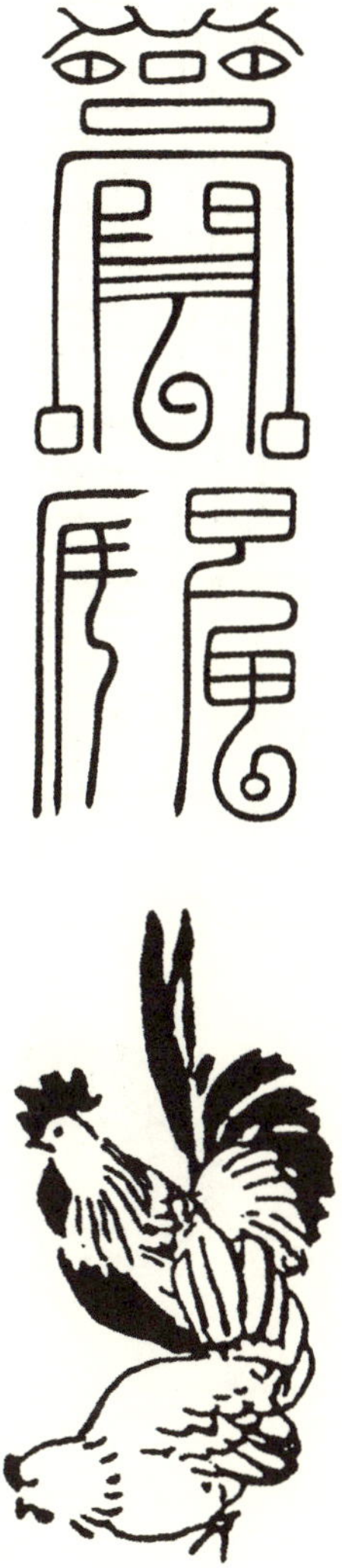

鶏形之霊符

卯年生まれの人が使用。

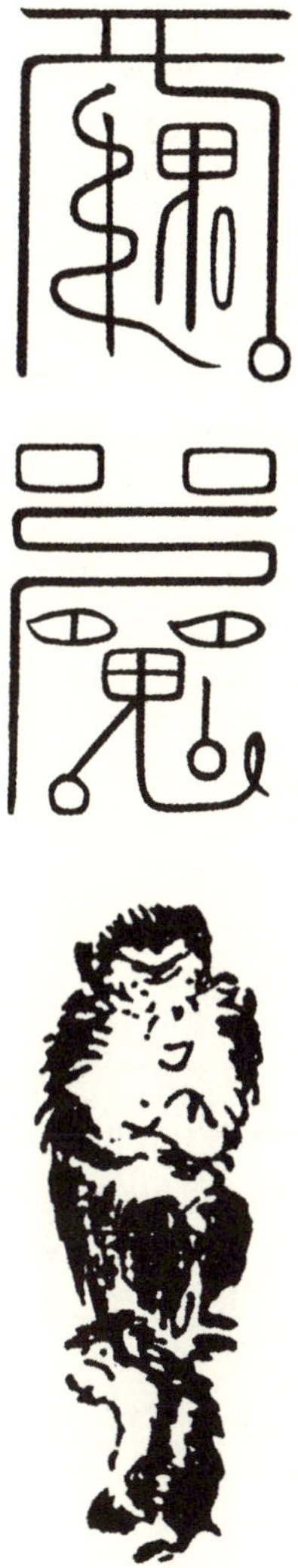

猴形之霊符

寅年生まれの人が使用。

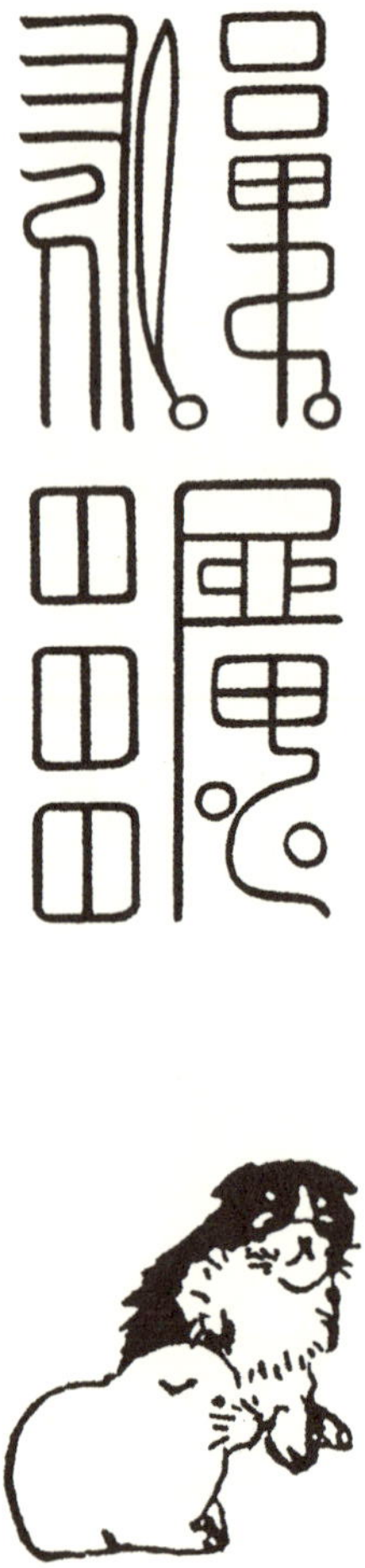

狗形之霊符
辰年生まれの人が使用。

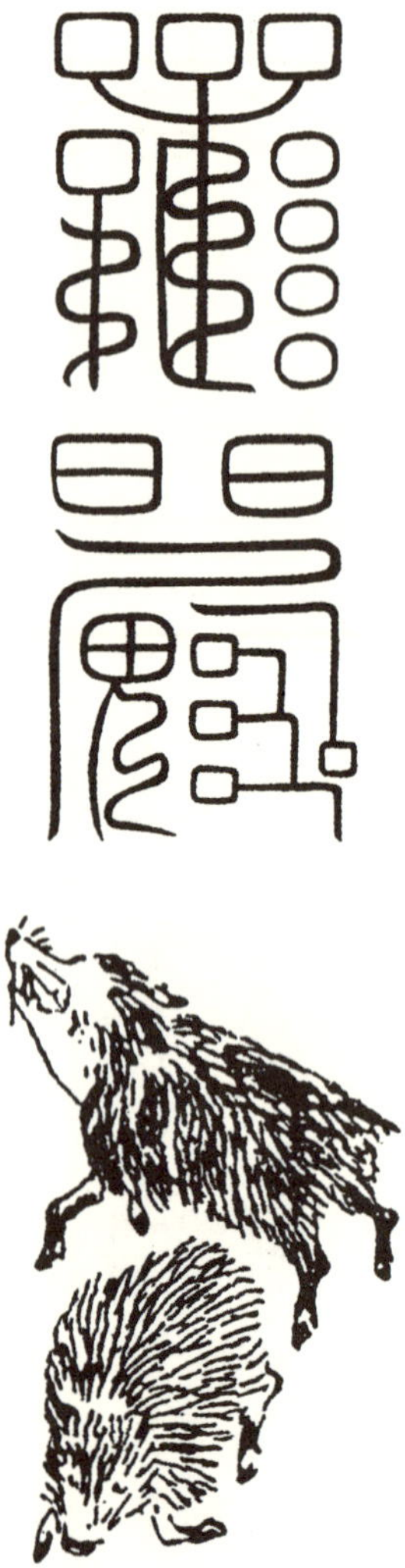

猪形之霊符
巳年生まれの人が使用。

除三尸九蟲符《全7符》

この霊符は、三尸九蟲を除去するためのものである。三尸九蟲とは、穀物などを食べるうちに人間の体内に自然に生じ、身体各部を衰耗させ、淫らな欲望を起こさせ、精神を混乱させるといった害をなすとされる霊物だ。

そのうえ、三尸は庚申の日に天に昇り、人々の生死をつかさどる司命の神々に、自分が住みついた人々が日々犯した細かな罪までも報告する。その報告にある罪の大小に基づいて、司命神は人々の寿命をたとえば三百日、あるいは三日というように削るといわれる。その結果は、単に帰幽する時期が何年か早くなったりおそくなったり、というのみにとどまらない。実に人生のあらゆる命運に影響があるとされるのだ。『太上感応編』には「算を減ずると貧しくなり、憂い患うことが多くなり、人からは嫌われ、よい出来事はこの人を避け、悪いことが起こり、凶運の星が災いをもたらす。算がつきたときには死ぬことになる」といったことが記されている。そのような霊物が体内にいたのでは、神仙の道を求めるどころか、日常生活にも大きな障害があることはいうまでもない。

この三尸九蟲を除去するための霊符は、暦を調べ、庚申の日に謹書するといい。呪文を唱えるなどしてから、桃板に朱書して所持する符（次ページの三符）もあるが、比較的容易に書写できるのは、二一七ページの四符である。

まず庚申の夜になったら、心を鎮め、あたりを清めるために香を焚く。次に朱で白紙に四符を謹書し、適当な小皿の上で燃やし、その灰を水で飲むのである。この霊符をくり返し用いることで、三尸九蟲は次第に減っていく。したがって寿命が削られることも、運気が弱まることもなくなる。また、日常生活はもちろん、神仙道の最終目標である永遠の生命体＝玄胎（金丹）の結成にも、大きな影響があるとされている。

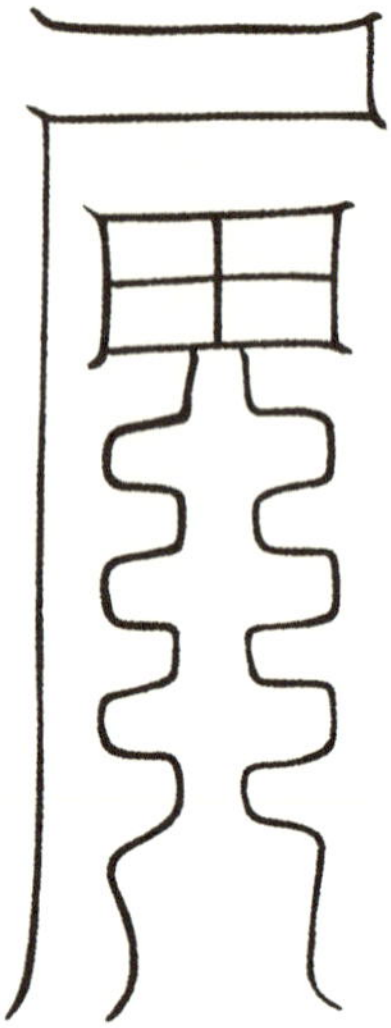

上尸三蟲符

中尸三蟲符

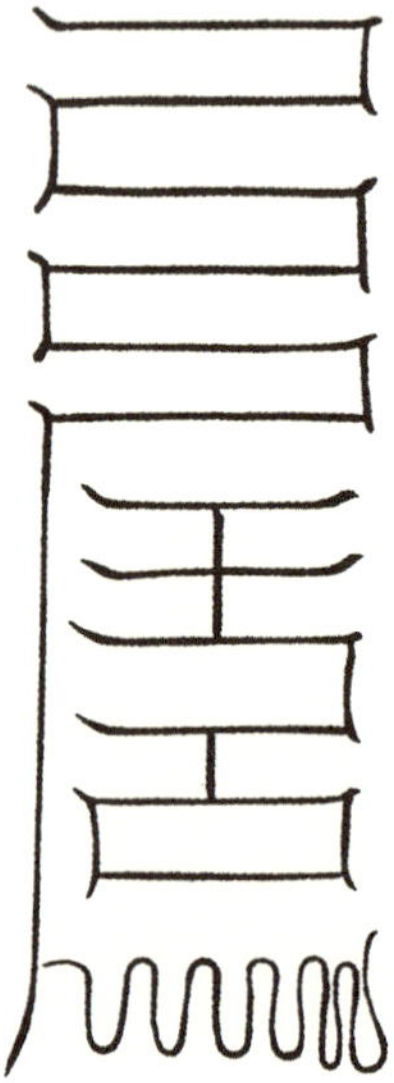

下尸三蟲符

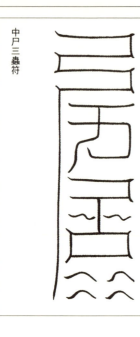

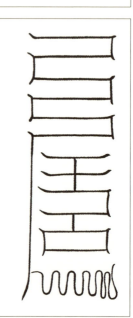

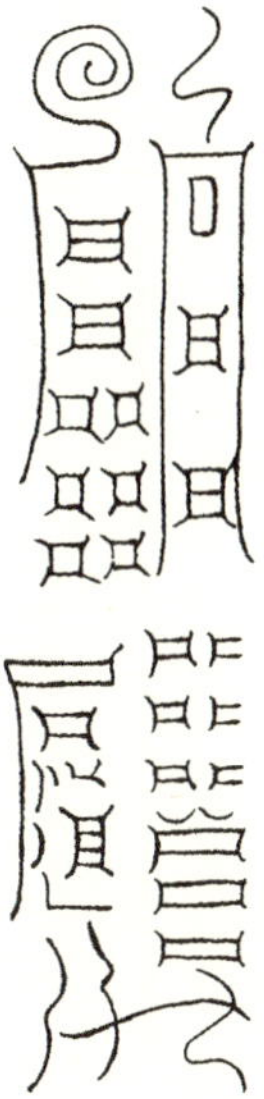

除三尸九蟲符一

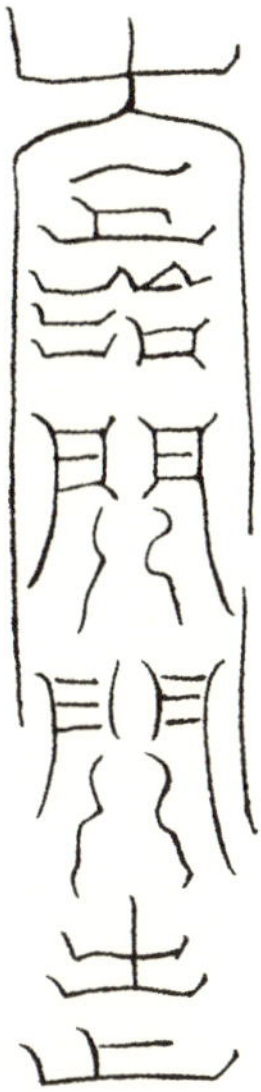

除三尸九蟲符二

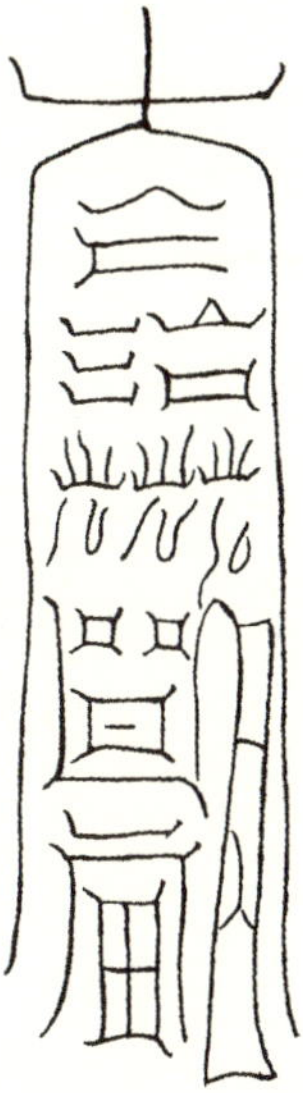

除三尸九蟲符三

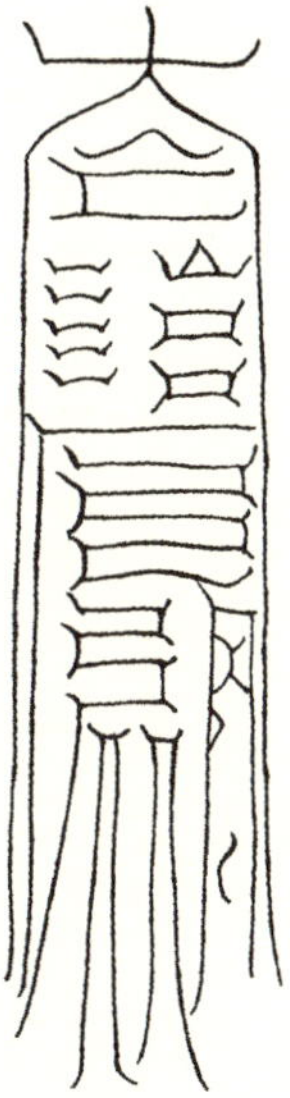

除三尸九蟲符四

北斗七星霊符《全7符》

中国における北斗七星信仰が、実に奈良朝以前から日本に流入していたとされる証拠が、正倉院の御物の一つである剣に見られる。これは「七星文様剣」と呼ばれ、刀身に七つの星を線でつないだ北斗七星を彫ったものである。

夜空の星はそれこそ無数にあるが、中国では、その中でも北極星を補佐するといわれる、ひしゃくの形をした北斗七星を特に尊崇してきた。生命をつかさどる司命神と見なしたがゆえである。

さらに『史記』天官書には「北斗七星は天帝の車であり、宇宙の中心に運行し、四方を制し治め、陰陽を分け、四時（朝昼夕晩）をたて、木火土金水の五行を整え、春、夏、秋、冬と季節を移し」というように、天地の運行を定めるものであると説かれている。加えて七星の数は、日、月に、五星（木星、火星、土星、金星、水星）を足した数と同じである。全宇宙の精は日月五星に集中し、古代の人々は、これらが宇宙を代表するものと考えていたに違いない。

なにしろ北斗七星の七の数と同じ日月五星が、天の中心・北極星のまわりを回っているのだ。人々がそこに大きな意味があると考えても、なんの不思議もない。

ここに紹介する七つの霊符は、その北斗七星の七つの星、つまり貪狼星、巨門星、祿存星、文曲星、廉貞星、武曲星、破軍星の力を招来するとされる妙符で、各人が自分の生まれ年の干支と関係がある霊符を白紙に朱書し、常に所持していれば、人生のあらゆる面で各星の守護があり、つつがなく一生を送ることができるというものだ。

それぞれ生まれ年が、子年なら貪狼星、丑年なら巨門星、寅年なら祿存星、卯年なら文曲星、辰年なら廉貞星、巳年なら武曲星、午年なら破軍星、未年なら武曲星、申年なら廉貞星、酉年なら文曲星、戌年なら祿存星、亥年なら巨門星の霊符を用いる決まりになっている。

貪狼星の霊符
子年生まれの人が使用。

巨門星の霊符
丑年および亥年生まれの人が使用。

祿存星の霊符
寅年および戌年生まれの人が使用。

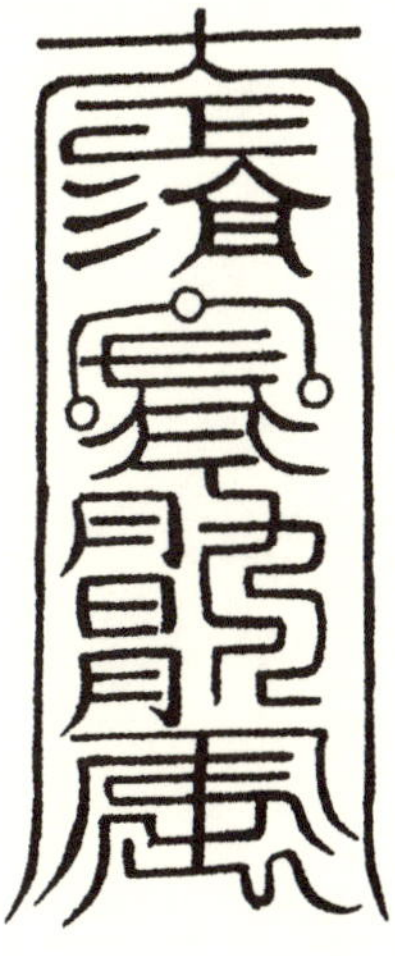

文曲星の霊符
卯年および酉年生まれの人が使用。

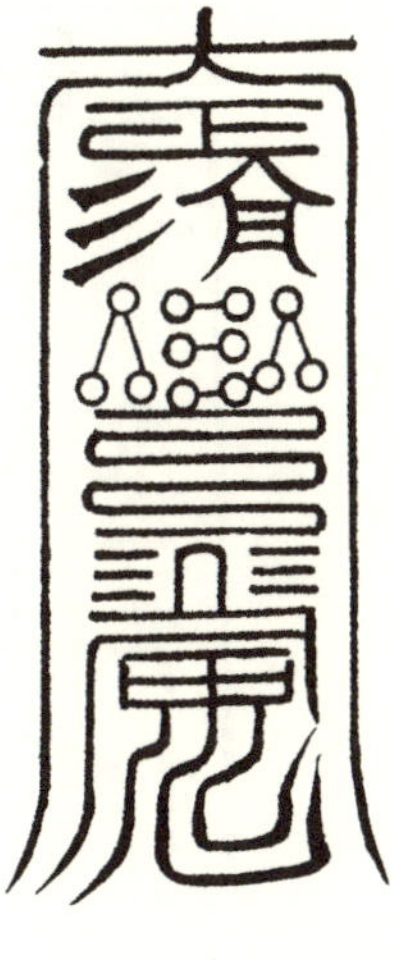

廉貞星の霊符
辰年および申年生まれの人が使用。

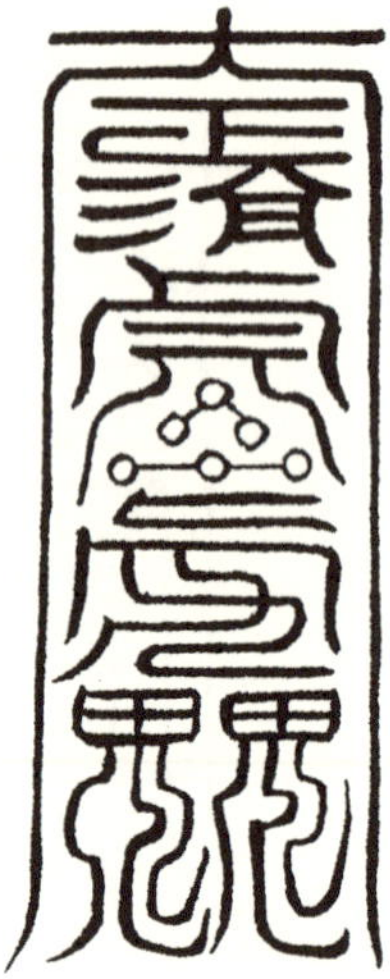

武曲星の霊符
巳年および未年生まれの人が使用。

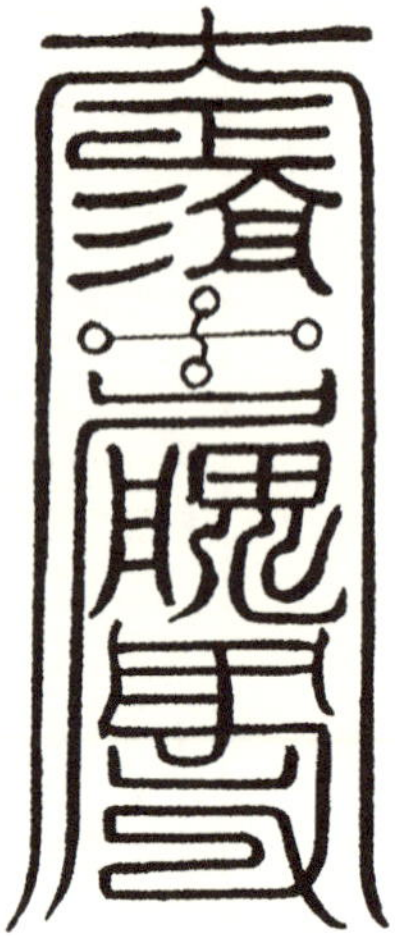

破軍星の霊符
午年生まれの人が使用。

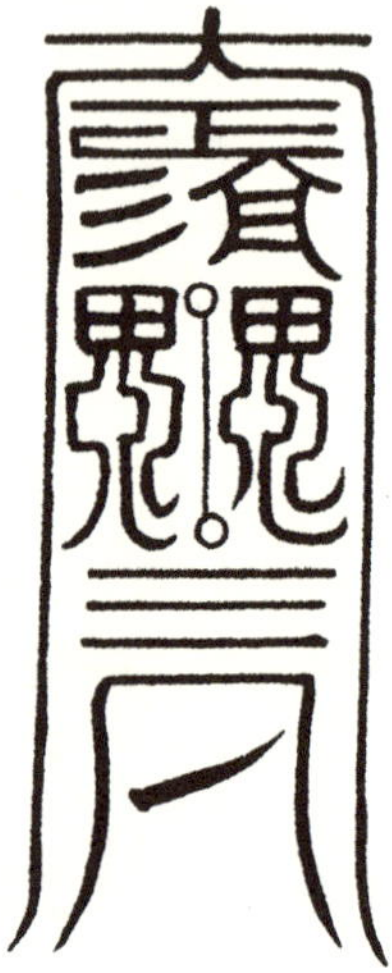

長生不老丹符

神仙の道を求める人が以下に掲げた呪文を唱え、この霊符を飲めば、長生きが可能となり、老いを知らず、なおかつ神通自在の仙人になることができるという、実に摩訶不思議な効能を示す霊符だ。

「天道晴明　地道安寧　人道虚寧　三才一体　混合乾坤　龍
召請帰命　万将随行　陰陽洒育　水火流通　帰根復命　万魔
虎奔行　必神火帝　連転無定　煉津煉液　一気成真　温飽仙
拱服　百脈調栄　仙伝仙棗　仙化仙丹　伝成仙鼎
霊　長生不老　果満飛昇　急急太上老君律令」

呪文を唱える回数に、特に決まりはない。何度でも納得のゆくまでくり返して唱え、その後に薄い小さな紙に朱書したこの霊符を、清浄な水で飲む。

神仙の道などというと、現代人向きではないと思われる方も多いかもしれないが、多少なりとも興味を引かれたなら、試してみる価値は十分ある。

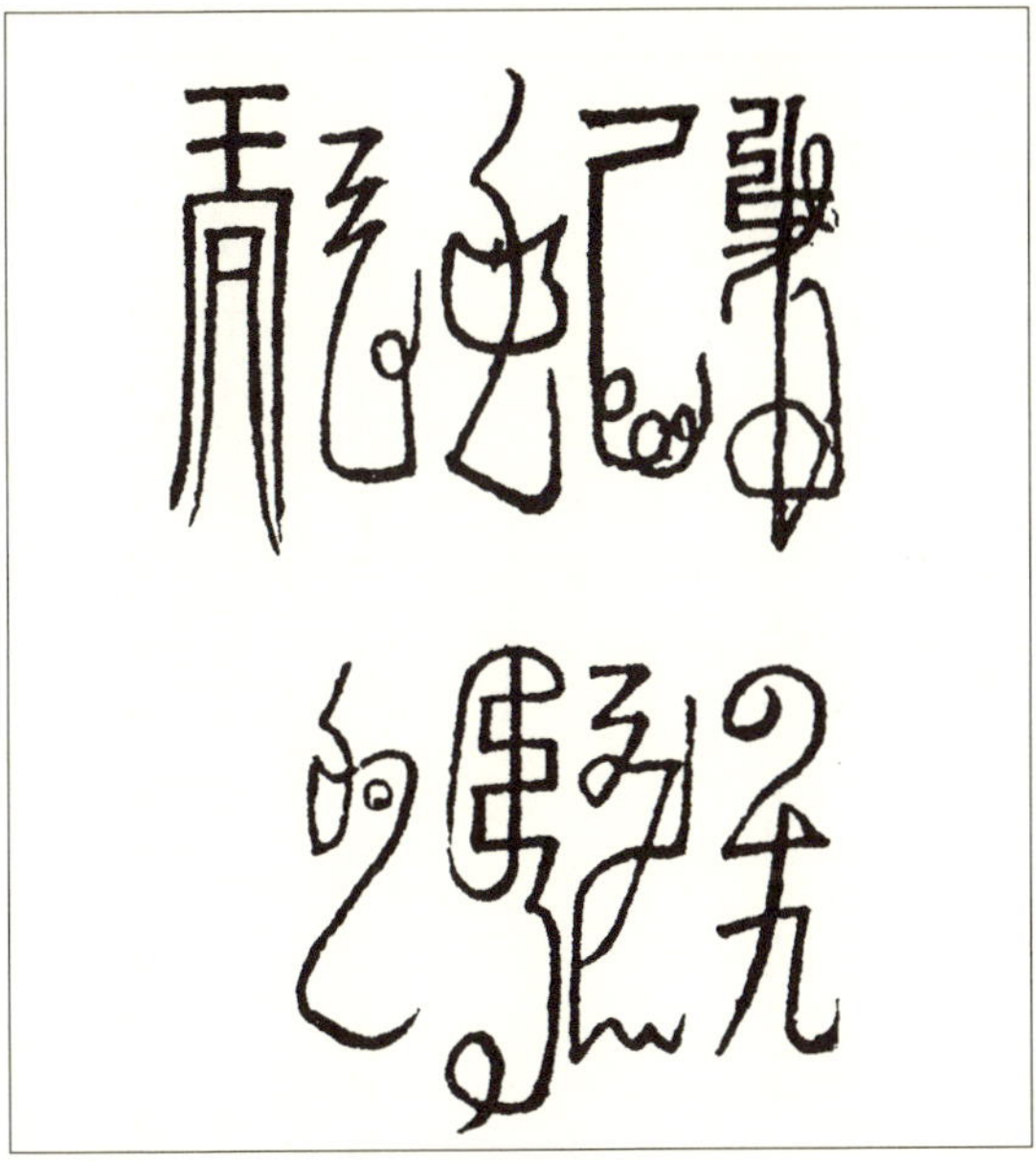

四季消災降福符《全4符》

春夏秋冬それぞれの季節の間、常に所持することで、あらゆる危難や災いを避け、幸運を得ることができるといわれているのが、ここに紹介する「四季消災降福符（しきしょうさいこうふくふ）」だ。

この霊符は四種からなっており、それぞれ「春季消災降福符」「夏期消災降福符」「秋期消災降福符」「冬季消災降福符」と呼ばれている。

いずれもその霊験は名称のとおりで、「春季消災降福符」は太陰暦における二月、三月、四月の春季に起こるあらゆる災いを取り除いて、幸いをもたらし、「夏季消災降福符」は五月、六月、七月の夏季のすべての災厄を消除し、幸運をもたらす霊符とされている。「秋季消災降福符」は八月、九月、十月の秋季の間のあらゆる災いを除き、幸いをもたらすとされる霊符で、「冬季消災降福符」は十一月、十二月、一月の冬季の間のすべての災いを避け、幸運を得ることができるとされる。

この符を書写する時期は、「春季消災降福符」なら二月、「夏期消災降福符」なら六月、「秋期消災降福符」なら九月、「冬季消災降福符」なら十二月の、それぞれ上旬であればよいとされるが、厳密を期したい読者の方は、以下のことを知っておかれるといいかもしれない。

すなわち「春季消災降福符」を用いる春季とは、立春（二月四日頃）より立夏（五月五日頃）の前日まで、「夏期消災降福符」を用いる夏期とは立夏より立秋（八月七日頃）の前日まで、「秋期消災降福符」を用いるのは立秋より立冬（十一月七日頃）の前日まで、「冬季消災降福符」を用いるのは立冬より立春の前日までのことをいう。

したがって、実際に書写する際は暦を調べ、それぞれ立春、立夏、立秋、立冬以前の日を選ぶこと。また、季節が変わった後は古い霊符は処分し、新たな季節の霊符を携帯するようにするのが望ましい。

春季消災降福符

夏季消災降福符

秋季消災降福符

冬季消災降福符

老君入山佩帯符《全10符》

「仙」という字が示すように、仙人の修行は世俗から離れ、奥深い山中で行われることが多かった。そのため、途中、さまざまな原因で生命を落とす人も少なくなかったと思われる。この老君入山佩帯符は、第一章でも述べたとおり、葛洪の著書『抱朴子』の登渉篇で紹介されている。登渉とは、山に登り川を渉ることだが、この篇では入山、つまり山に入る方法についてくわしく述べられている。それによれば、人が正しい入山法を知らない場合、山に住む神霊によって病気にされたり、大木を倒されたり、岩石を落とされるなどして、修行を妨害される。さらに、狂乱して谷底に落ちたり、虎や狼などの猛獣に遭遇したり、毒虫に襲われたりもするという。

　このような危難に遭わないために、登渉篇には山に入る吉日、山にいる間の注意、加えて、万が一苦境に陥ったときの対処法などが、事細かに記されている。また、あらゆる災難や百鬼を祓うものとして有名な「六甲秘咒」の「臨兵闘者皆陣列前行」における九字の切り方や、どのような術法を行う場合でも、絶対に必要とされる三歩九跡の「禹歩の法」などが記されているのも、この登渉篇なのだ。

　ここで紹介する入山符は「老君入山佩帯符」の名前でもわかるように、太上老君が山中で修業する人のために伝えたといわれる。それだけに、山野に潜む種々の怪しげな精霊や猛獣などの害を避ける玄妙な力を秘めているのだ。

　なお、老君入山佩帯符には三組あるが、登山やハイキングをするときなど、白紙に朱書したこの霊符を持ち歩けば、その効果が必ず体験できるはずだ。

　ちなみに、この入山佩帯符の霊験は、山中のみでしか現れないわけではない。日頃から悪霊などに悩まされている人は、この霊符を家の各所に貼ることでも効果が期待できる。

◉老君入山佩帯符第一之組

老君入山佩帯符は、一枚のみ書写してもそれなりの効験は認められるが、できれば組単位で作成するのが望ましい。簡単にすませたい人は一之組を山に持参すればよい。

符之一

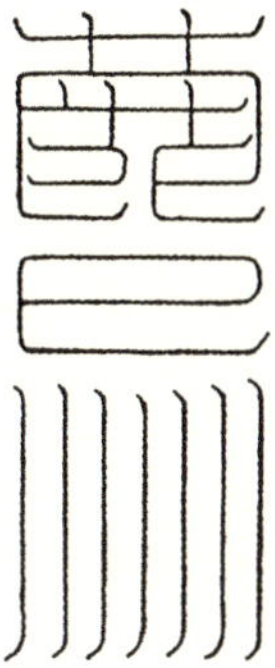

符之二

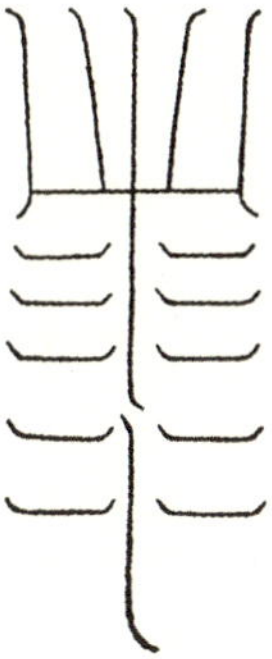

◉老君入山佩帯符第二之組

第一之組の霊符だけでは不安で、より多くの霊験を期待する人は、この第二之組の五枚を書写して所持するとよいだろう。とくに、人家から離れた山奥で修行するようなときに効果が期待できる。

なお、このうち一枚は、宿泊所の柱などに貼っておくとよい。

符之一

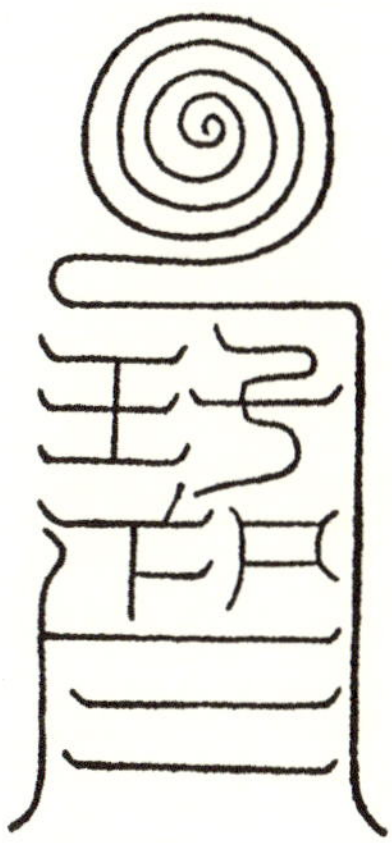

符之二

符之三

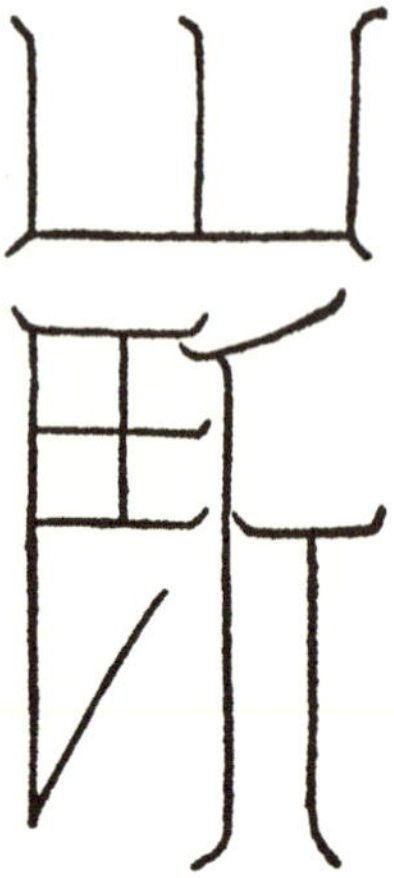

符之四

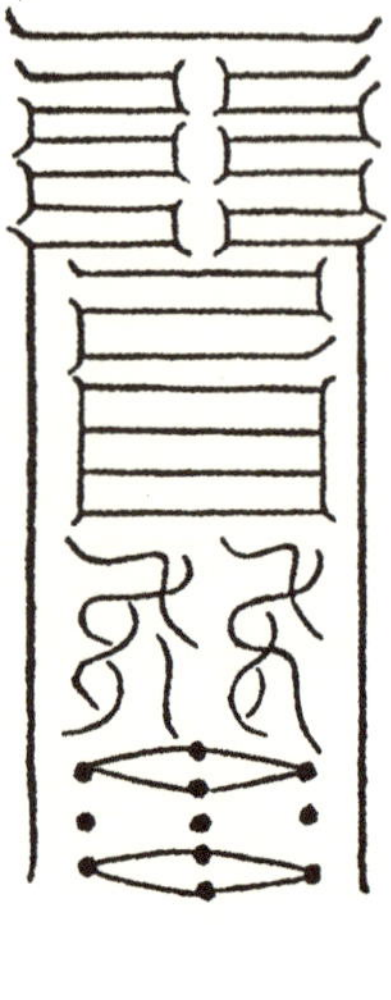

符之五

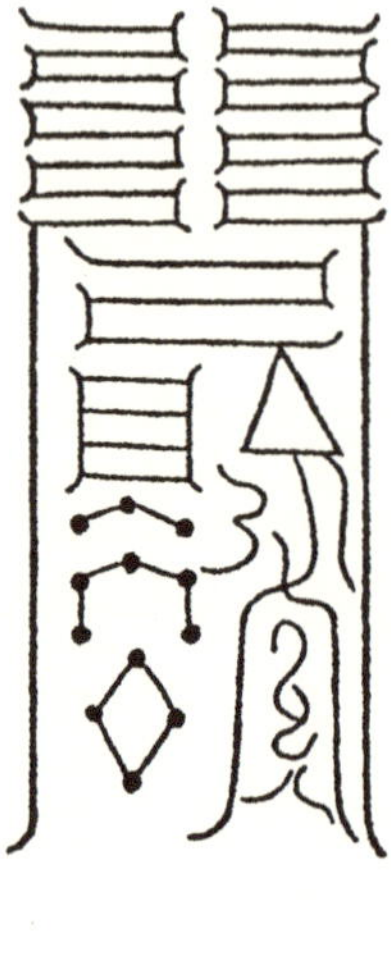

◉老君入山佩帯符第三之組

老君入山佩帯符の第一之組、または第二之組を所持していてもなお不安な人や、思うような効験が得られなかった人は、第三之組の霊符を試してみるといい。使用法は第二之組と同じだが、所持したときの効果はより明らかで、山中で思わぬ災難や事故などに遭遇することのないよう、人の身を確実に守ってくれる。

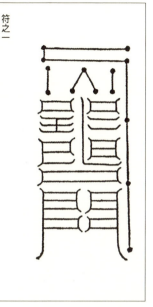

符之一

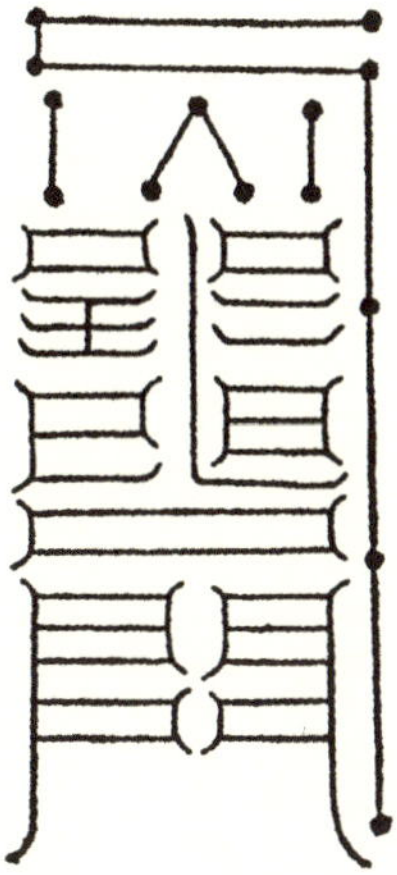

符之二

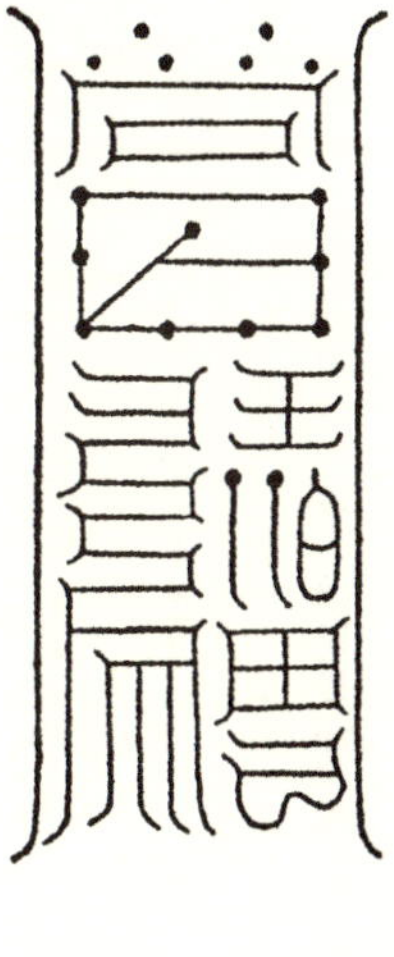

符之三

五岳真形図

霊符の中で、とりわけ霊験が顕著で代表的なものとされるものに五岳真形図（ごがくしんぎょうず）がある。真形図は『抱朴子』の中に、「神仙の道書の中で最も重秘のものは三皇内文（さんこうないぶん）と五岳真形図であり、古来神仙はこの五岳図を尊崇して、仙名ある者でなければ、軽々しく授けず。しかもこれを四十年に一度他人に伝えるにあたっては、血をすすり、軽々しく人に伝えないことを誓わせた」とされ、もし難病で人が死のうとするとき、真心を込めてこの図を念ずれば必ず全快し、難産のときにこの図に祈念すれば安産となり、災難に遭って苦しむときにこの図に念じれば一切の災難は消え去るという。また、家を新築する際にこの図を土地の四方に埋めるなら、子孫繁栄しその栄えは五代にまでおよぶというのだ。

五岳真形図は、東西南北中央の五つの山の形を示す五つの霊図からなっているが、それぞれ単独に白紙に朱書して用いてもよし、一枚の紙に全部謹書して用いてもよい。

とりあえず、それぞれの図の効能を説明しておこう。

東岳泰山（とうがくたいざん）真形図…この図を帯びる人は無病長命である。願望は春になって万物が発生するように一切成就する。

西岳華山（せいがくかざん）真形図…この図を帯びる人は、自ら金銀財宝が集まり、富貴の家となり、栄華の春を楽しむことができ、喜びごとが次から次へと起こる。

南岳衡山（なんがくこうざん）真形図…この図を帯びる人には百魔、鬼神も恐れて近寄ることはない。また人々の運命に悪作用をなす星の祟災（すいさい）を退け、雷、台風などの災害を受けることもない。

北岳恒山（ほくがくこうざん）真形図…この図を帯びる人は海や河を渡って災いなく、龍神がこの人を守護して、海中、水中に住むいかなる悪獣、悪魚もこの人を害することはない。

中岳嵩山（ちゅうがくすうざん）真形図…この図を帯びる人は、地神の祟（たた）りによって、難病を病んで苦しんだり、種々の災難が起きたりするようなことはない。

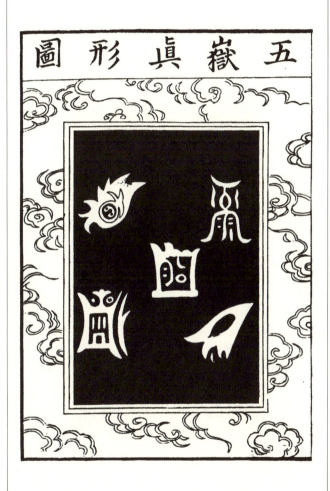

右上から時計回りに、東岳泰山、北岳恒山、南岳衡山、西岳華山、中央は中岳嵩山。

◉五方上帝真符

五岳にはそれぞれ神霊が宿り、人が祈念することによって加護を与え、その願いをかなえてくれる。ここでは、山の形を示した霊図とは形式の異なる真形図を紹介する。効験そのものは霊図に勝るとも劣らないので、ぜひこちらの書写も試みてほしい。ちなみに、それぞれの神霊がもたらす福は、霊図によるものと同じである。

東方蒼帝青符（青紙に墨書）

西方素帝白符（白紙に墨書）

北方玄帝黒符（黒紙に墨書）

南方朱帝赤符（赤紙に墨書）

中央黄帝元符（黄紙に墨書）

◉太上五岳太祖神君之符

こちらも「五方上帝真符」と同様に、五岳のそれぞれに宿る神霊の加護が得られる霊符である。なお「五方上帝真符」およびこの「太上五岳太祖神君之符」は、山の形を示した霊図とは異なり、一枚の紙にすべて書くより、目的別に単独で書写して使用するほうが、霊験はよりあらたかとなる。

東岳太祖蒼光真君之神符（青紙に朱書）

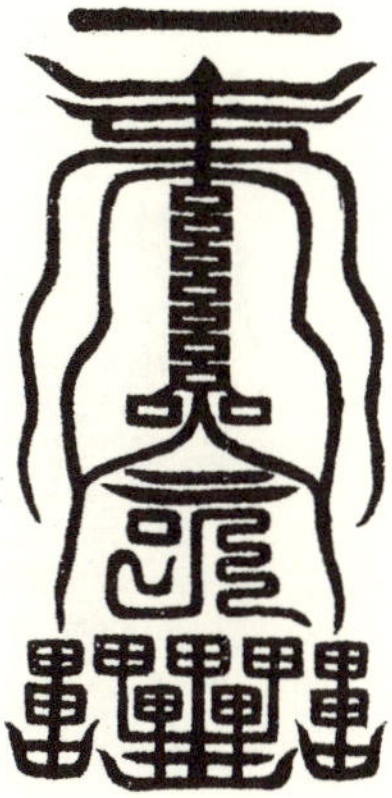

西岳太祖素元真君之神符（白紙に朱書）

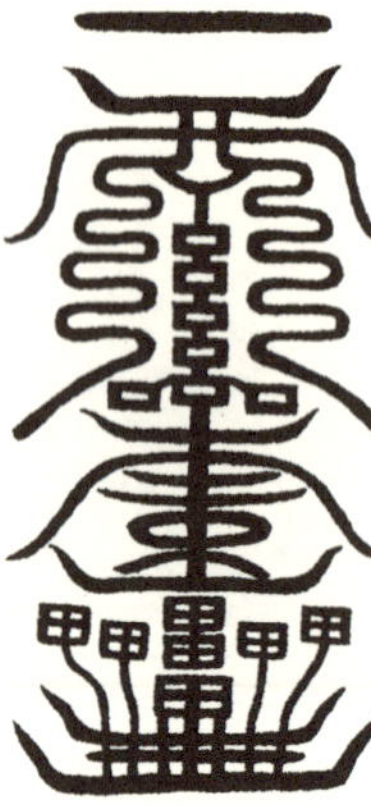

南岳太祖紫光真君之神符（赤紙に朱書）

北岳太祖無極真君之神符（黒紙に朱書）

中岳太祖黃元真君之神符（黃紙に朱書）

『博古図録』に所載の唐代に作られた鏡の背面。これは、「五岳真形鑑」という名のとおり、図柄に五岳真形図があしらわれている。

錦嚢五斗符《全5符》

「錦嚢五斗符」は、東斗符、西斗符、中斗符、北斗符、南斗符と呼ばれる五つの符を組み合わせたものの総称だ。

実際の霊符を見ればおわかりいただけるように、「東」の字が書かれた霊符が東斗符、「西」の字が書かれているのが西斗符、「中」の字が書かれているのが中斗符、「北」の字が書かれているのが北斗符、「南」の字が書かれているのが南斗符である。

これらの霊符の使用法には決まりがあり、通常は一枚の黄紙に符のすべてを朱書し、小さくたたんで錦の袋に入れて所持する。これによって様々な災い、および老いや病気、死、親しい人との別離などの苦しみはもちろん、世のすべての災厄から逃れることが可能になるといわれる。

さらに錦嚢五斗符は、それぞれ異なった効能も持つため、単独で使うことも可能となっている。たとえば、赤紙に青書した東斗符を所持すれば、長生が約束され、黒紙に白書した西斗符を所持すれば、心中の邪気を治め、白紙に黄書した中斗符を所持すれば、病を癒し、青紙に黒書した北斗符を所持すれば、死を免れ、黄紙に朱書した南斗符を所持すれば、あらゆる災いが取り除くことができる効能があると伝えられている。

東斗符

西斗符

中斗符

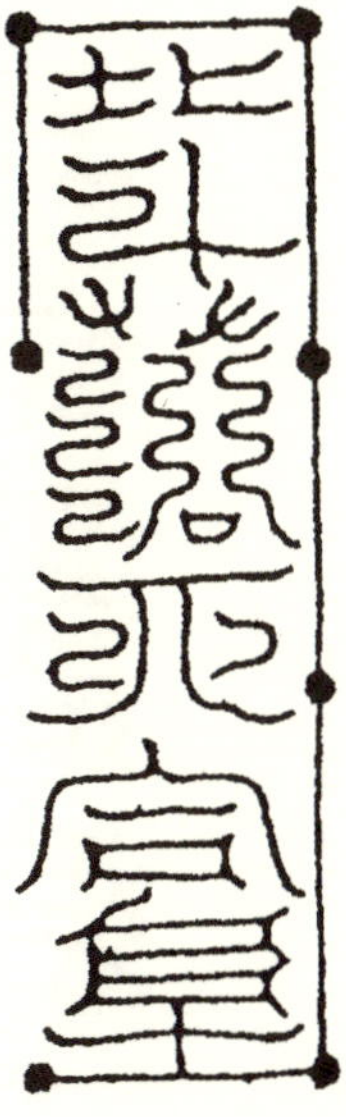

北斗符

南斗符

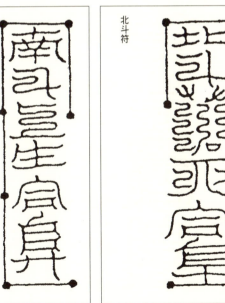

五帝治病符《全5符》

青帝符は肝臓の具合が悪いとき、また魂が体から離れやすいときに用いる。霊符を身につけ、東方に向かいその方角の気を吸って「青帝護魂　保鎮三宮」と唱える。そしてそれより九日間は酸っぱいもの、辛いものを摂取しない。

白帝符は肺臓の具合が悪いとき、または魄が安定しないときに用いる。霊符を身につけ、西方に向かいその方角の気を吸って「白帝侍魄　治錬陰邪」と唱える。そしてそれより九日間は苦いもの、三日間は辛いものを摂取しない。

赤帝符は心臓の具合が悪いとき、または気が不足したり、心が不安定なときに用いる。霊符を身に帯び、南方に向かいその方角の気を吸って「赤帝養炁　万神帰身」と唱える。そしてそれより五日間は甘いもの、辛いものを摂取しない。

黒帝符は腎臓の具合が悪いとき、また精力の衰えを感じたときに用いる。霊符を携帯し、北方に向かいその方角の気を吸って「黒帝通血　万真保精」と唱える。そしてそれより三日間は甘いもの、五日間は辛いものを摂取しない。

黄帝符は脾臓の具合が悪いとき、または精神が不安定なときに用いる。霊符を携帯し、上方に向かいその方角の気を吸って「黄帝中主　万神無越」と唱える。そしてそれより十二日間は辛いもの、五日間は甘いものを摂取しない。

青帝符
黄色の紙に右の如く「青帝護魂」と青書して使用する。

白帝符

赤い紙に右の如く「白帝侍魄」と白書して使用する。

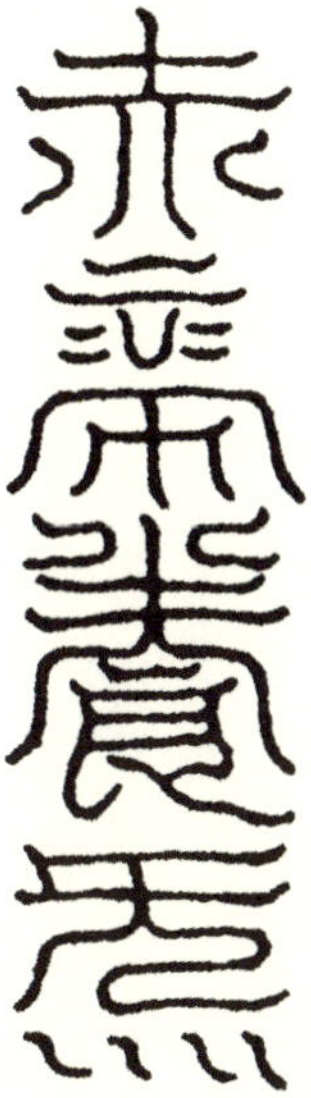

赤帝符

黒色の紙に右の如く「赤帝養炁」と朱書して使用する。

黒帝符

黄色の紙に右の如く「黒帝通血」と墨書して使用する。

黄帝符

黄色の紙に右の如く「黄帝中主」と青書して使用する。

張天師符

ここでいう張天師とは、第一章でも述べたとおり、正一教の始祖であり、かつ五斗米道を唱えた張道陵のことだ。

張天師は霊符をおおいに活用して奇跡を起こし、人々を救ったとされるが、後には弟子と共に白日昇天し、神仙となったと伝えられている。ここに紹介するのは、その張天師が駆使した霊符のうち、ごく一部である。これらの符を書写するにあたっては、口伝があるので、効験を期待する向きは、必ず守ってほしい。

まずは歯をカチカチと三度噛み合わせた後、清らかな水を口に含んで、これを東方に向かって霧状にして吹き出す。そして「赫赫陽陽　日出東方　勅書此符　尽掃不祥　口吐三昧之水　眼放如日之光　捉怪使天篷力士　破疾用鎮金剛　降伏妖怪　化為吉祥　急急如律令勅」と、呪文を唱えた後に黄紙に朱書するのだ。なお、いくつかの符は現代にそぐわない内容のものもあるが、参考までに掲載した。

張天師符
左右とも、あらゆる怪を鎮める符。

天師鎮諸殺紙符
右は鎮宅浄水神符、左は百解消災符。

鎮器皿物具等怪符

鎮舟車等怪速霊符

神通符

ここに掲載した三組六枚の霊符は神通符、または霊通符などと呼ばれ、その名のとおり神霊に通じて、神秘的な力を発揮できるようになるとされている。不可思議な方術や道術、また超能力に関心があるようなら、ぜひとも最初に書写して佩帯すべき符だ。この霊符は、所持しているだけで自然に霊力が増し、あらゆる神通力を駆使するための基礎となってくれる。各組とも一枚を書写して持てば一符の力が、二枚とも書写して持てば二符の力が与えられるといわれるだけに、時間が許すなら、三組六枚の霊符すべてを書写して所持するといい。なお、符を所持する場合は敬虔に扱い、また広く善徳を積み、神助を祈る。必ず神通自在神仙に等しい境地に至ることだろう。通常は各霊符は白紙に朱書し、携帯すればいいが、神棚などがあるなら、各霊符とも二枚ずつ書写し、一枚は神棚に安置し、一枚は所持するようにすれば、より多大な霊験が期待できる。

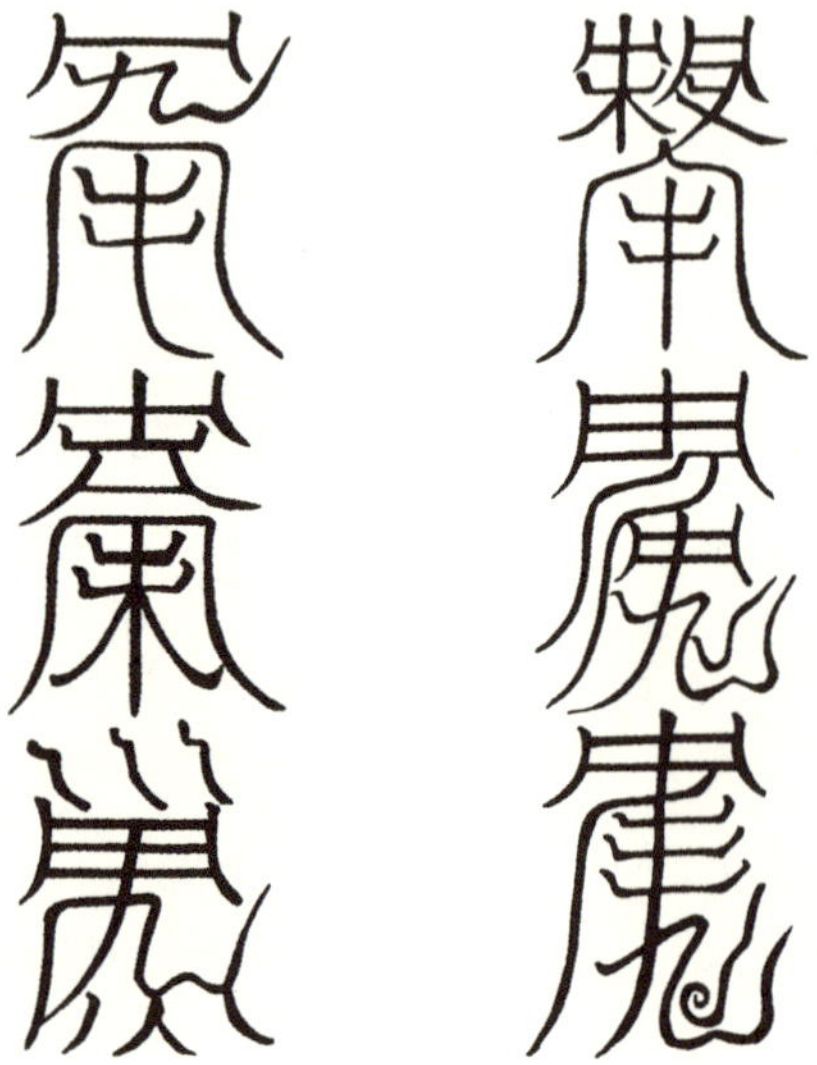

神通符第一伝

神通符第二伝

神通符第三伝

除災鎮宅符

この霊符は、できれば額に入れるか、巻物に書いて掛け軸などにし、家の中のよく目につくところに安置しておくといい。その絶大な霊験で、家内のあらゆる災いを取り除き、そこかしこに棲みついている種々の邪悪な霊鬼や多くの悪神を鎮めることができる。

また、莫大な財宝を知らず知らずのうちに家内に招くことでも知られている。つまり、家内にあるだけで幸運が舞い込み、富貴となれる、非常にありがたい霊符なのだ。

一見してわかるように、この「除災鎮宅符（じょさいちんたくふ）」には、現代の道教で最高神とされている玉皇大帝（ぎょっこうたいてい）をはじめとして、万物の祖といわれる盤古帝王（ばんこていおう）、人間の生死を制御する南斗星君や北斗星君、北極星のシンボルとされる玄天上帝などのよく知られた道教の神々に加えて、一切の始源であり、宇宙の本体ともいえる太極や、日月なども描かれている。

さらに、随所に財や官位を招く霊符や妖魔を鎮める霊符、「鎮宅」「光明」「長命」「富貴」といっためでたい文字も配置されている。見るからに、多くの神々の祝福を受けたきわめて安寧を感じさせる図式となっている。

「除災鎮宅符」は、できるだけ大きい、やや厚手の黄紙に朱墨で書くのが決まりとなっている。書写する場合には、原則として上から下に向かって書くといいだろう。その後、中央から端のほうへ向かうようにして、残りの部分を書いて仕上げよう。

ただし、この霊符は見てのとおり、かなり複雑なものなので、修練を積んだ道士でもない限り、実際に書写するのはなかなか難しい。したがって、一般の読者諸氏には、道教の霊符の中には、このようなものもあるという参考程度にとどめておくことをお勧めする。特に今回、初めて霊符の書写を試みる方は、他のページに掲載してある鎮宅霊符を使用されるほうがいいだろう。

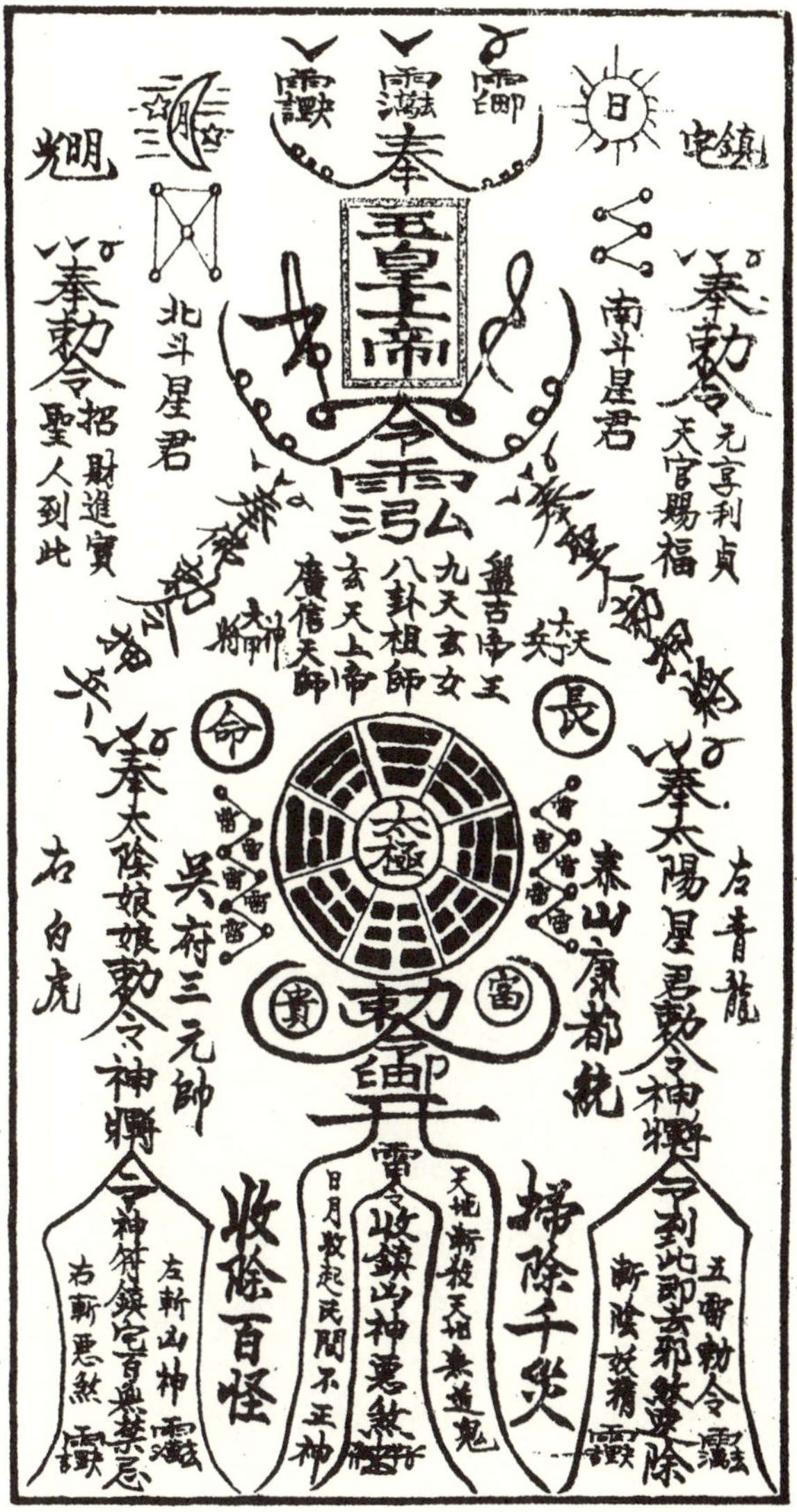
玉皇上帝
南斗星君
北斗星君
元亨利貞
天官賜福
招財進寶
聖人到此
九天玄女
八卦祖師
玄天上帝
廣信天師
太極
奉太陽星君勅令神將
奉太陰娘娘勅令神將
泰山康都統
吳府三元帥
右青龍
右白虎
掃除千災
收除百怪
左斬山神
右斬惡煞
日月散起民間不正神
五雷勅令
斬陰妖精

元覧人鳥山形図

この図は百年に一度、人間界に現れ、道士に伝えられたとされている。これを手に入れた者は仙人になれるうえ、西王母がいるという崑崙山に遊ぶことができる。千日間潔斎した後、この霊図を薄い紙に朱書して、一服すれば長生不死を得、二服すれば神仙となって自在に飛行が可能となり、三服すれば昇天して尊位に昇るともいわれている。

元覧人鳥山形図は、西王母が初めて道を学ぶにあたって元始天尊に師事し、三千年で道を成就して、崑崙山に帰る際、元始天尊とともに人鳥山上の虚空に文字を描き、九老仙都君九気丈人がそれを書し、さらに天帝が空中の書を加えたとされる由緒あるものだ。現代的な感覚からすれば、にわかには信じがたいが、道士はそれを信じて熱心に修法に励んできたのだ。読者諸氏もこの図を朱書して身につけ、神仙となって空に遊んだり、天地の神霊に命令を下せるかどうか、試してみるのも一興かもしれない。

酆都山真形図

酆都山とは、酆都大帝が支配するといわれる、地獄に似た冥界が存在するとされるところだ。この真形図を用いることで、そうした冥界に落ち込んだ霊魂も救われて天界に入ることができるとされる。

まず真形図を朱書し、その左横に次の文を墨で書く。

右給付亡過○○○○人永為身宝伏願敬受之
後苦魂受度簡記朱陵一如告命風火駅伝

○○○○には亡くなった人の姓名を記す。これには、無事に神界や天国、極楽に入ったと思われる人の名ではなく、地獄のようなところで苦しみを受けていると考えられ、救済が必要な帰幽者の姓名を記す。文の意味はややわかりづらいが、死者に対して「この地獄からあなたを救う真形図を給付するから、拝してこれを受け、宝としなさい」といったことだろう。

霊符の準備がすんだら、

「元始符命　制魔奉行　保挙亡魂　度品南宮　酆山消燼
三官解形　散縛閉業　受化更生　随品錬度　上登福庭」

と呪文を唱え、符図を燃やそう。さらに、金色の光が口中に満ちている状態を想像し、東北に向かって息を吹くといい。

禁魘夢魔符

しばしば悪い夢を見てうなされるという人に勧めたいのが、この霊符だ。

まず左上の符を黄紙に朱書し、そして次のような呪文を七回唱える。

「天宗真火(てんそうしんか)　発降成行(はっこうせいこう)　書禁応化(しょきんおうか)　大勅真尊(だいちょくしんそん)　摂応道周(せつおうどうしゅう)
袁替(えんたい)」

それから、まだ誰も使っていないきれいな小皿の上
符を燃やす。

次に下の符を三枚の黄紙に朱書し、一枚は枕の下に
く。残り二枚はそれぞれ朝と夜に燃やして灰にし、清
な水で飲めばよい。こうすれば、嫌な夢を見ることも
く、ぐっすりと眠ることができるはずだ。

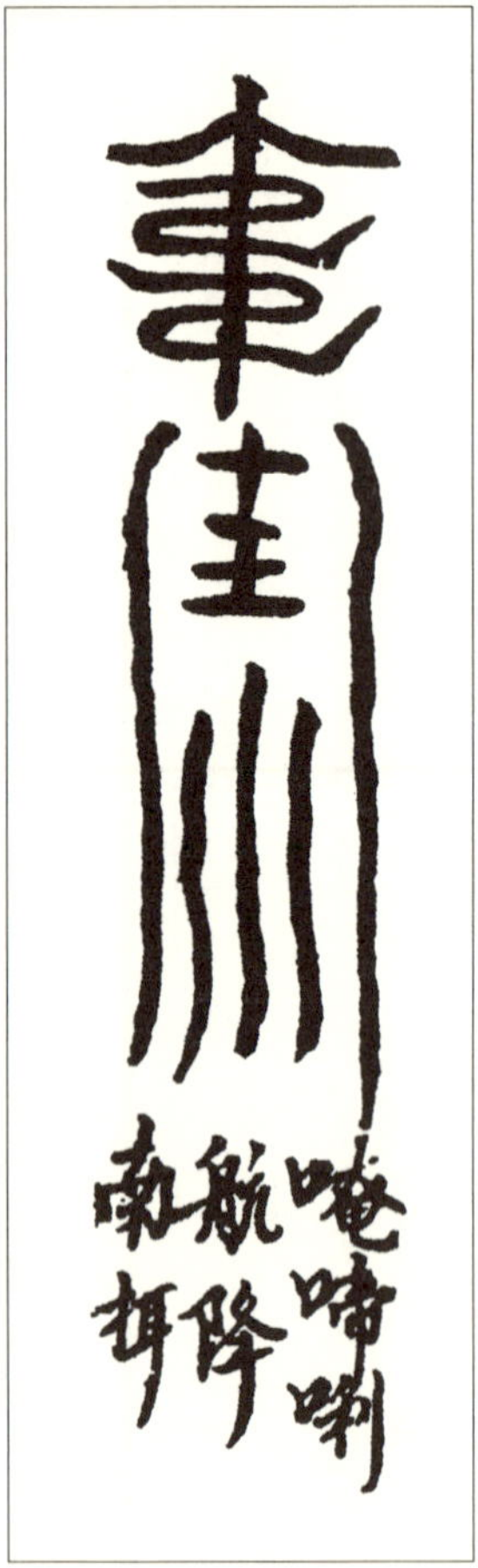

制鬼符

これは所持することによって、鬼を制御することができるといわれる符だ。鬼というと、われわれは桃太郎の鬼退治に出てくるような角の生えた生き物を想像するが、中国では、魂が肉体を離れてさまよい、おぼろげな形となってこの世に現れる亡霊のことをいう。黄色の紙に朱書して持てば、霊のもたらす障碍（しょうげ）を避けることができる。

集万神符

この符は多くの有益な神々を召集し、使役することによって、風雨をつかさどる龍虎を制御する。また、自分が居住する土地の穢れを祓い、凶災の降りかかるような家を鎮めることもできるともされている。黄色の紙に朱書して常に身につけていれば、災いは自然と去り、万事がうまく運んで、吉祥がもたらされるといわれる。

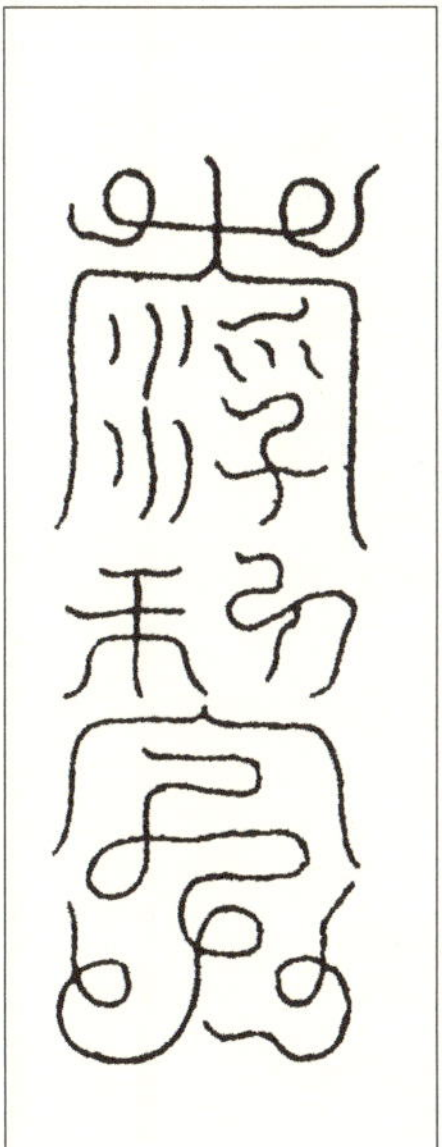

訴訟必勝符

道理が自分のほうにあっても、必ずしも勝てないのが裁判である。このままでは危ないと思われるときは、黄紙にこの符を朱書して携帯し、裁判所に出かけよう。訴訟の相手が自分から墓穴を掘ったり、あなたの裁判官に対する印象がよくなって、勝訴することができる。ただし、自分に非があるときにこの符を用いても効果はない。

正気鎮心符

この霊符は神経を鎮め、心を落ち着かせる。ささいなことでイラつくことの多い人に最適だ。赤い紙に墨書して持てば、常に平常心を保てる。効果が乏しい場合は符に手をのせ、鼻から静かにゆっくり息を吸って腹中にため、さらに息を胸まで満たし、短時間息を止め、口を小さく開けて静かに吐き出す。これを続ければよい。

六丁予知符

『雲笈七籤』に「六丁(ろくてい)は陰神玉女(いんしんぎょくじょ)を謂(い)ふなり」とあるとおり、道教には六丁の玉女を呼び出して使役する方法がある。この符を用いれば、玉女が将来の吉凶、安危などを、心の内に思い浮かばせてくれるという。黄紙に朱書して、一か月間、子丑(ねうし)の時（午後十一時より午前三時頃）にその符を飲み、唾を飲み込み、息をしばらく止める。

六甲予知符

六甲とは六丁同様、道教では使役される神。黄紙に朱書して所持し、午前中、春は東、夏は南、秋は西、冬は北に向かって正座する。次に歯を三十六回カチカチ鳴らし、息を止め、舌で上顎をなめ、唾を出し、飲み込むこと九回。これを百日間続ける。すると目の前に光が見えて、六甲神の守護を受け、吉凶禍福の予知が可能になる。

解穢符

白紙に朱書したこの符を、穢れを祓いたい場所で燃やして灰にし、東南の気を吸い、清浄な水を一口に三度がぶりと飲み、次の呪文を三回唱える。「神霊天真　玉液元津　上清華房　元始老君　妙入太霞　光耀玄文　七神飛泉　北酆受煙　我位上王　逼合鬼群　八威吐火　粛侍尊神　千千去穢　凶悪不存　万万魔王　保命護形　急急如律令」

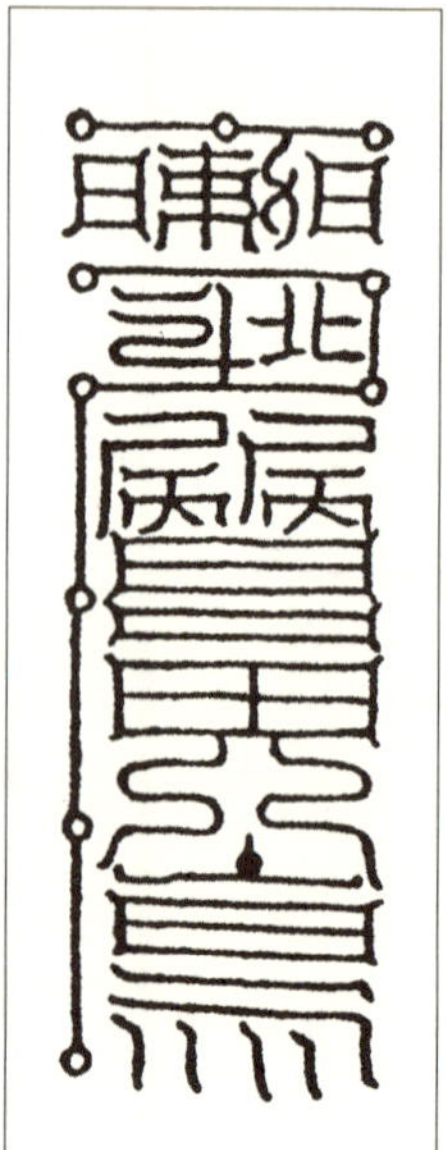

開運符

どんなに努力してもどうにもならないときに用いると、運気が強化される摩訶不思議な符である。この符の場合、必ず暦で吉日を選び、謹書することが肝心だ。符は柳の木の板に朱墨で書く。そして門口に埋めるといい。ただし、この間、絶対に他人に見られないこと。仮に見られた場合、その効力は激減するといわれている。

病気平癒の霊符

病気平癒符

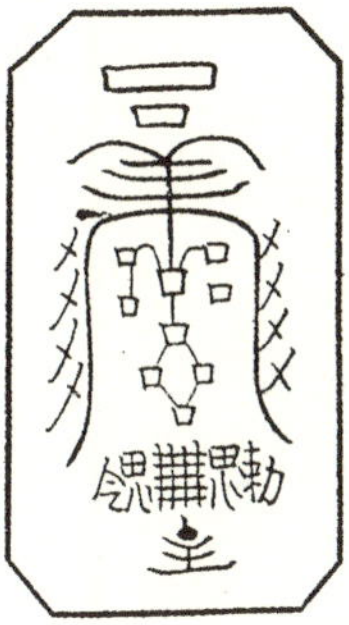

白紙に墨書し、常に身につけるか、または飲むと病が癒える。

治万病符

所持したり枕元に置けば、あらゆる病に効験があるとされる。

壮精神符

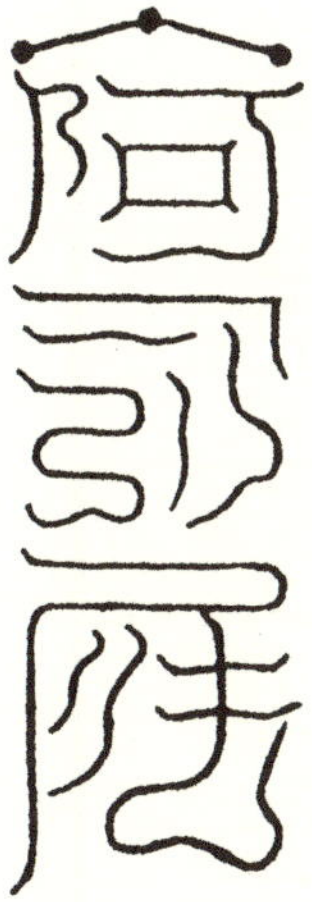

この符を飲むと気力を充実させ、病を駆逐することができる。

解薬毒符

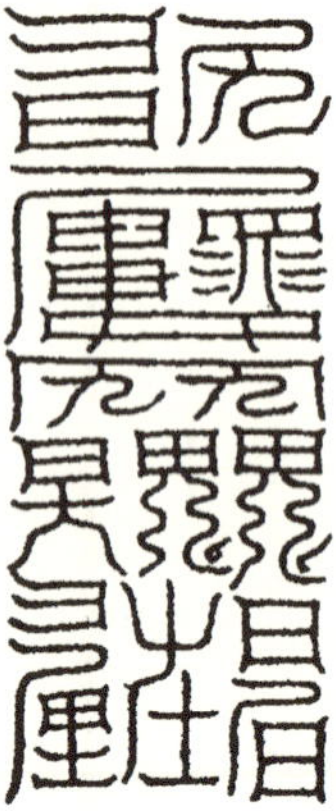

家の中に祀ると、薬による副作用の害を防ぐことができる。

癒虎狼瘡符

獣などに傷つけられたとき傷に触れさせると、早く治癒する。

治傷符

傷などがある場合、この符をその上で空書すれば、早く治る。

治一切瘡符

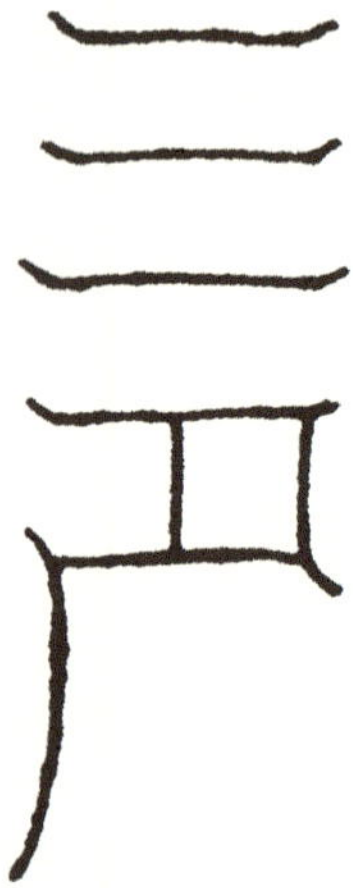

腫れ物がある場合、この符をその上で空書すれば、早く治る。

治小児驚風符

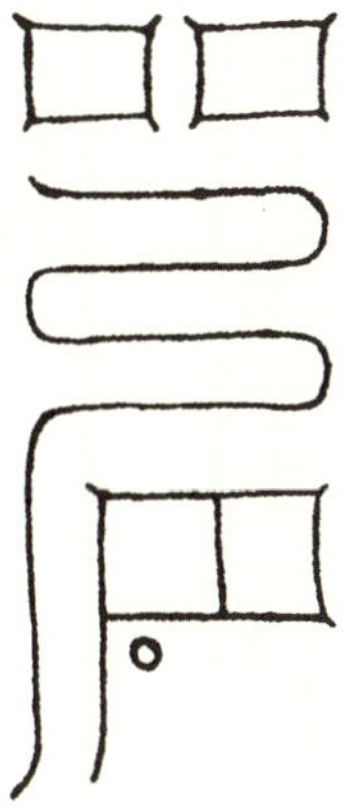

よく引きつけを起こす子供に持たせると、次第に鎮まる。

治頭痛符

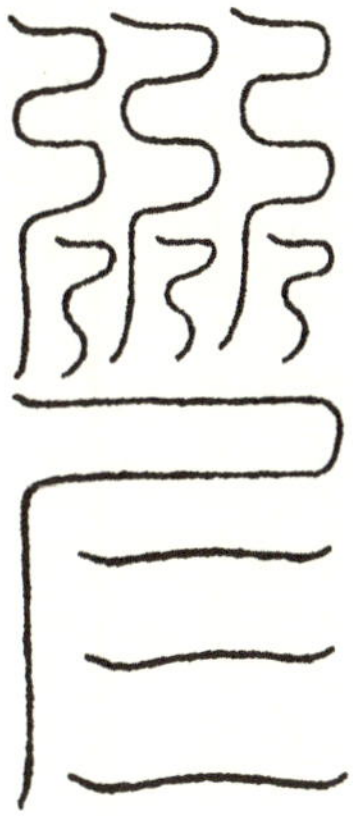

小さな紙に書写した後、焼いて飲むことで、頭痛が癒える。

治眼疾符

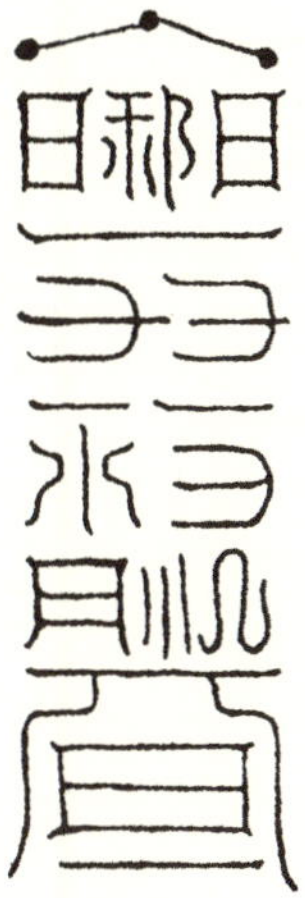

符を清浄な水に浸して、その水で目を洗えば眼の病が癒える。

治耳符

耳が悪いときに、この符を毎日飲めば、次第によくなる。

治耳鳴符

耳鳴りがするときに、この符で耳をなでると治まる。

治口病符

口腔の病を治し、肌を清潔にすることができる。

治五臓符

肝臓・心臓・脾臓・肺臓・腎臓などの五臓の病を癒す。

去五臓病符

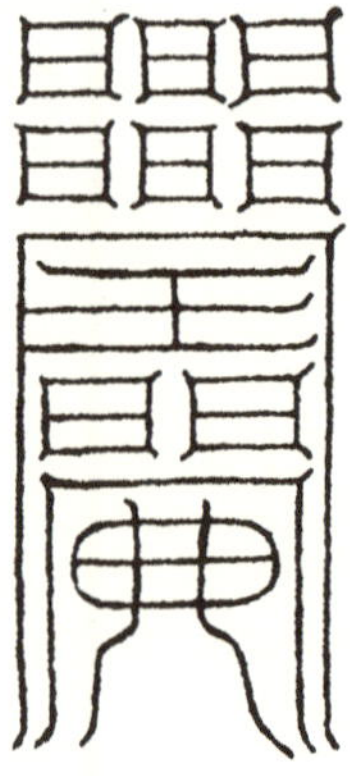

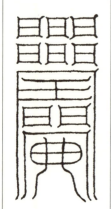

飲むことで、五臓の病を消し去ることができるとされる。

治脾符

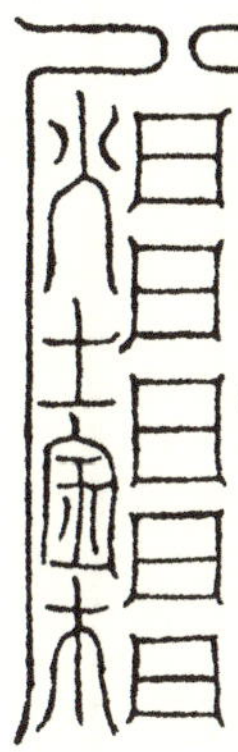

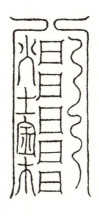

飲むことで脾臓に関係する病を癒す働きがある。

治心病符

心臓を調え、そこで営まれるとされる精神作用の調和を保つ。

安心符

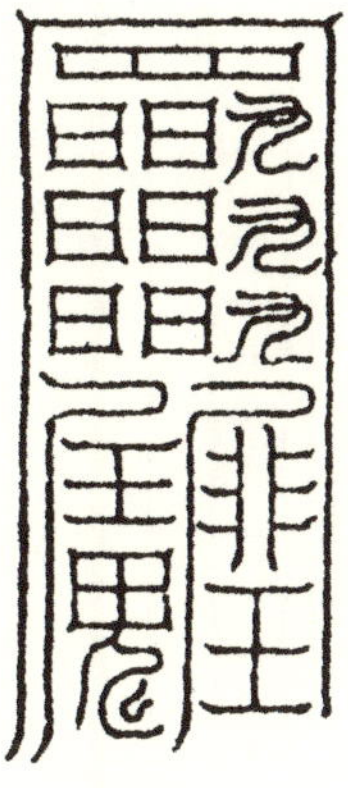

飲むことで心臓の病を癒し、心を安らかに保つ効験がある。

治肝病符

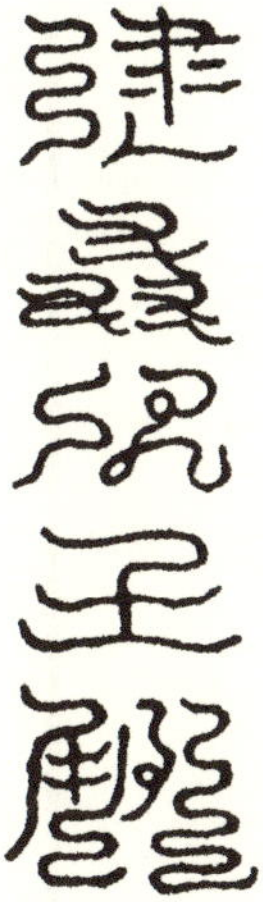

全身に元気と張りを与える作用があるとされる肝臓を調える。

治肺病符

漢方医学で気と魄のもととなるとされる肺臓の働きを調える。

治肺符

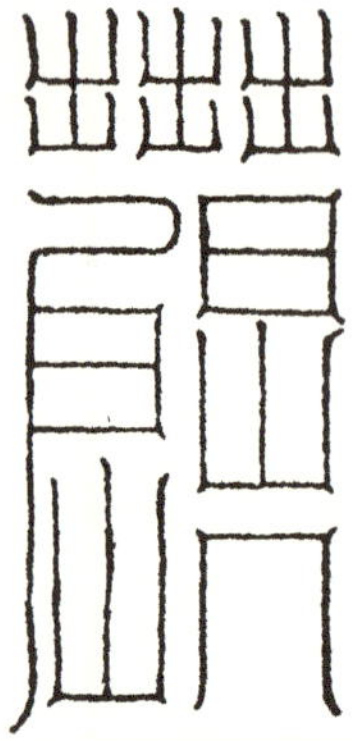

飲むことで肺に関係する病を癒す効験がある。

治腎病符

精力を蓄え、体を引き締める働きがあるとされる腎臓を調える。

治腎符

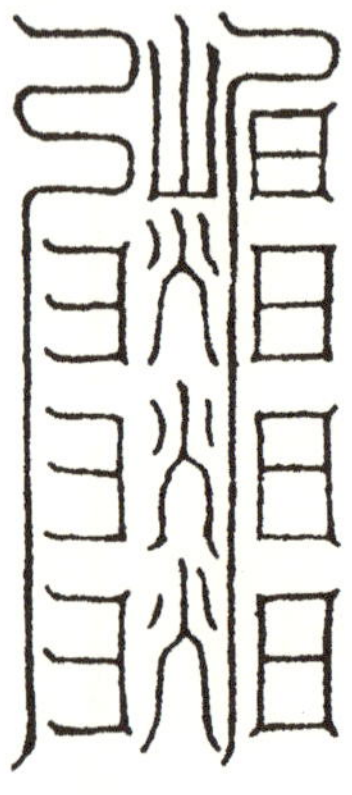

飲むことで腎臓に関係する病を癒す効験がある。

治風疾符

中風にかかった人が飲めば、霊験があるといわれる。

六畜治病符

家畜が病にかかったとき、畜舎に貼れば、病魔が去る。

治六畜疫符

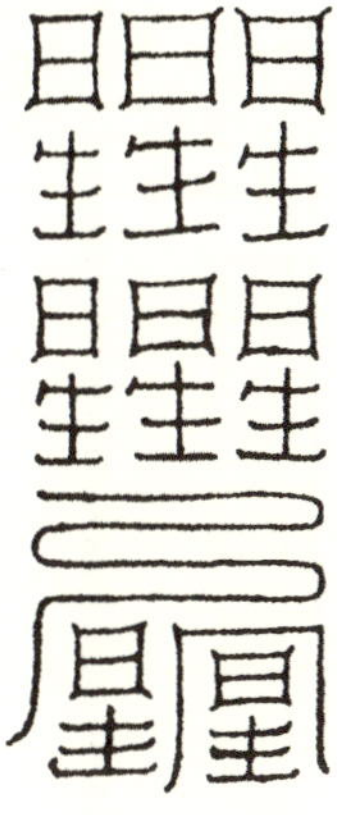

畜舎などに貼ることで、家畜の流行病を治めることができる。

治畜病符

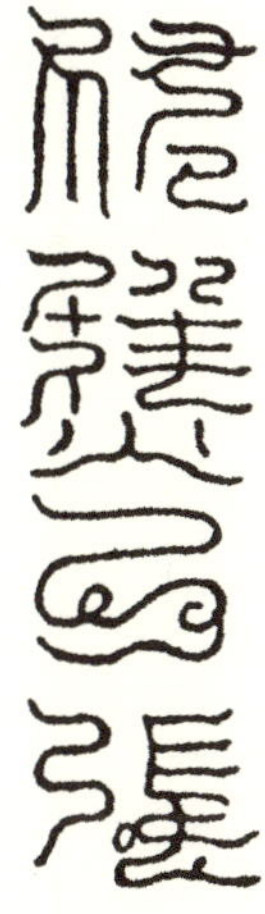

家畜が病になったとき、これで体をなでると、効験がある。

息災の霊符
（災障を除去する霊符）

鎮心符

この符を常に所持すれば、乱れた心を穏やかに鎮められる。

鎮邪心符

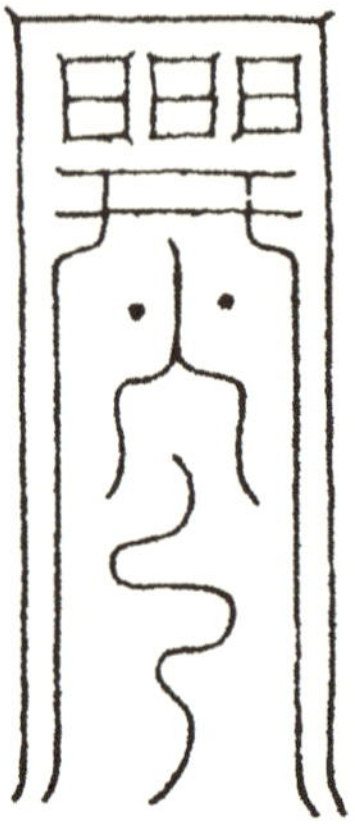

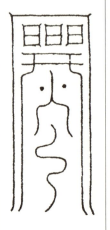

常に所持していれば、心にやましい思いが生じるのを抑える。

免冤罪符

無実の罪を被ったときに用いれば、逃れることができる。

解厄符

除夜に黄紙に墨書して所持すれば、災難を免れる。

治恐怖符

暗闇を怖がる人が所持すれば、恐ろしさが次第になくなる。

鎮宅符

家の各所に貼れば、災いを被らずに、安寧を保てる。

鎮宅符

この符を用いれば、災いを滅し、家を守ることができる。

鎮宅縛鬼符

所持すれば、家の災いを防ぎ、霊鬼を封じることができる。

鎮宅安寧符

家内に貼って家相の悪い部分を除き、邪気の侵入を防ぐ。

富貴符

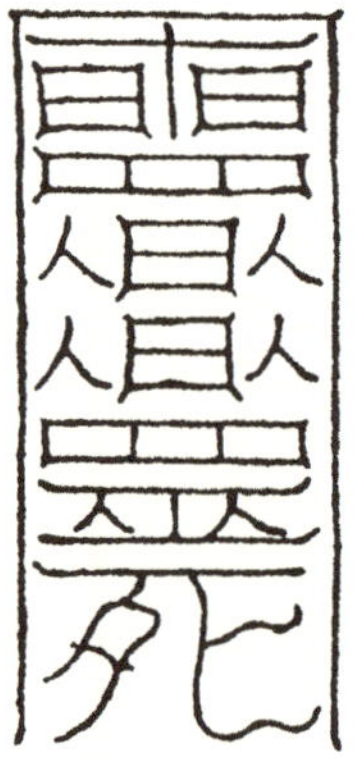

家の中に貼れば自然と富が集まり災いを被ることもなくなる。

鎮家鳴符

家の中で怪しげな鳴動や物音がするとき、柱に貼れば鎮まる。

鎮古宅符

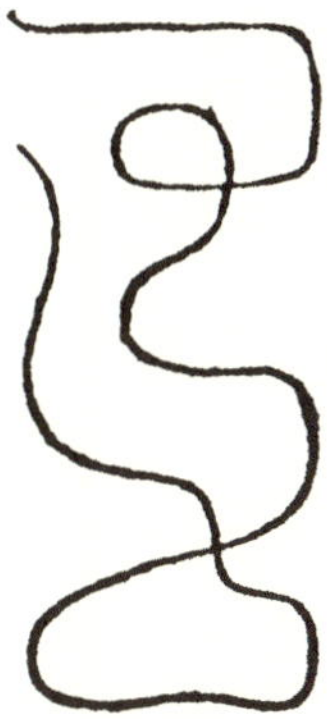

この符を祀ることによって、古い家に生じがちな災いを防ぐ。

鎮墓災符

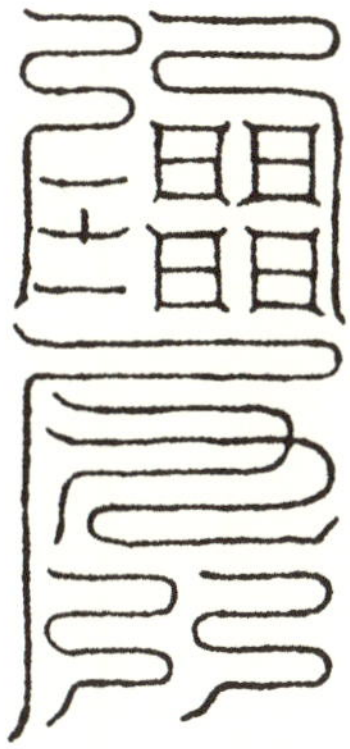

墓地に埋めておけば、墓がもたらす災いを鎮めることができる。

鎮大災符

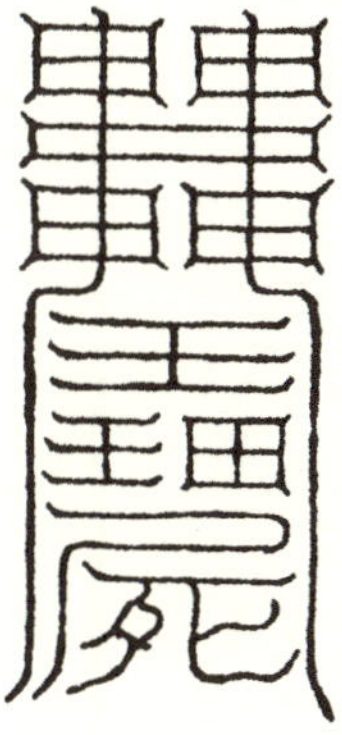

この符を祀れば、災害が起こるのを防ぎ、また被害を減らす。

鎮凶災符

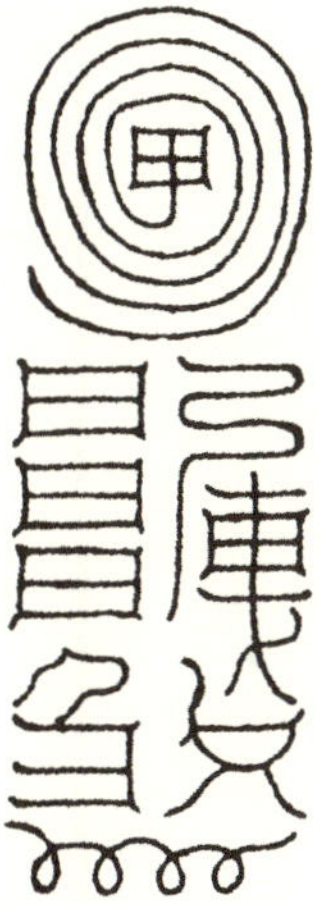

災難にあいそうなときに部屋に貼ったり、所持すれば免れる。

鎮火災符

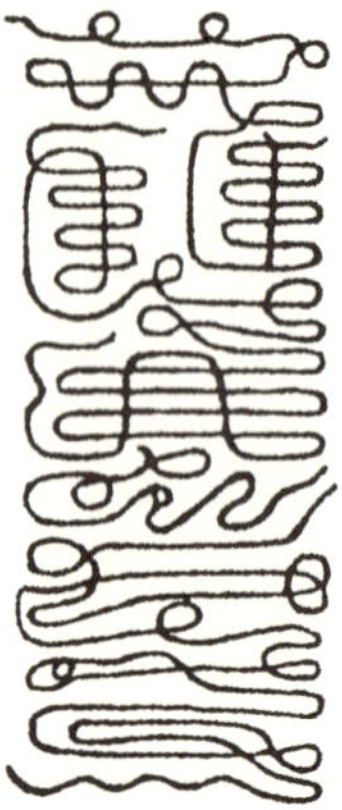

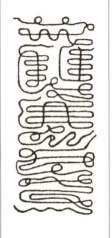

家にこの符を貼っておくことで、火災を避けることができる。

鎮火符

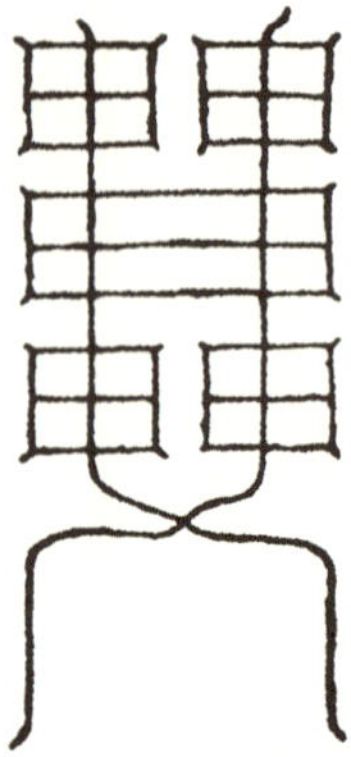

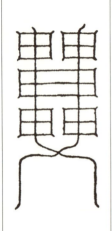

家に貼れば火災を防ぎ、また火に投げ入れれば、鎮火する。

鎮大水符

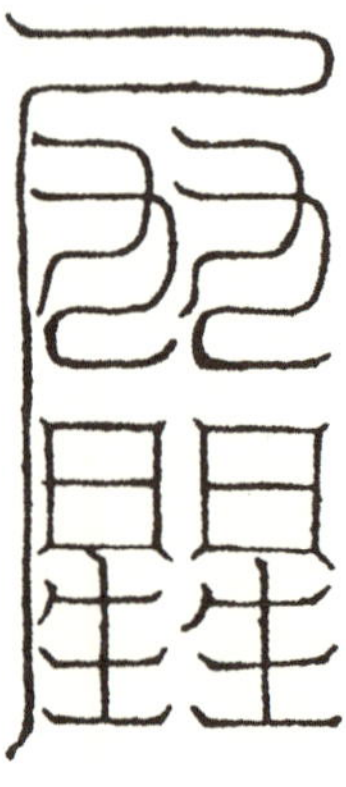

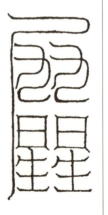

この符を祀れば、大水が起こるのを防ぎ、また被害を減らせる。

防盗賊符

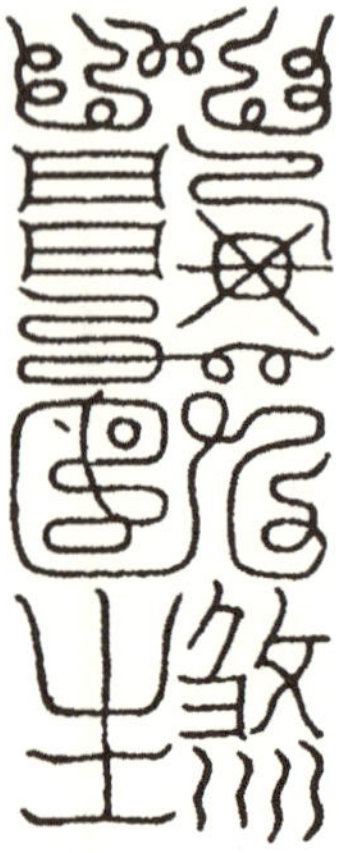

家の柱に貼っておけば、盗賊に侵入されるなどの害を防げる。

防強盗符

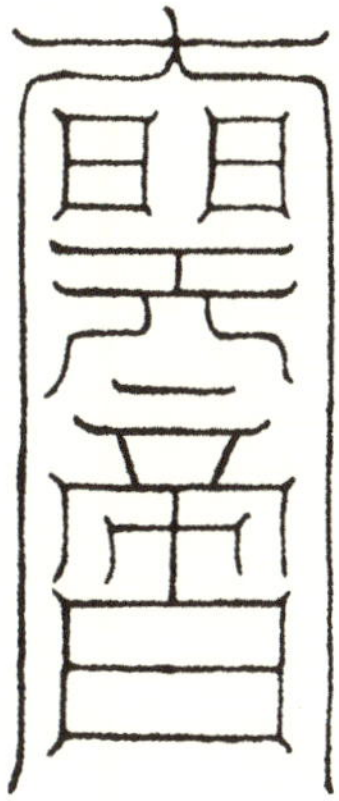

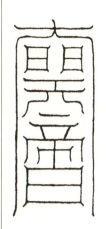

家や店のどこかに貼っておけば、強盗に入られるのを防ぐ。

除本命星殺符

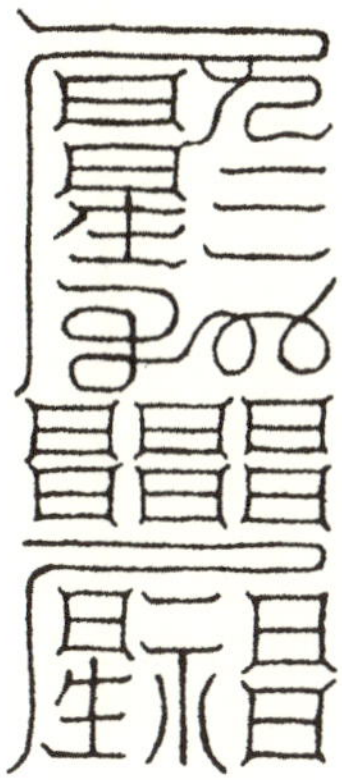

本命星殺と出たときに用いれば、あらゆる災いを避けられる。

治祖先符

この符を燃やすことで、先祖が家にもたらす災いを防げる。

治堕胎符

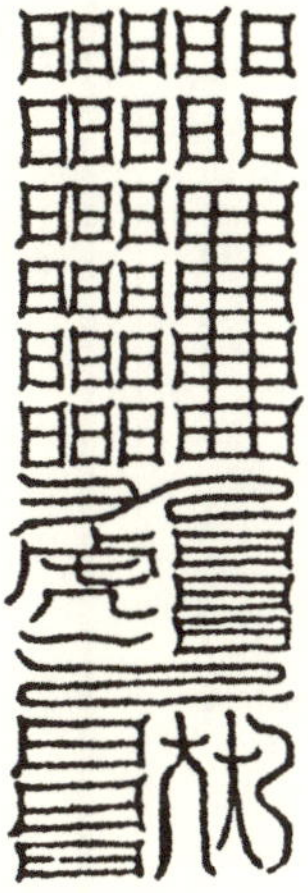

堕胎した場合などに身につけて、母体が被る災いを避ける。

解厄誕生符

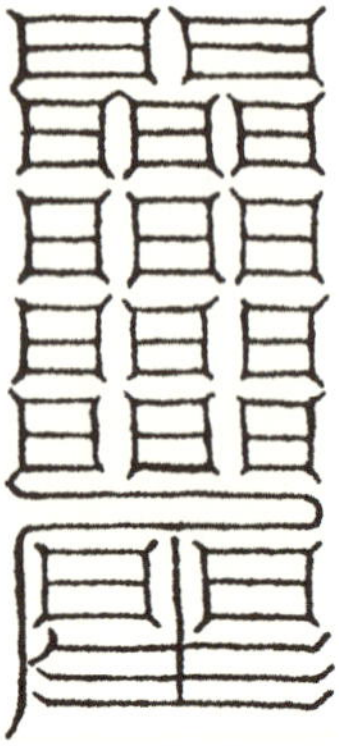

所持すれば、子供の誕生時に生じる災厄を防ぐことができる。

免産難符

枕元に置くか、身につけておくと、難産を防ぐことができる。

鎮夜泣符

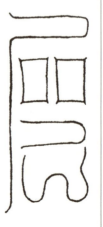

赤子の夜泣きがひどいとき、その子の枕元に置くと治まる。

鎮刀兵符

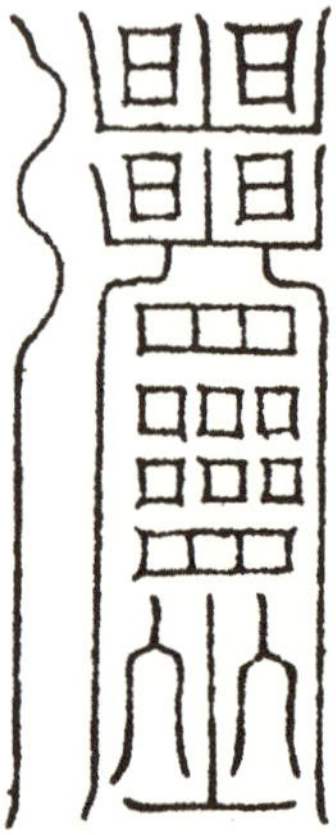

所持すれば、喧嘩などに遭遇したとき刃物による害を防げる。

無邪夢符

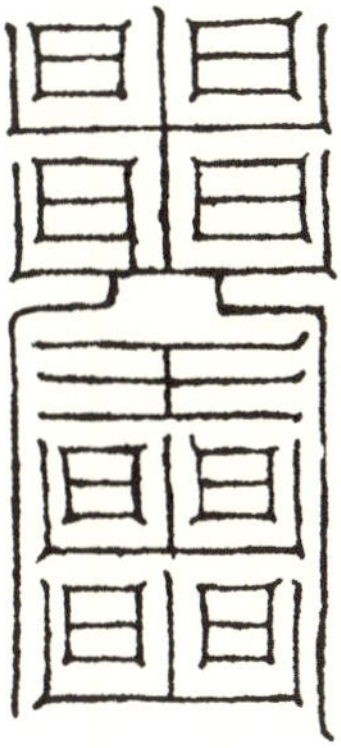

悪夢に悩んでいるときに身につければ、安眠が約束される。

旅行安全符

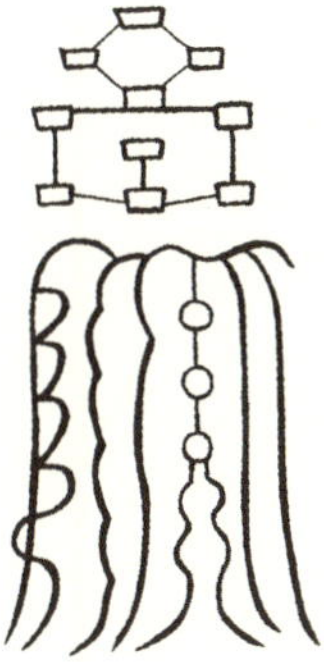

白紙に墨書して所持すれば、災いを被らずに旅行が楽しめる。

祈晴符

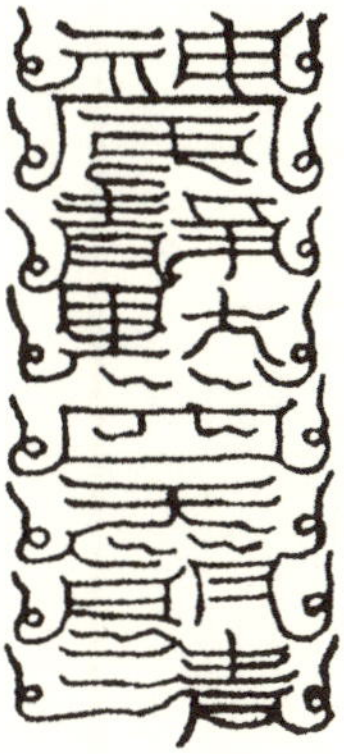

晴れて欲しいときに家の外壁に貼ると、効験が期待できる。

辟虎狼符

入山時に所持すれば、虎狼などの野獣を避けることができる。

殺狐狸符

符を地面に埋めれば、害をもたらす狐や狸がたちまち消滅する。

鎮虎狼符

所持すれば、山中で虎狼などの猛獣に出会う危険がなくなる。

治水怪符

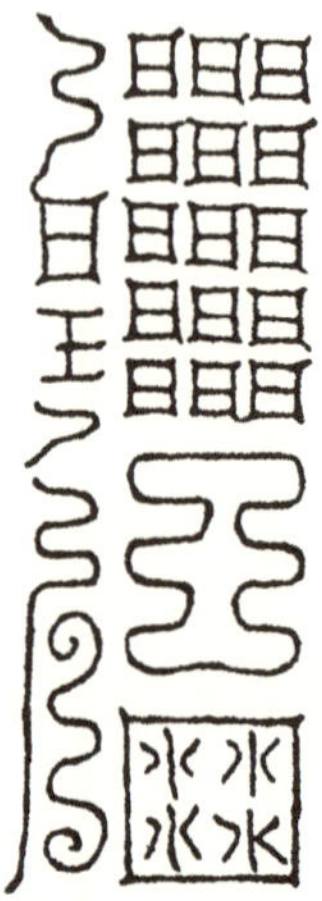

所持すれば、海や河川、湖沼の水の妖怪に襲われずにすむ。

治釜鳴符

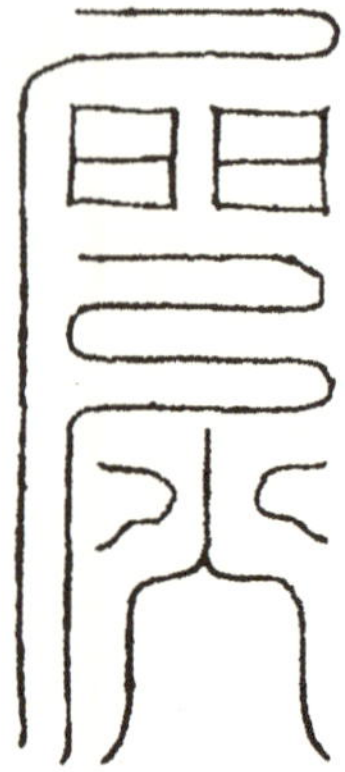

御飯を炊く釜から出る大きな音を抑えることができる。

招福の霊符

（長寿・福徳繁栄の霊符）

所願成就符

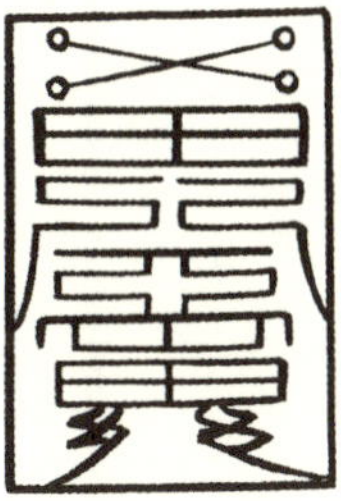

所持していれば、心中で常に思い続けていることがかなう。

必願符

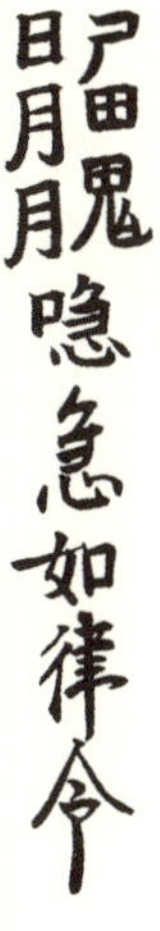

願い事がかなうことを念じて書写し、所持すれば実現する。

如意符

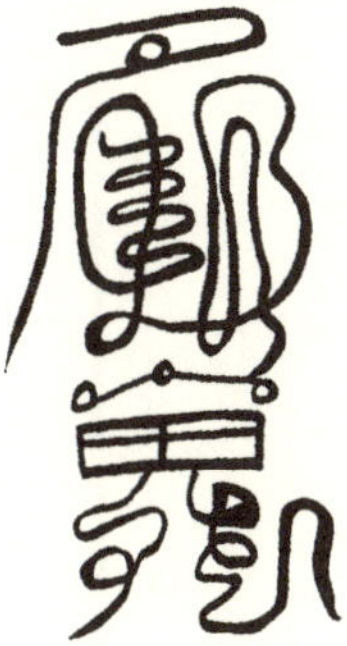

常に身につけていると、あらゆることが思いのままになる。

通天符

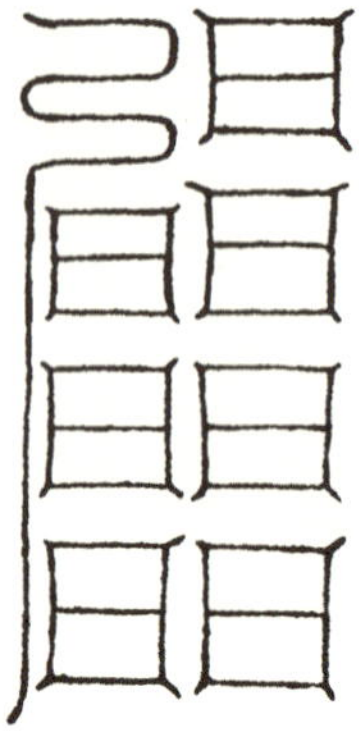

身につけて祈れば、その祈りがすべて天に通じてかなう。

鎮宅霊符神

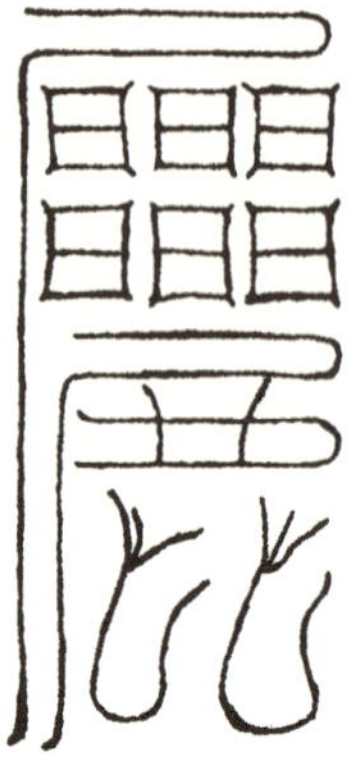

身につけると心が澄みわたり、常に安寧を得ることができる。

祐宅護身符

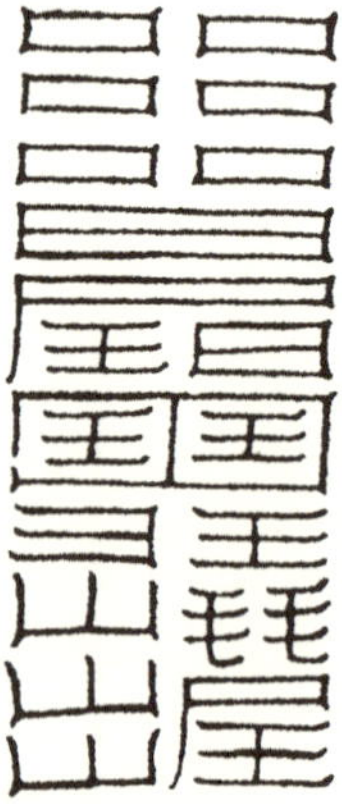

家の中に貼ったり、身につけると、神仏の助けを得られる。

清神符

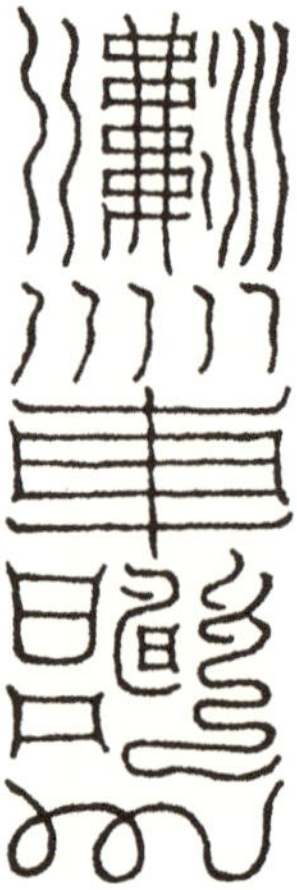

この符を飲めば、精神が清らかになり、気が充実してくる。

強精神符

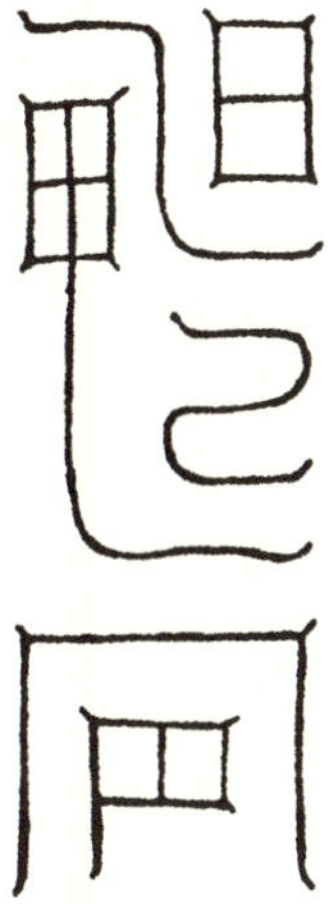

この符を身につけると、人の精と神を強化することができる。

軽挙符

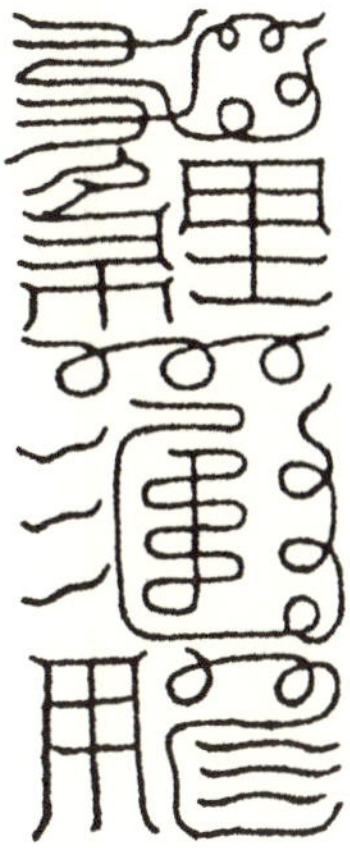

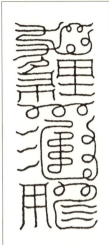

この符を書写して飲むと、一年後には体が軽く、敏捷になる。

得智恵符

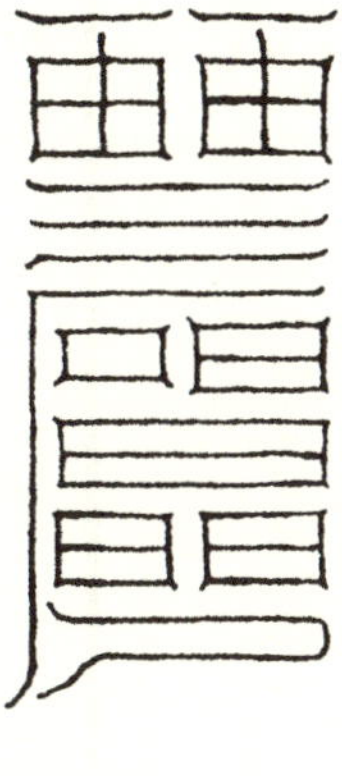

常に身につけていることで、様々な智恵を得ることができる。

神霊符

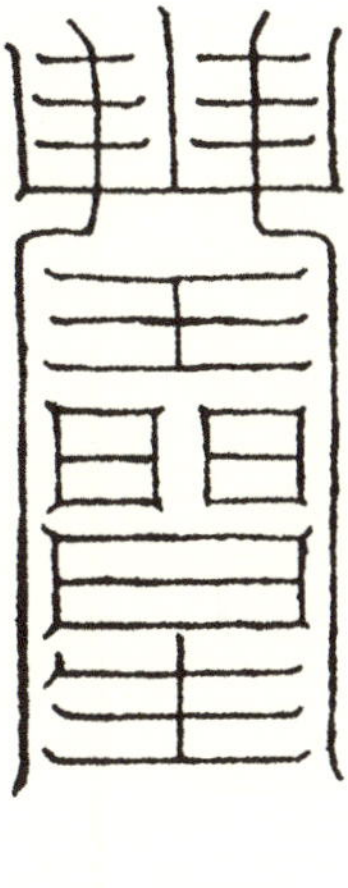

身につけていると、不思議な智恵が湧き出てくるようになる。

聡明符

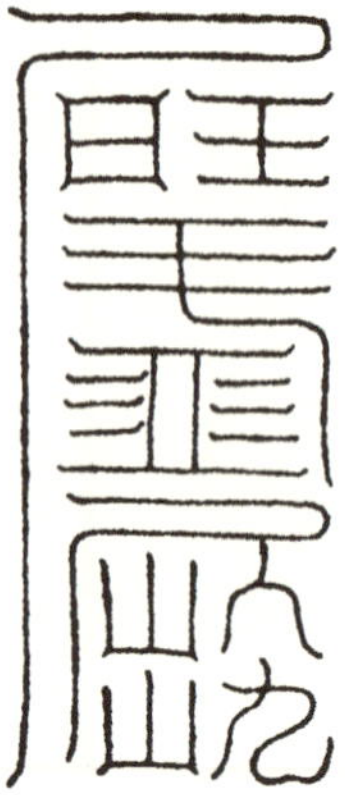

この符を水に浮かべ、その水で耳目を洗えば、聡明になれる。

聡明符

常に身につけていれば、自然と聡明になってくる。

聡明延寿符

所持すると聡明となり、なおかつ寿命を延ばすことができる。

耳目聡明符

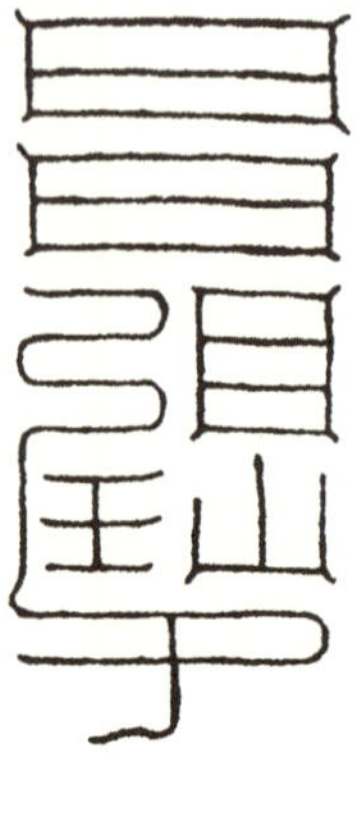

常に所持することで、自然と耳目が聡明となる。

護身安胎符

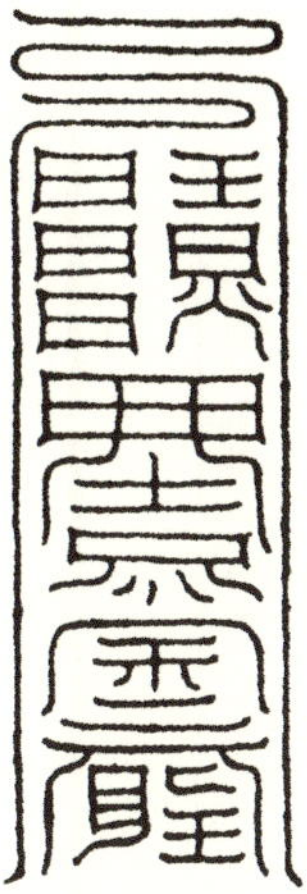

この符を所持することで、心身を健康に保つことができる。

不死符

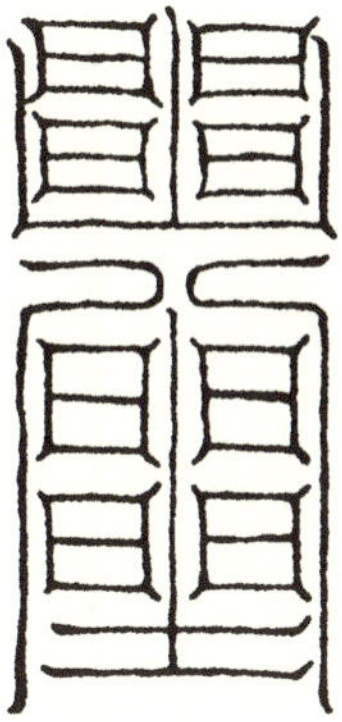

この霊符を飲み、また常に携帯すると不死の道を得られる。

護形符

この符を書写して持てば、決して死なない体になれるという。

延寿却災符

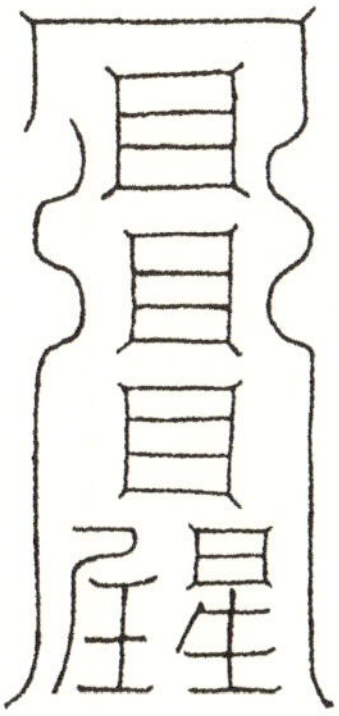

所持すると寿命を延ばし、多くの災いを退けることができる。

招九霊符

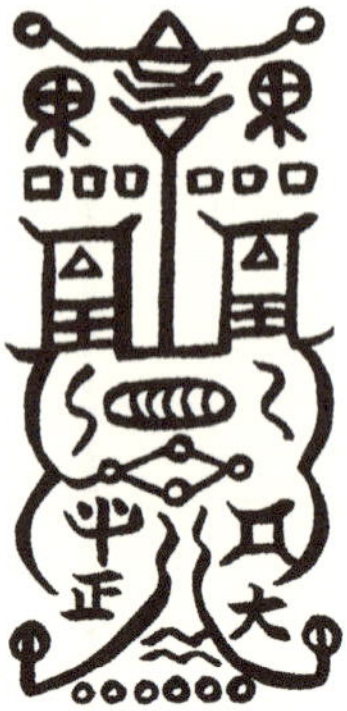

所持すれば天生神など九霊神の守護を受けられ長生きできる。

長寿符

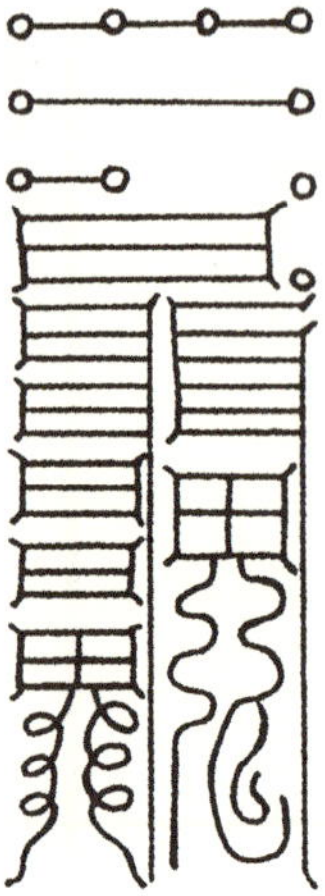

所持すれば長生が可能となりすべての願望がかなうとされる。

保命符

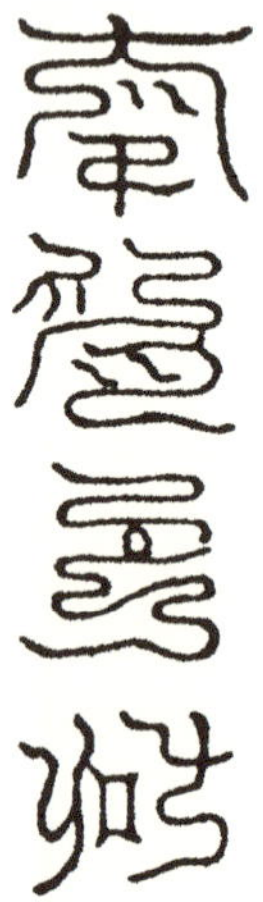

この符を所持すれば、天から授かった命をより長く保てる。

保命延年符

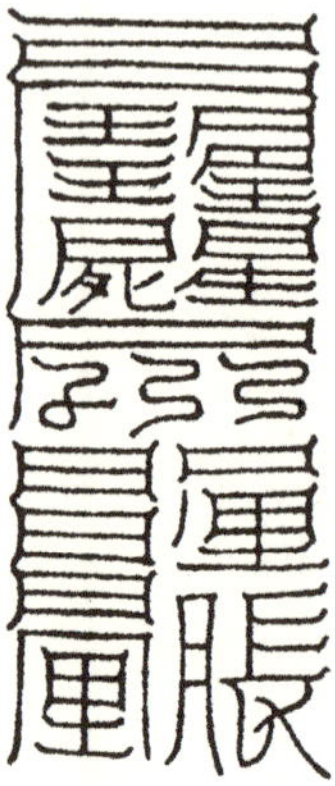

所持することによって命を保ち、寿命を延ばすことができる。

延年符

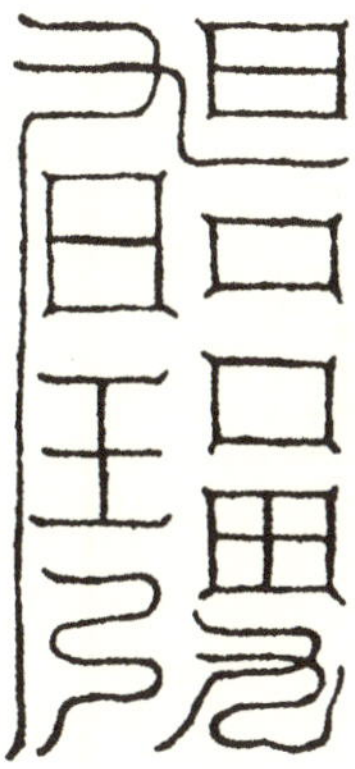

常に所持していれば、寿命を延長することができる。

延年符

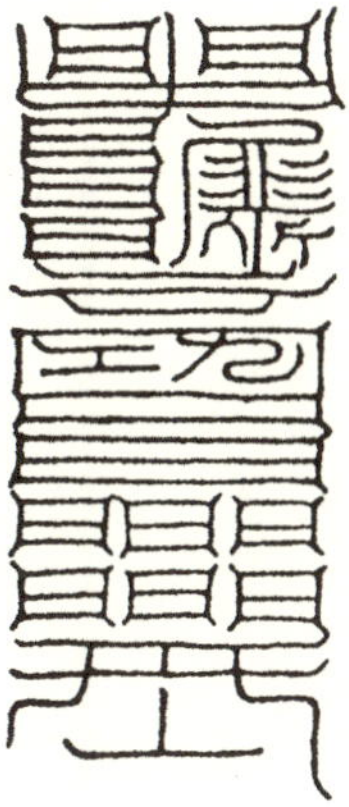

所持すれば調整が可能になり、優れた子孫を得る。

子孫繁盛符

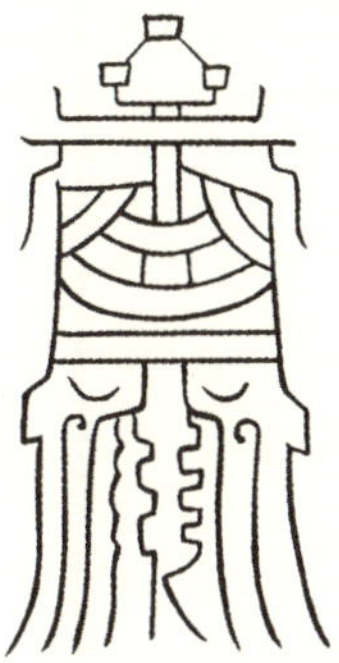

白紙に墨書し家に祀れば、子孫繁栄、家運長久が約束される。

子孫繁栄符

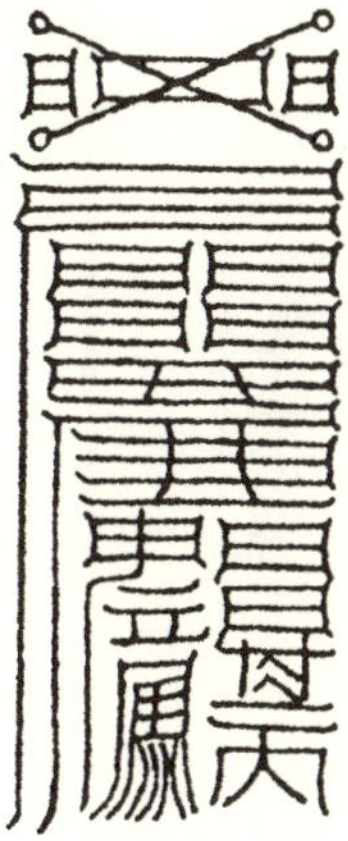

この符を家内に祀ると、子孫が繁栄し寿命が延びる。

子孫繁栄符

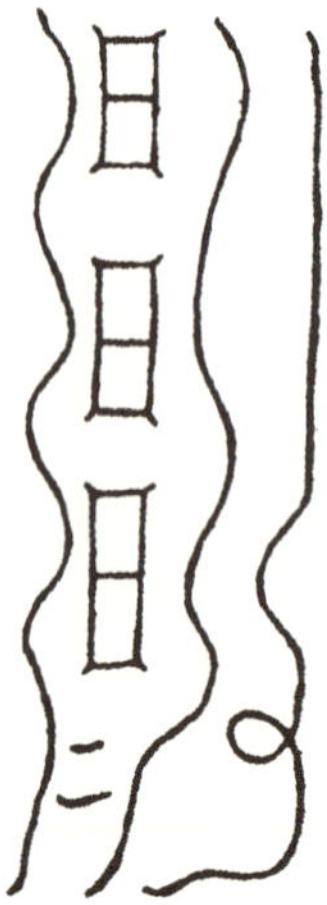

この符を祀ると家が災いを被ることもなく、子孫が繁栄する。

求子孫符

子孫を残したいと思うときに所持すると、願いがかなうという。

治多患符

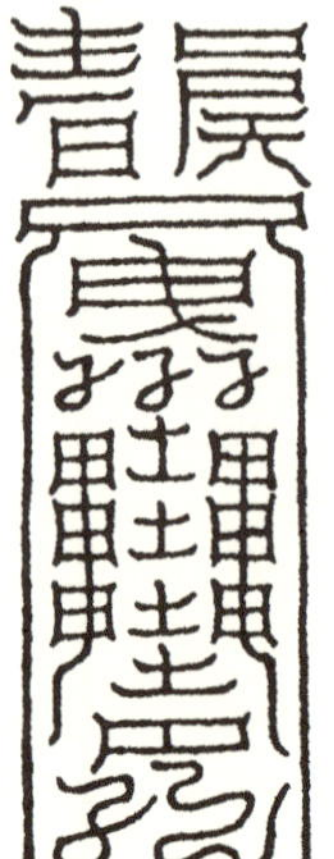

家内に祀っておけば、子孫に様々な病気が起こるのを防ぐ。

治不孝符

この符を祀ることによって、子孫が不孝を犯さずにすむ。

生貴子符

薄い小さな紙に書いて飲めば、優れた子供を得る。

求嗣子符

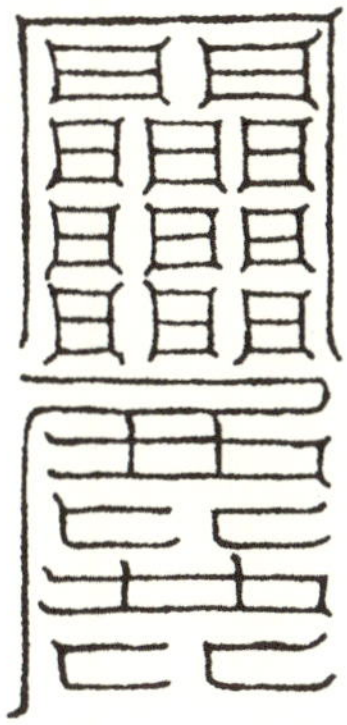

家を継ぐ子供が欲しいときに所持していれば、子が授かる。

家運隆昌符

この符を常に身につけていれば、家運は自然と上向いていく。

家内安全符

白紙に墨書して家に祀れば、家内は穏やかで安全となる。

利財符

家に祀ったり、財布に入れておくことで、自然に財産が増える。

得財物符

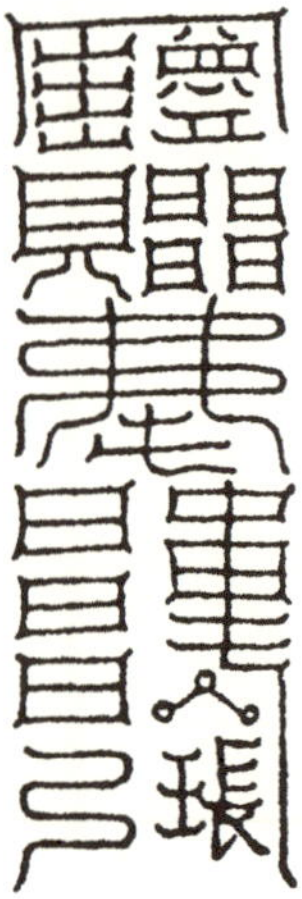

この符を家に貼っておけば、思わぬことから財物が手に入る。

招財符

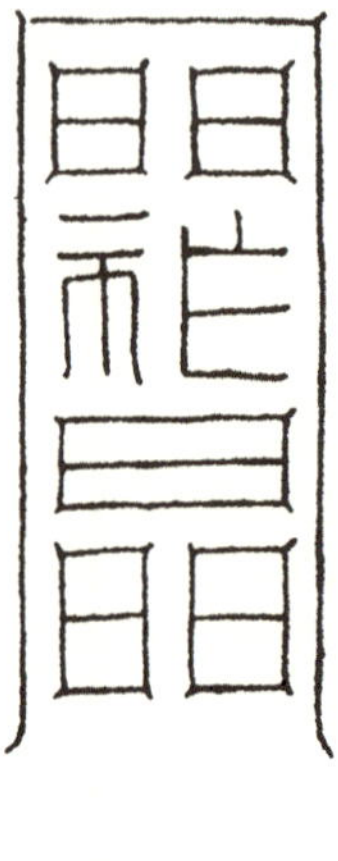

この符を家に貼るか、所持していれば、自然と財産が増える。

財宝符

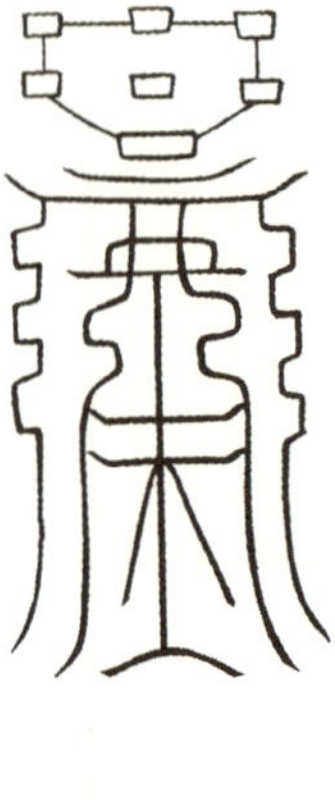

この符を所持すれば、金銀財宝が家に満ちるといわれる。

防財耗符

家の中に貼るか、常に所持すると、財産が減るのを防げる。

治財符

家中に祀ると、家の財産が減少するのを防ぐことができる。

防破産符

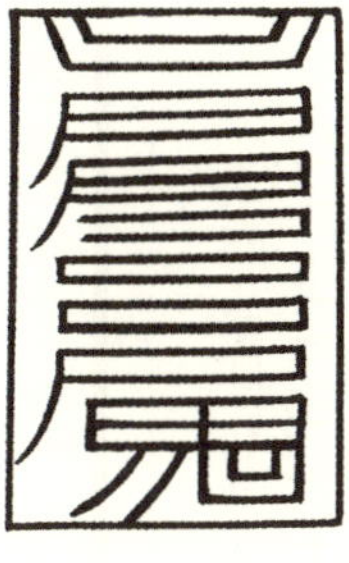

破産の兆しがあるときに所持すれば、それを防御できる。

食祿符

所持すれば、給料や収入などが少なくて困ることがなくなる。

治学道符

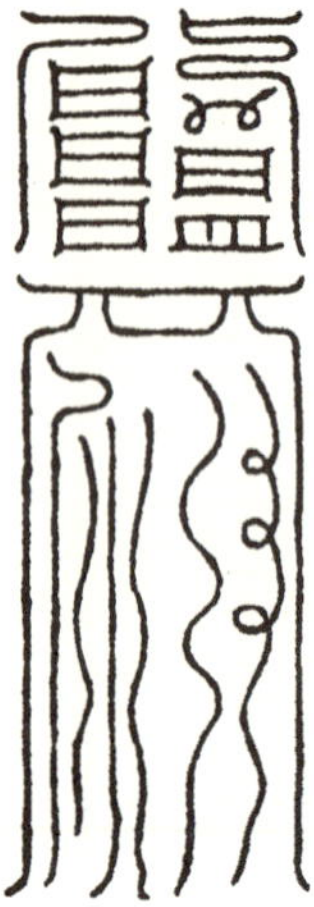

家に祀ったり、所持すれば、各種の学問や諸道を習得できる。

学業成就符

常に所持することで成績が上がり、試験にも合格できる。

入試合格符

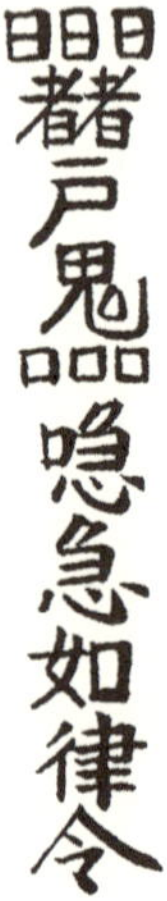

守袋などに入れて入学試験のときに所持すれば、合格できる。

立身出世符

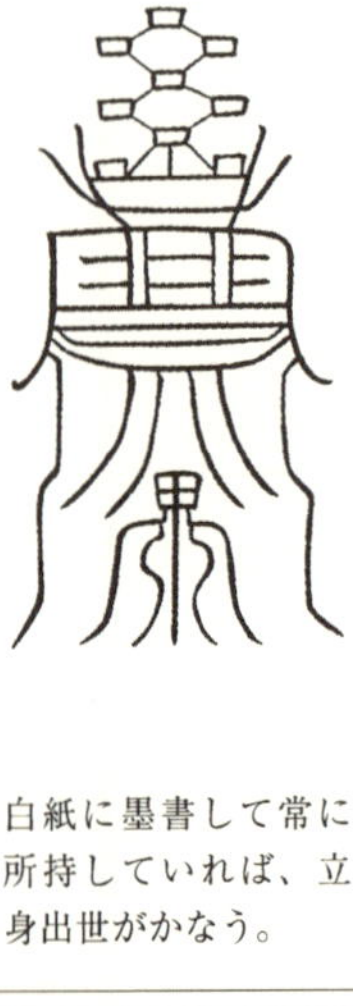

白紙に墨書して常に所持していれば、立身出世がかなう。

求官符

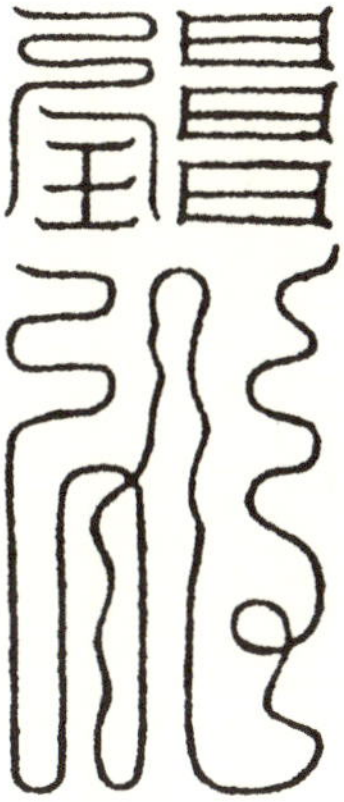

官職につきたいときに身につけていれば、願いがかなう。

美肌符

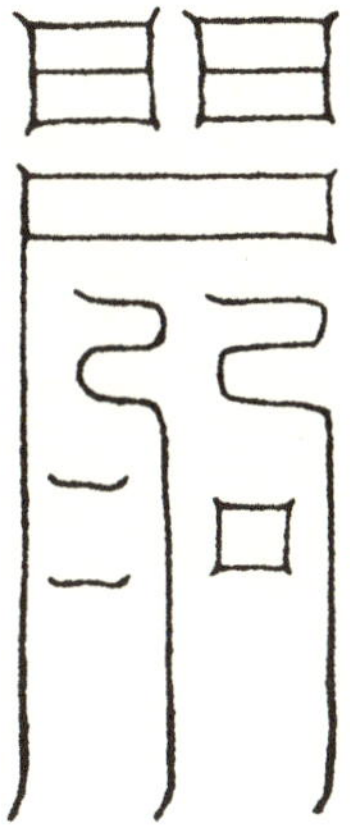

飲めば、荒れてざらついた肌がきめ細かく、美しくなる。

休食符

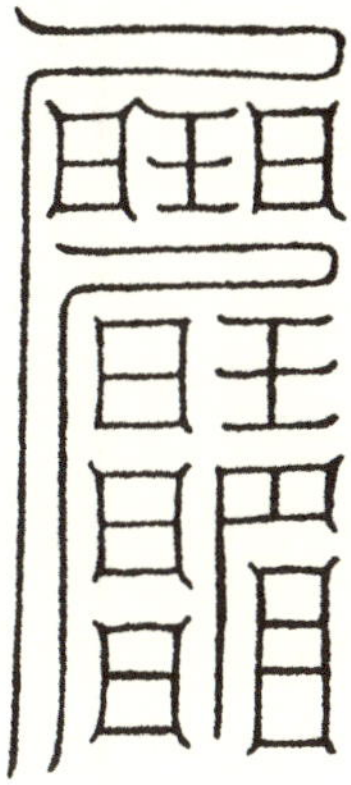

長期間飲み続けると、食事の量を減らしても健康に過ごせる。

換骨符

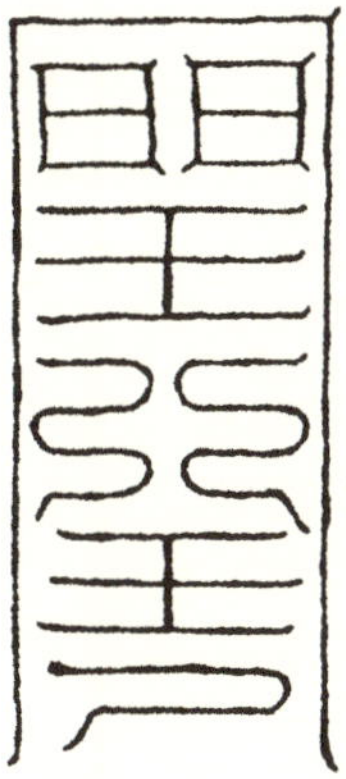

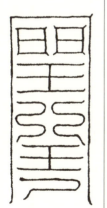

長期間飲むことで、凡骨を仙骨に変えることができるという。

破邪の霊符

（魔障を祓う霊符）

禁神鬼符

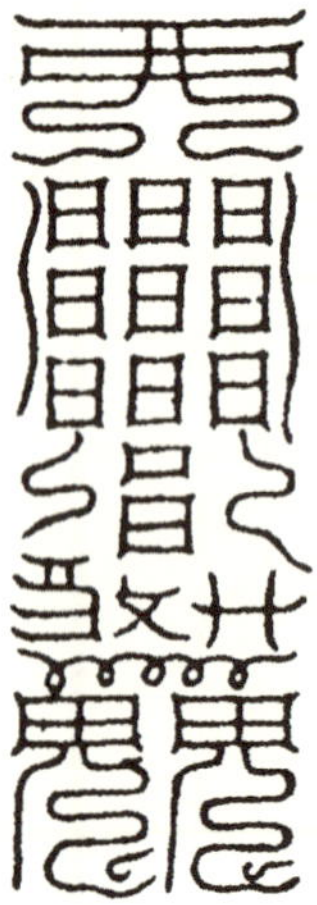

家内に潜む悪神や霊鬼を封じ、家の安泰を保つことができる。

鎮亡者符

成仏できない霊がいる場合、この符を祀れば、往生する。

鎮禁呪符

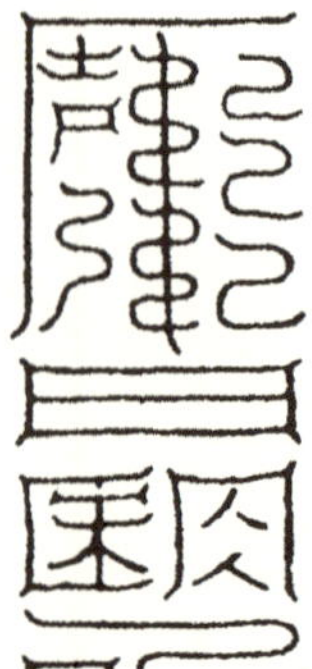

他人の呪法を抑え鎮めて、呪いが降りかからないようにする。

避悪鬼符

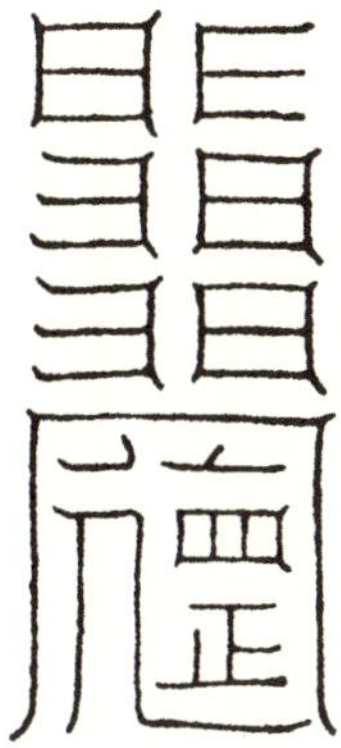

死んだ人間の霊、人に祟る魔物などを避けることができる。

解呪咀符

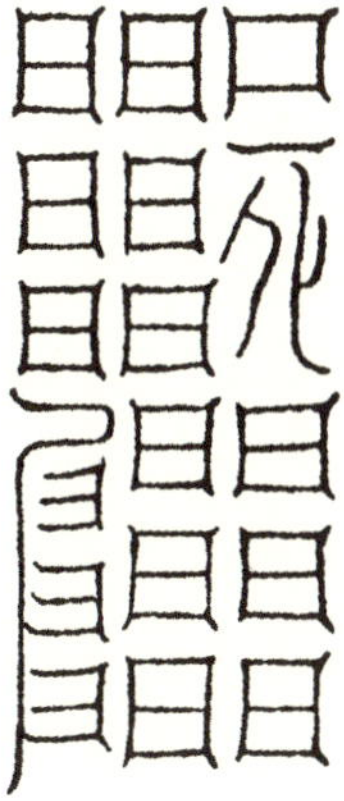

人から呪われていると感じたときに身につけ、呪詛を避ける。

制幽鬼符

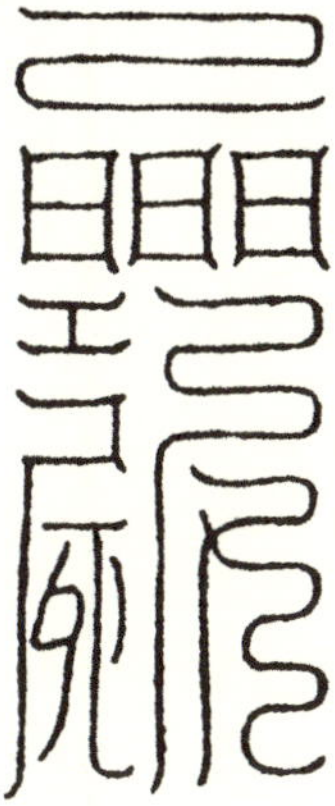

幽霊などに祟られたときに所持すれば、祟りが消える。

除尸蟲符

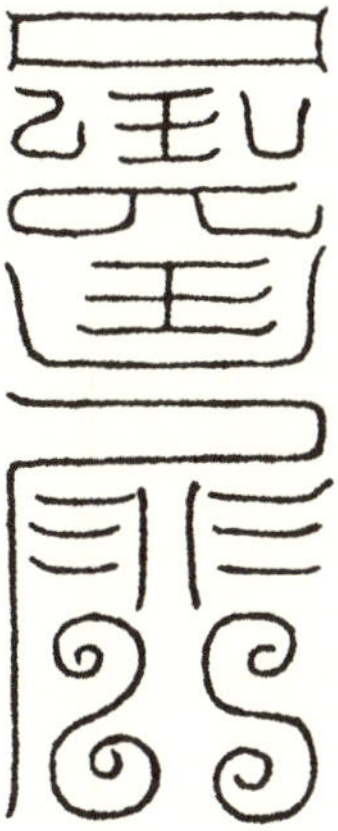

申の刻に井戸水で服用すると三尸九蟲を除去できる。

去三尸九蟲符

午の刻に井戸水で服用すると三尸九蟲を除去できる。

去尸蟲符

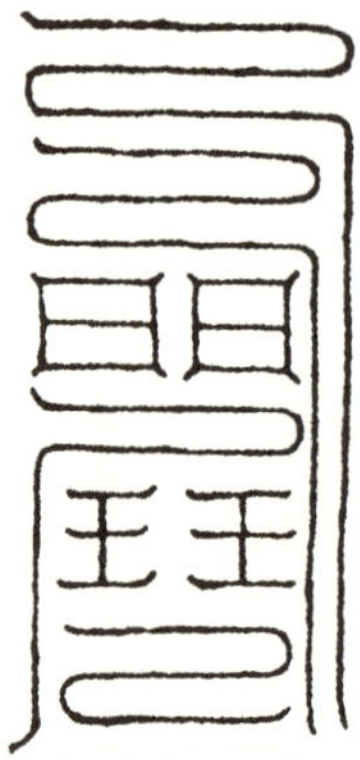

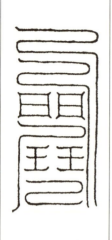

身にぴったりつけていれば、三尸九蟲が体内から去っていく。

去蟲符

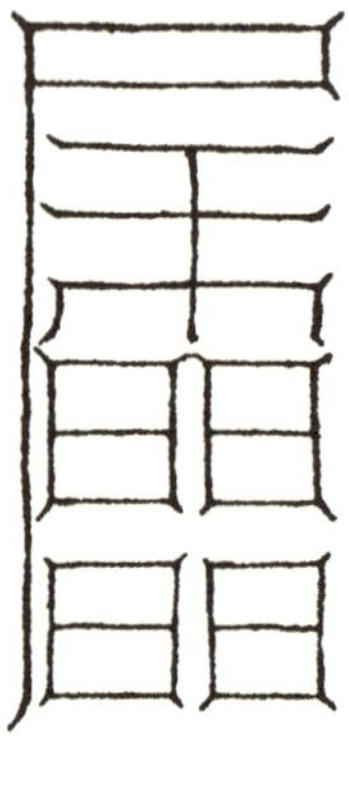

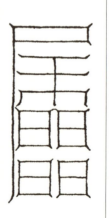

飲むと、体内の害をおよぼす蟲を除去することができる。

治九蟲符

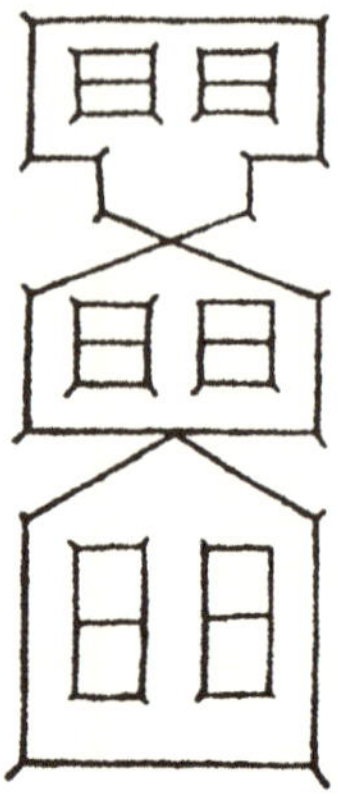

飲むと、体内の九蟲がもたらす災いを治めることができる。

却悪星符

携帯することで、悪い星の影響を避けることができる。

勝敵符

所持していれば、勝負事や仕事上の敵に勝つことができる。

鎮山精符

入山時に所持すれば、山の神や精霊による障碍を避けられる。

禳水鬼符

飲めば、水辺や水中で災いをもたらす精霊を除去できる。

禳山鬼符

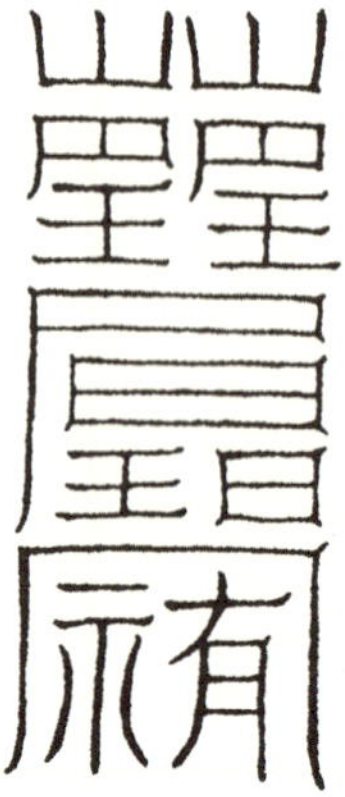

山に災いをもたらす精霊を祓うことができる。

鎮鬼符

家に祀っておけば、神や人間の祟りによる害を防御できる。

治鬼火符

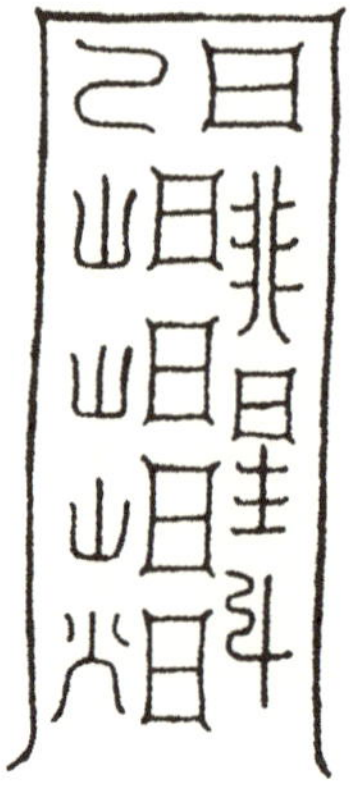

青白く怪しい鬼火を見かけたような場合、家の門などに貼る。

治鬼符

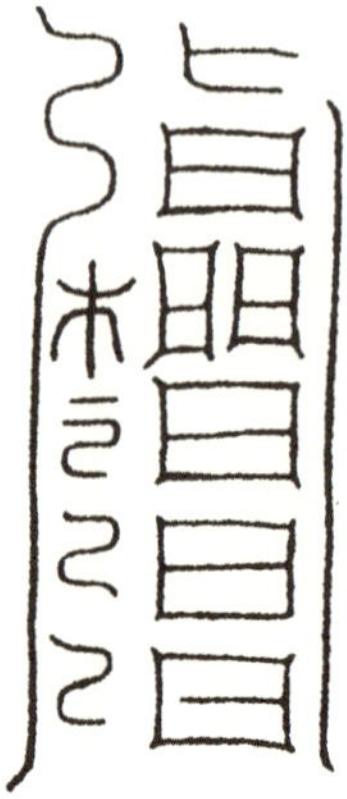

人間の幽霊が出没するとき、家のどこかに貼ると治まる。

治水鬼符

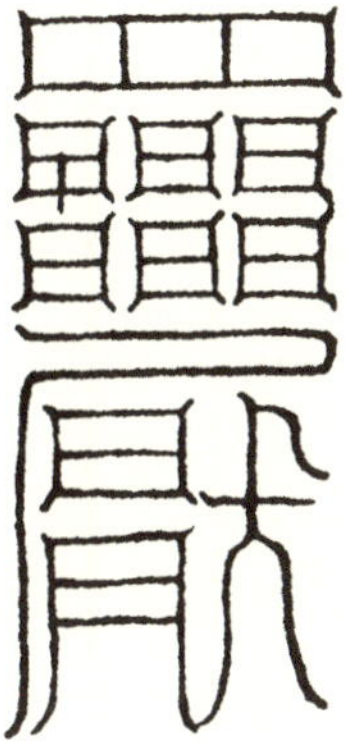

水の中に住み、人に害を与える妖鬼を制御することができる。

治山精符

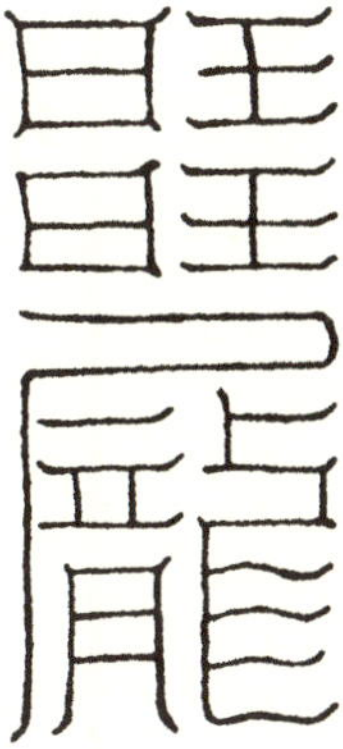

山中にいて、人に災いをもたらす精霊を制御できる。

縛鬼符

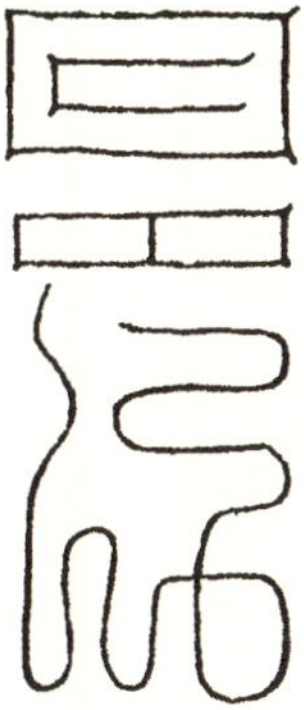

野外に出たとき、大地に棒でこの符を書けば地の鬼を縛れる。

辟邪鬼符

所持すれば、人心を迷わす魔物を避けることができる。

護身符

黄色の紙に朱書し燃やせば、魔から身を守ることができる。

斬妖符

黄色の紙に朱書し燃やせば、妖魔を切り祓うことができる。

防百邪符

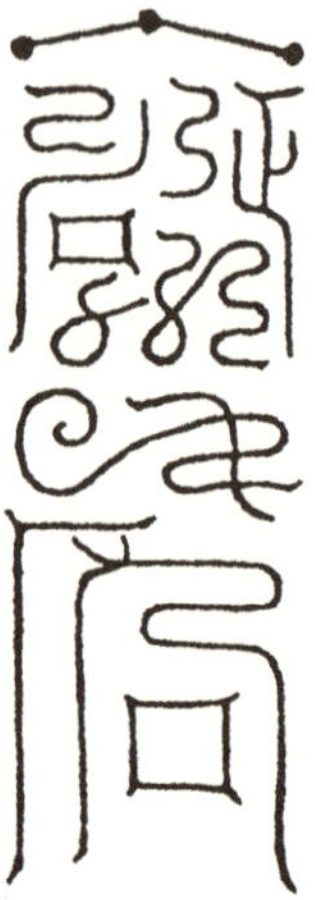

常に所持することで、あらゆる邪悪なものを防ぐことができる。

制魔符

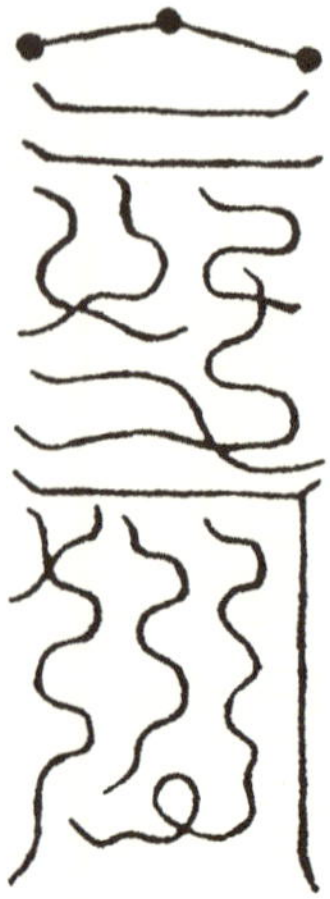

所持することによって、魔的な存在を制御することができる。

破邪符

所持することによって、あらゆる邪悪な存在を駆逐できる。

除妾符

妾や愛人を除きたいときに祀って祈れば、願いがかなう。

滅魔去邪符

この符を祀れば、妖魔を退け防ぐことができる。

鎮八方鬼符

八方に潜む死霊を鎮め、あるいは退治することができる。

敬愛の霊符

（和合・親睦の霊符）

和合符

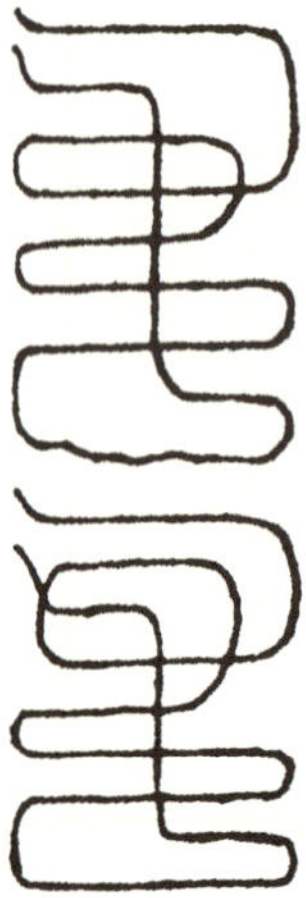

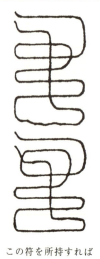

この符を所持すれば人と和合し、財物を得ることができる。

和合符

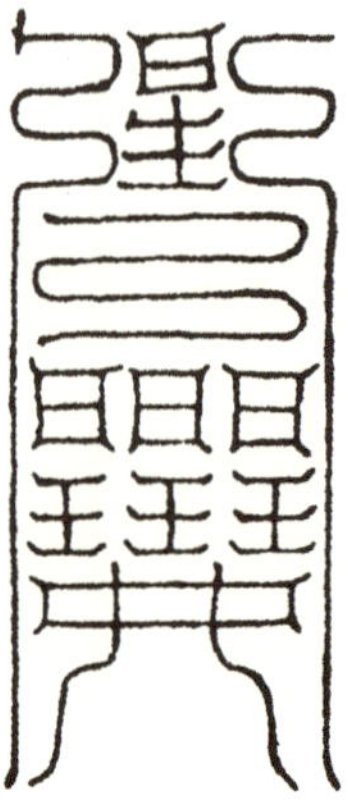

身につけていれば、人と打ちとけて仲よくすることができる。

男女和合符

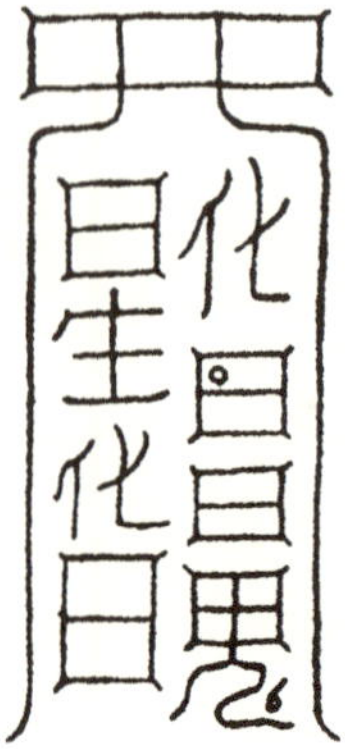

この符を常に身につけていると、異性運に恵まれる。

恋愛成就符

思う相手を念じながら書写し、所持すればは恋がかなう。

良縁符

常に携帯することによって、やがて良縁を得ることができる。

相思相愛符

男女の姓名、生年月日を記して所持すれば、相思相愛になる。

愛情符

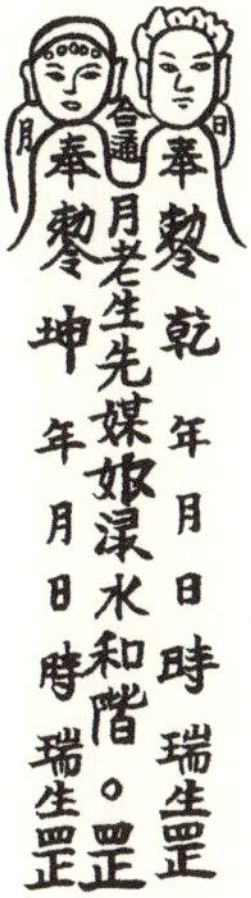

男女の生年月日を記して所持すれば、気持ちが一つとなる。

夫婦和合符

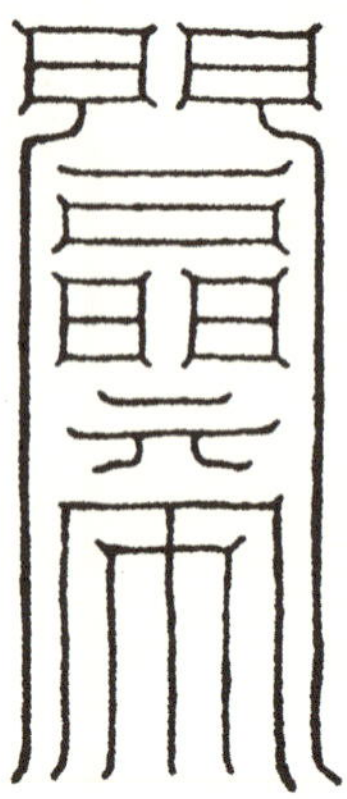

二枚書いてそれぞれが持つか、家に祀ると夫婦が和合する。

治嫉妬符

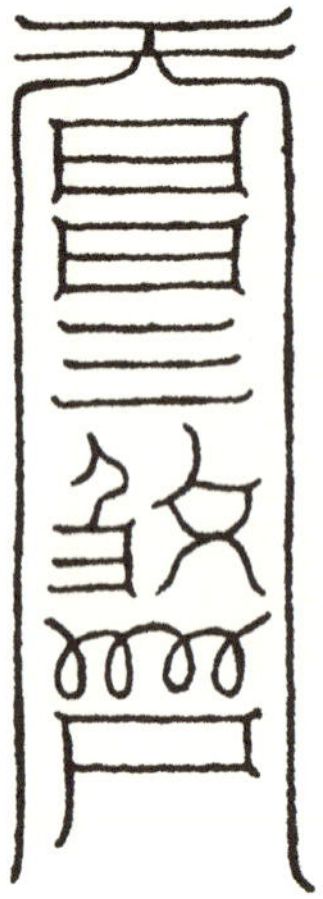

嫉妬心の強い夫や妻に所持させると、心が安らかになれる。

治命剋符

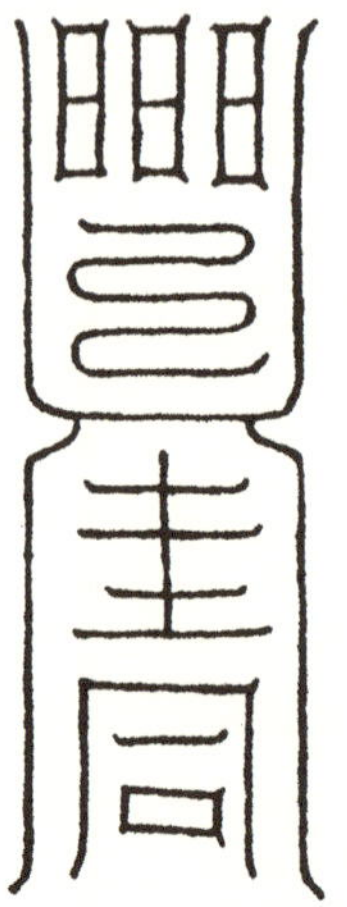

占いの結果で夫婦の相性が悪い場合、祀ると吉に転じる。

夫婦偕老符

二枚書写し、ずっと連れ添いたい夫婦がそれぞれ所持する。

家族和合符

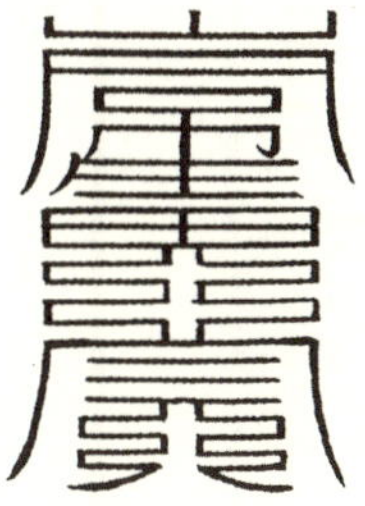

家に祀っておくと、夫婦親子がともに仲むつまじく過ごせる。

接大人符

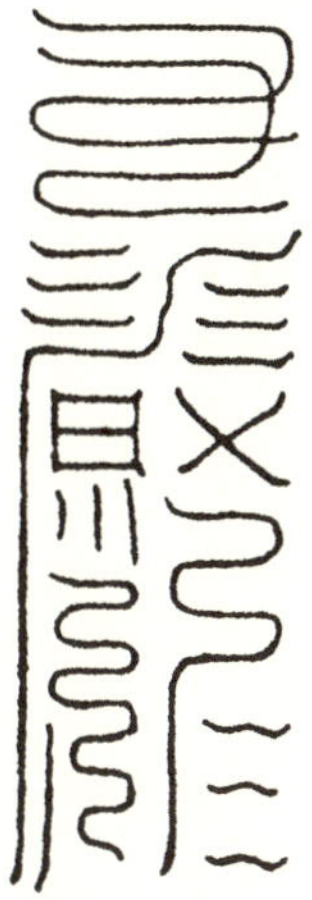

人格者や目上の人に面接するときに所持すれば、吉を得る。

見大人符

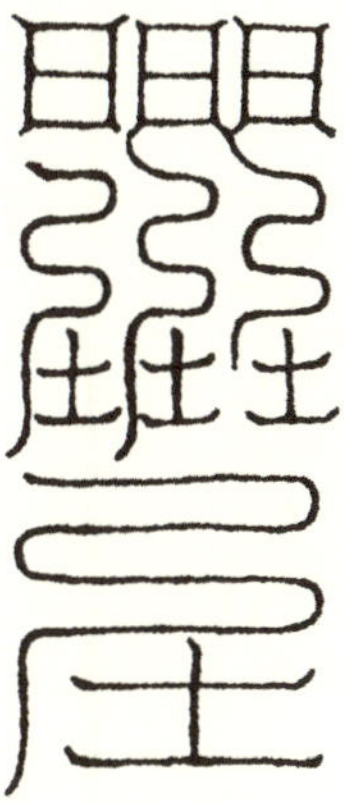

人格者や目上の人に接するとき、身につけると、吉を招く。

和合安心符

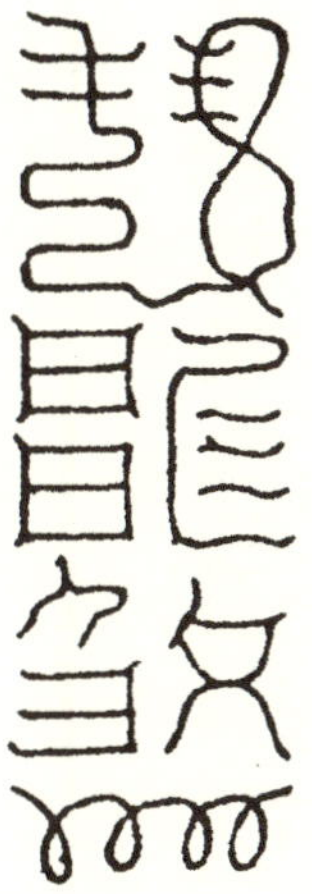

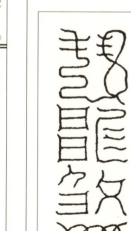

これを持てば、一切と和合し精神を安寧に保つことができる。

秘奥の霊符

飛昇符

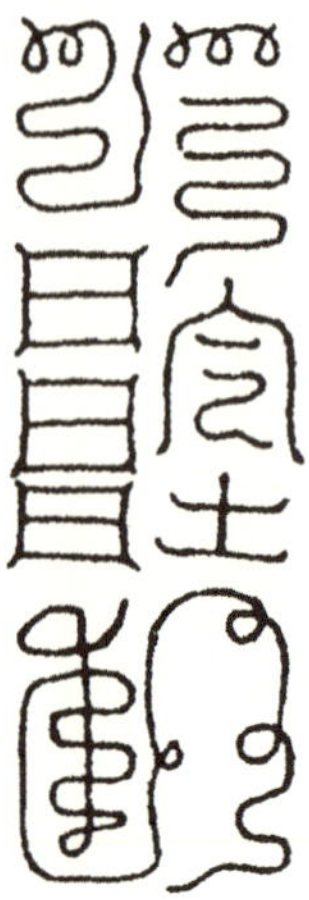

書写して所持すると、天上にまで昇っていけるという神通符。

成道符

常に所持して修行に励むと、神仙の道を得ることができる。

求仙道符

神仙の道を求める人が所持すれば、道を得ることができる。

神遊符

瞑想の際、身につけたり枕の下に置けば、幽体離脱ができる。

清心換骨符

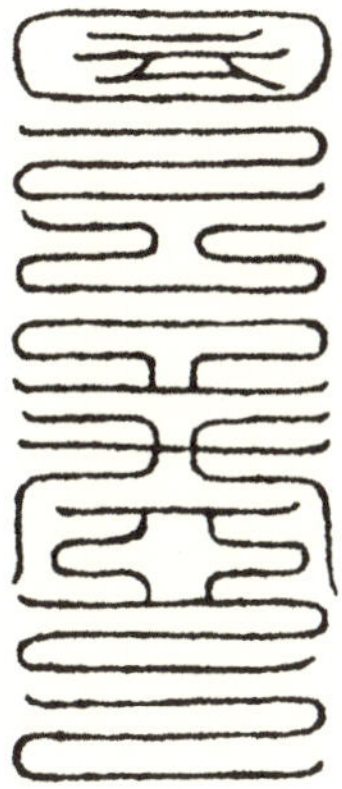

所持すると、心身が仙人修行にふさわしいものとなる。

除精魅鬼病符

この符を朱で七枚謹書して呑めば、原因不明の病を治せる。

招遊魂符

部屋の入り口に貼れば、さまよう魂を招くことができる。

還魂符

仮死状態に陥った人をこの符でなでると、魂を呼び戻せる。

召万神符

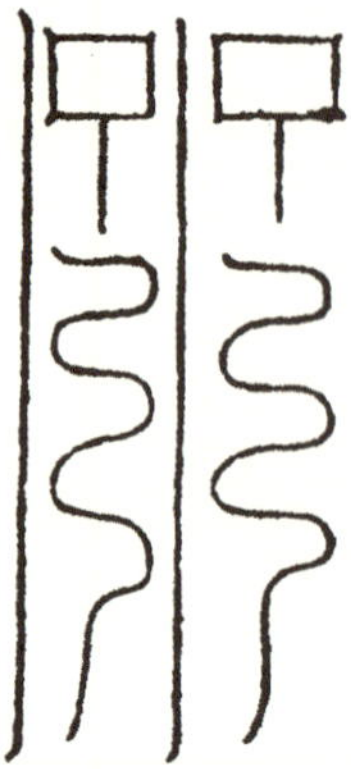

神々を呼び寄せたいと思ったとき、この霊符を燃やすとよい。

役万神符

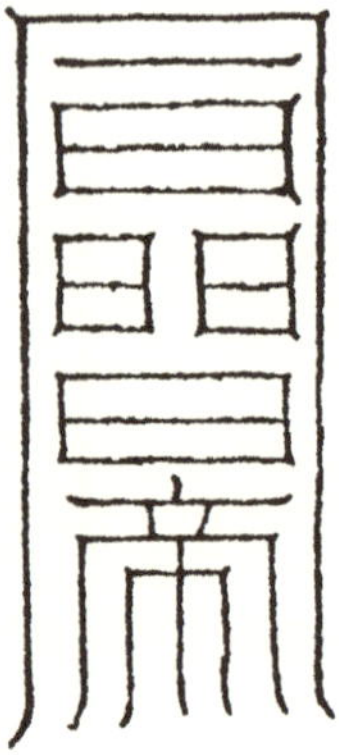

常に所持することで、神を呼び出し使役できるようになる。

保神長生符

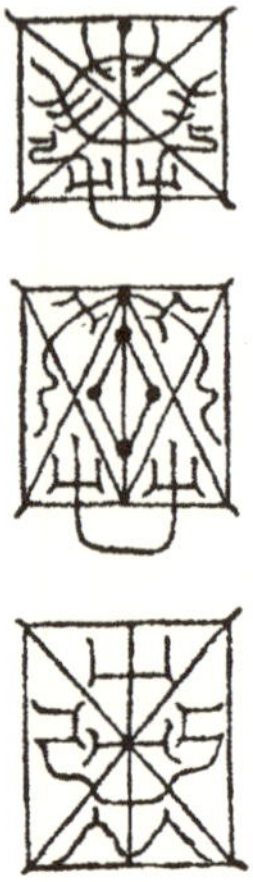

常に所持することで、長命を保つことができる。

視鬼神符

この符を毎日飲み続ければ、やがて鬼神が見えるようになる。

霊夢符

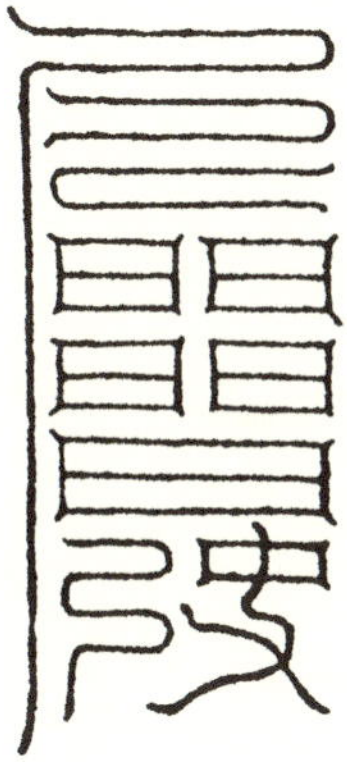

身につけることで、人知でははかり知れない玄妙な夢を見る。

延年神符

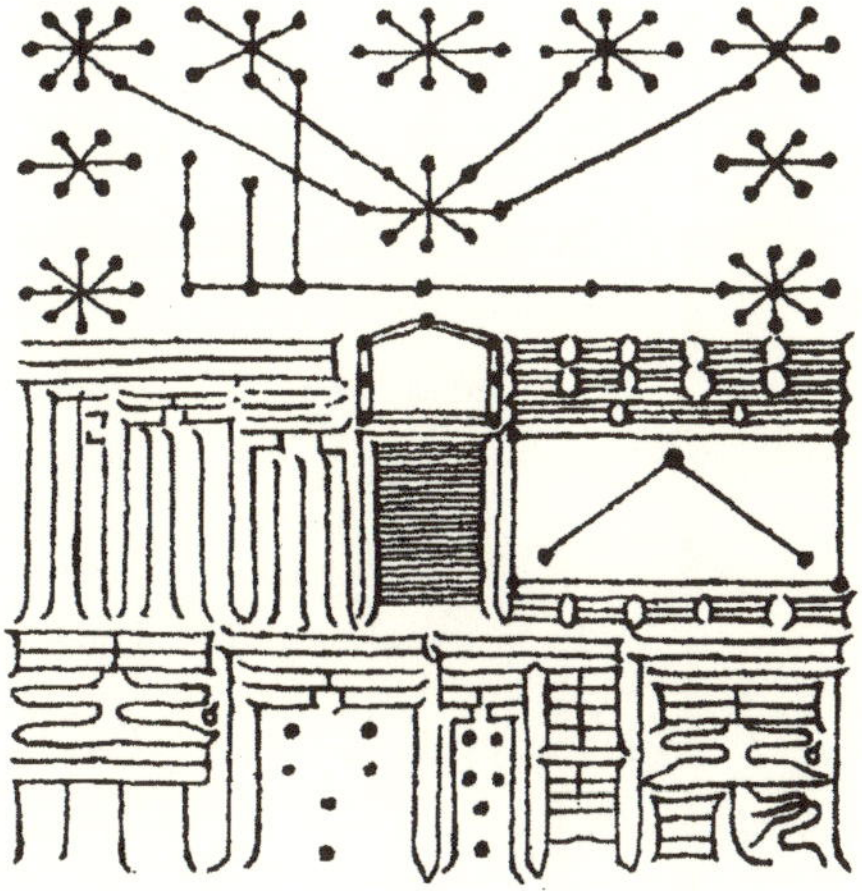

この符を用いれば、魑魅魍魎を退け、憂いなく、長寿を保つことができる。

増補付録

霊符集纂

今回の増補にあたっては、『正統道蔵』に収録されているあまたの霊符をまとめて収録することとした。公刊物に印刷されたものとはいえ、ここに収録された霊符には強力なパワーが内包されている。霊的感性に恵まれた方は、そのパワーを十全に感じ取り、自らの力に変えていくことができようかとも思う。

また、多くの霊符に接することによって、新たな幽真界との気線がつながり、奇霊なる霊験が増していくことを願う次第である。

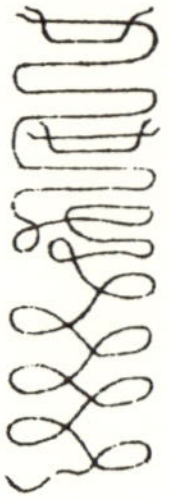
天地真陰真陽二炁符

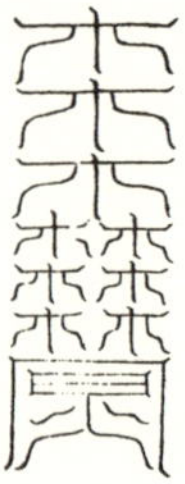
東華木公符

南極韓司丈人符

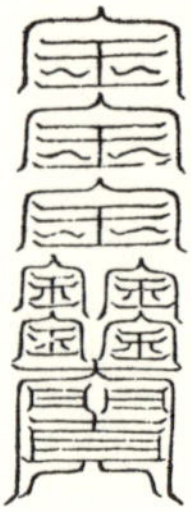
西霊金母符

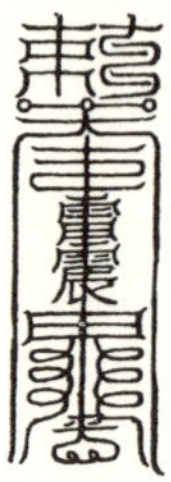
治万病符

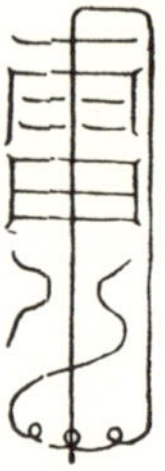
閉日陰符

起雷伐悪符

玉帝青圭符

風符

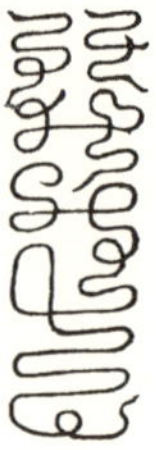
雲符

雷符

電符

焚淫祠符

信符

発奏大開天符

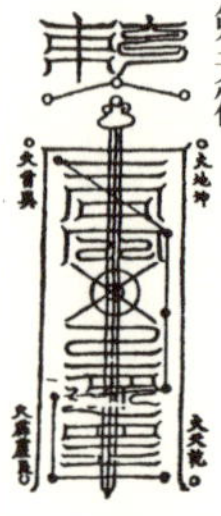
剣夫符

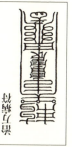

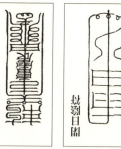

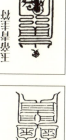

太上開雲申達真司符

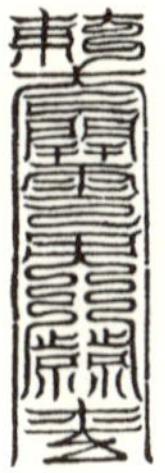

破罡風符

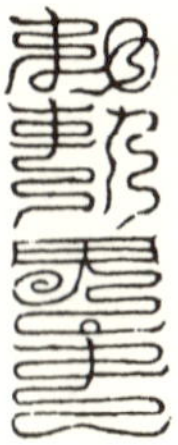

火車止雨符

開雲現斗符

止雨開雲符

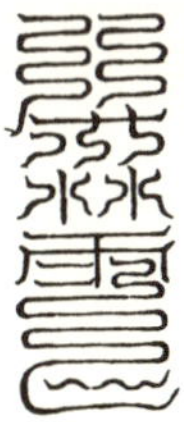

起雲蓋星符

停風止雨符

起風滅雨符

開心舌符

三皇九星真敕符

起雨真符

五雷合炁符

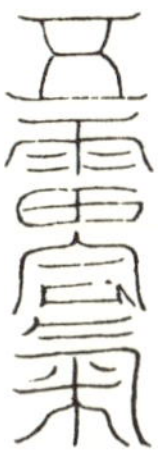

東方春雷符

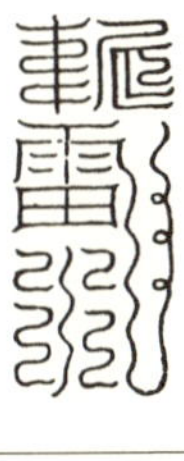

南方夏雷符

西方秋雷符

北方冬雷符

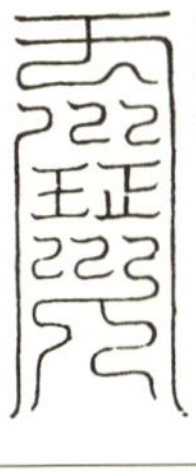

東方雷符

中央雷符

起電符

占象斗真陰陽二景符

南方雷符

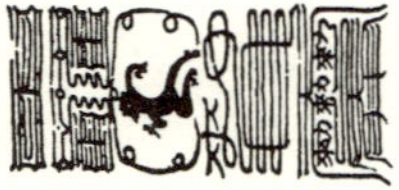

上清五星檄符

起雷符

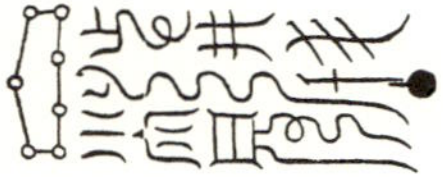

解穢符

西方雷符

起風符

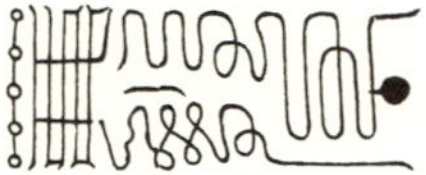

通目見鬼神符

貪狼符

北方雷符

起雲符

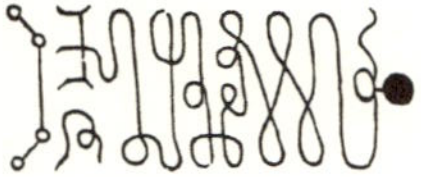

洗眼符

巨門符

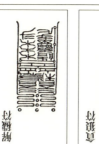

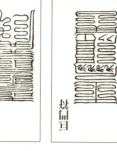

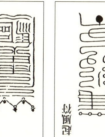

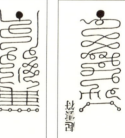

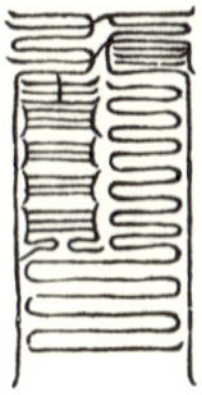
録存符

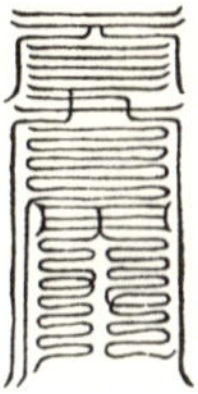
文曲符

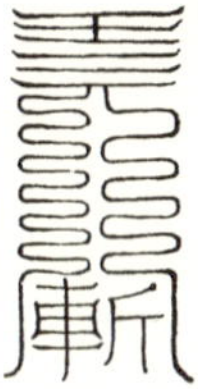
廉貞符

武曲符

破軍符

退瘟熱符

催生開鎖骨符

玄女催生符

催胎符

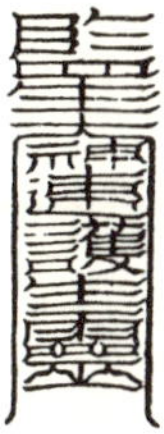
監生大神化生符

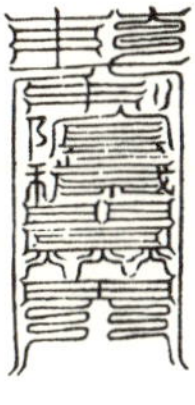
解女厭浄身符

元陽真炁符

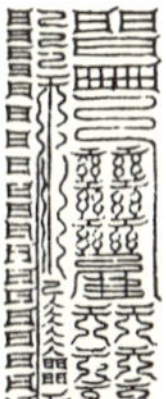
太上北極第一神符

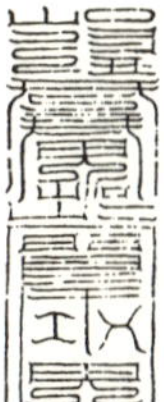
太上北極第二神符

浄穢符

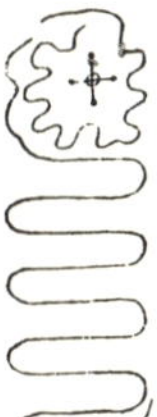
神光符

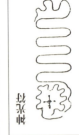

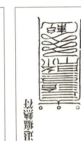

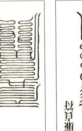

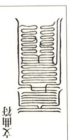

祈雨報応符

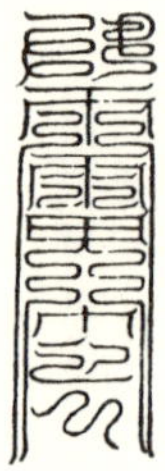

起雲霧符

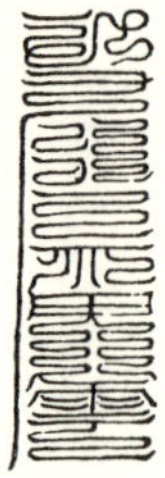

滅火符

雨符

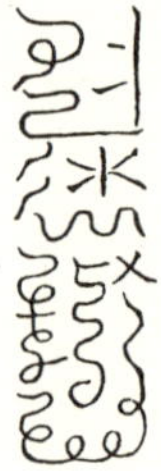

高上仙王降真符

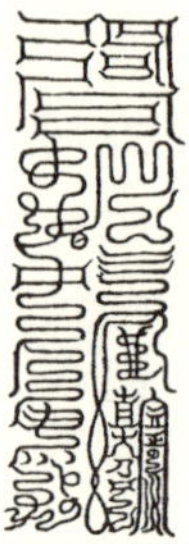

朝真玉符

元皇召霊符

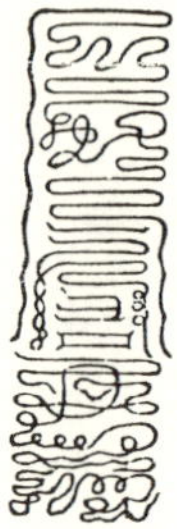

日魂符

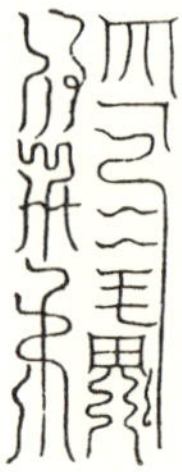

月魄符

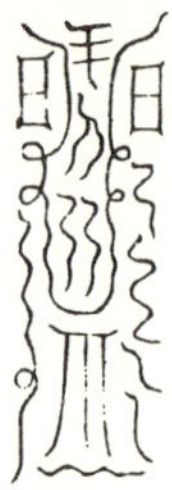

制魂符

九鳳破穢符

解穢浄身符

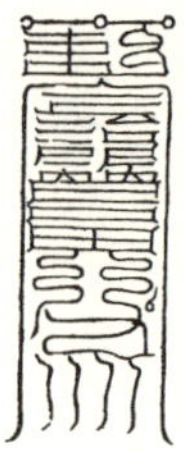

太真玉帝天獄真符

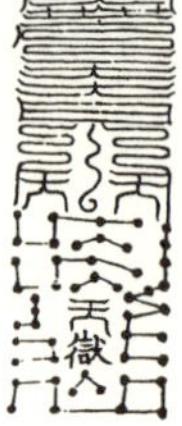

飛真流光太丹妙霊真符

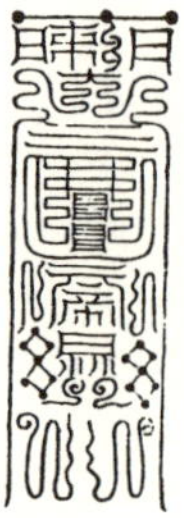

召天丁符

召六丁玉女符

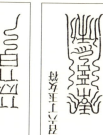

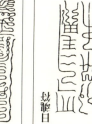

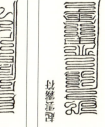

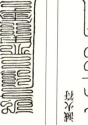

召真致神符

召泰山兵馬符

召里社符

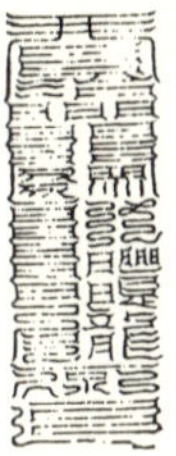
倒海符

九龍符

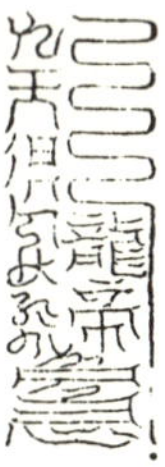
召龍符

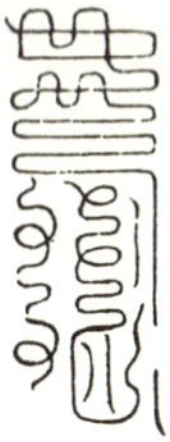
追魂摂魄降霊符

煉身符

断蟲蝗符

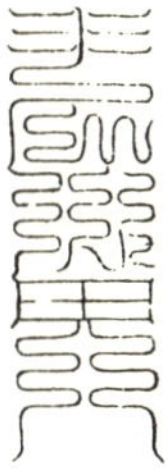
南昌典者符

治蠱毒下鬼炁符

辟火符

去疫毒符

治蠱毒符

禁壇大将軍符

碧落空歌符

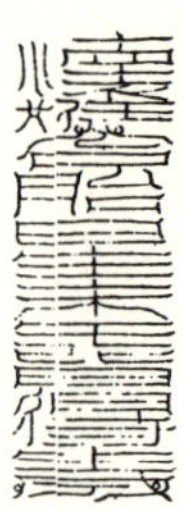
已生未生符

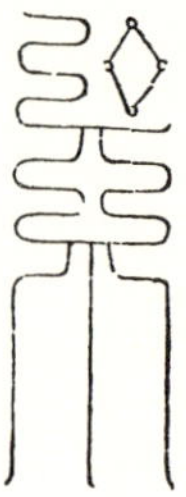
分娩符

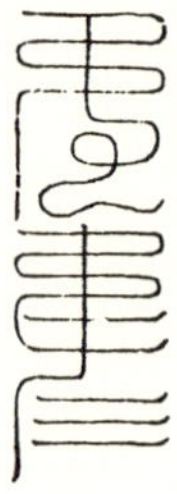
断胞根催生符

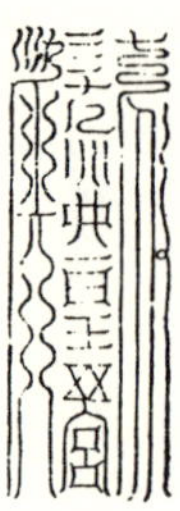
霊宝五霊真符

接手符

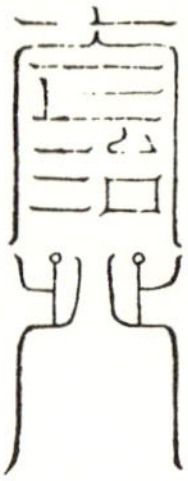
接足符

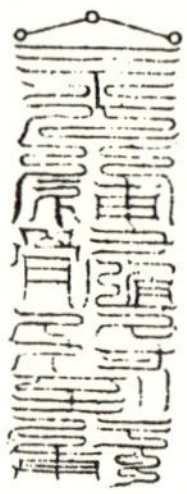
接骨符

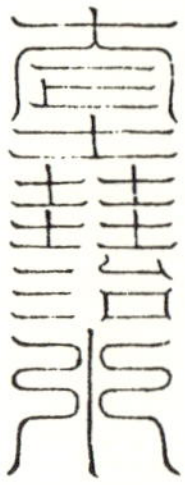
偃水符

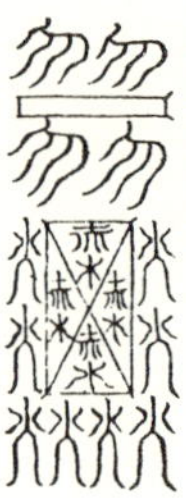
治腫毒虚浮符

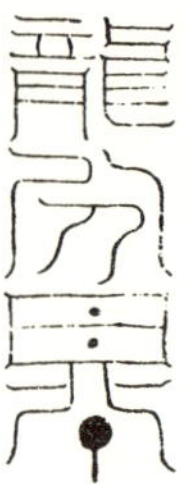
催生符

全血符

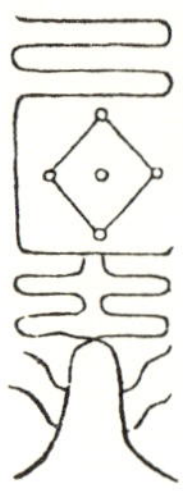
生成五臓符

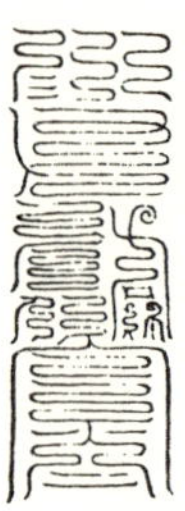
接続肱首符

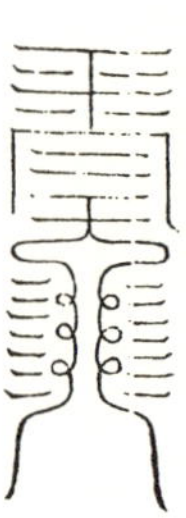
安舌続頸符

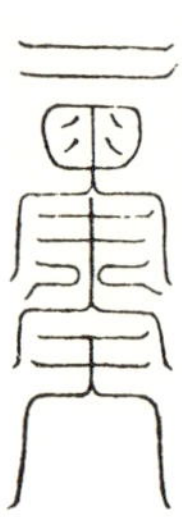
金刀断索符

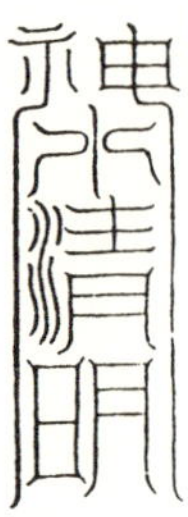
清神符

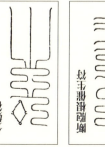

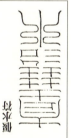

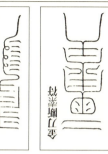

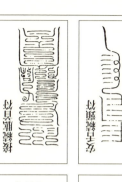

解穢符

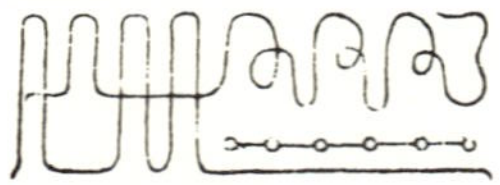

変生天浄衣符

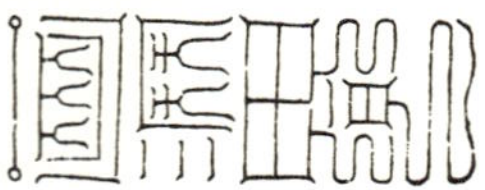

丹陽符

召人倫道符

蕩穢符

召六道四生符

安司命符

召地獄道符

変男衣符

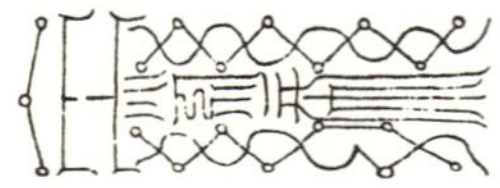

召狐魂符

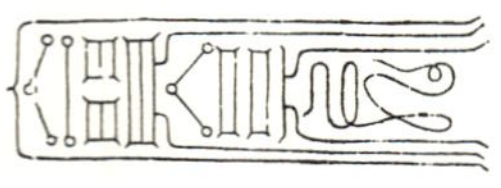

召天道符

召鬼道符

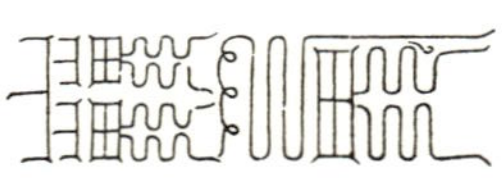

変女衣符

玉牖符

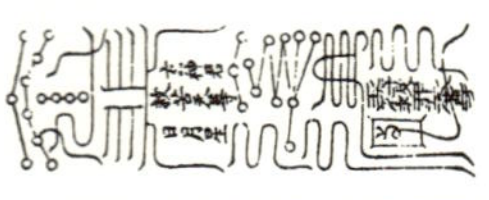

召神道符

召畜生道符

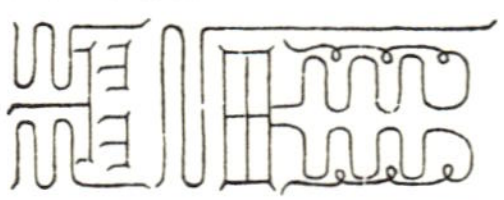

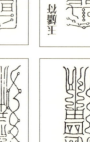

召亡魂符

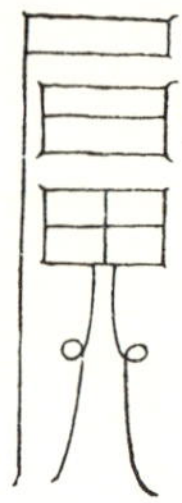
解殺傷符

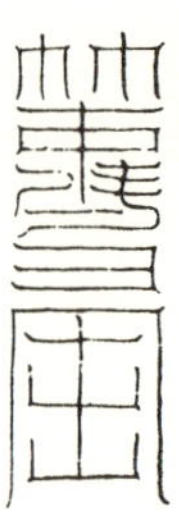
解死胎符

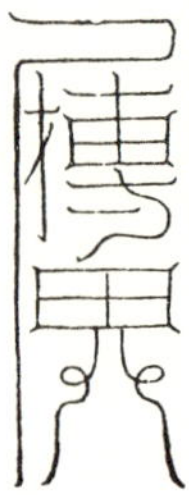
解邪妖狗執符

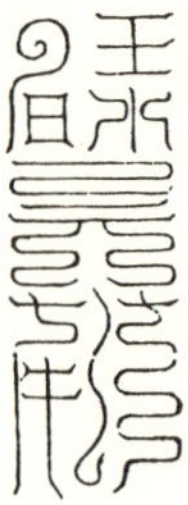
摂召符

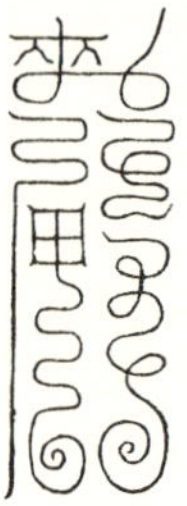
解自縊符

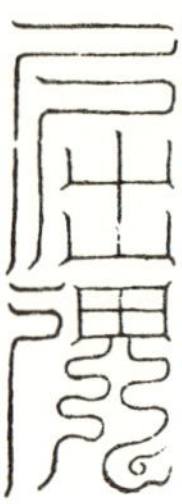
解伏連符

解冤債符

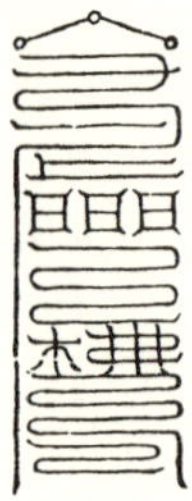
召魂符

解溺水符

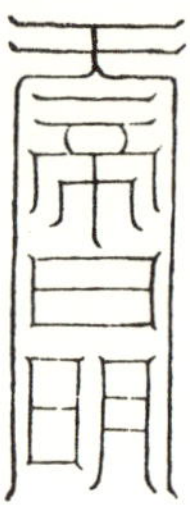
解塚訟符

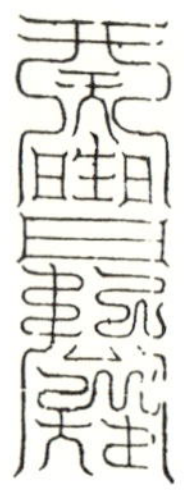
玉眸鍊質符

霊宝解冤积結升度真符

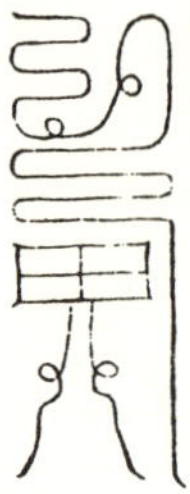
解中薬符

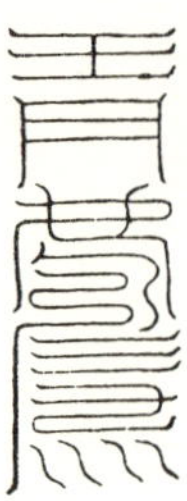
解獄死符

火鍊変仙符

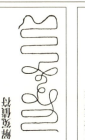

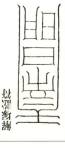

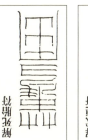

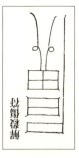

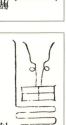

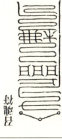

水鍊成真符

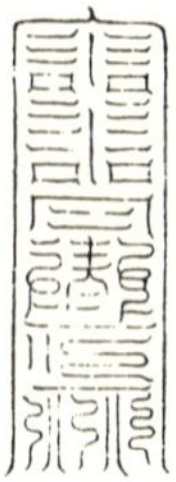

回霊養素符

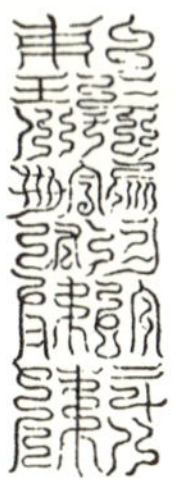

召太乙司生元君符

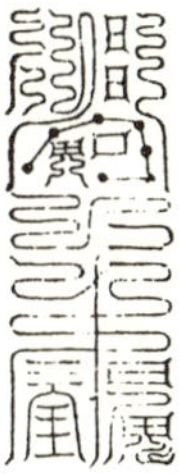

太乙合魂符

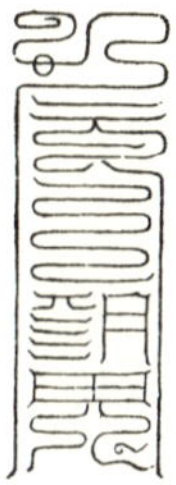

九鍊返生復故符

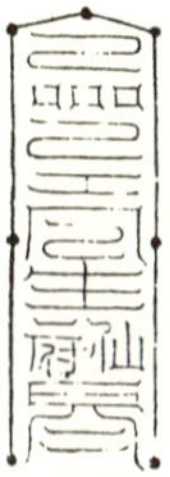

梵炁符

太乙追魂符

五帝玉諱合形符

五神混合符

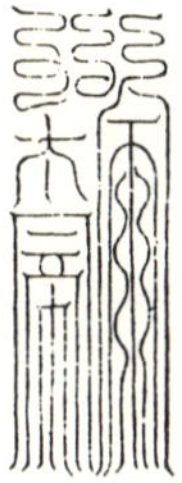

中理五炁混合百神符

太乙拘魂符

返生符

玉嬰神変符

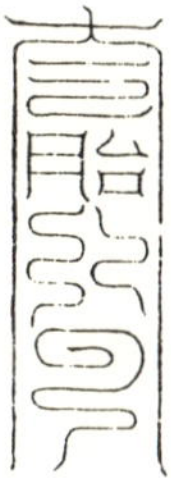

廻骸起死无量度人符

太乙度魂符

散結符

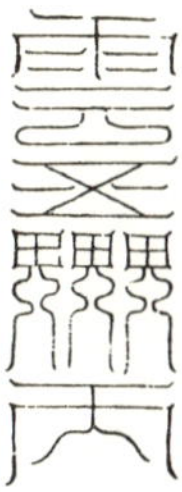

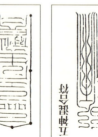

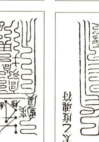

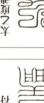

生脳符

生眼目符

生心符

生肝符

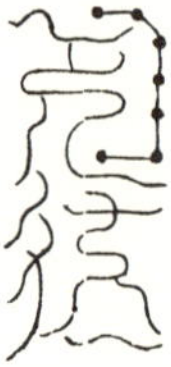
生脾符

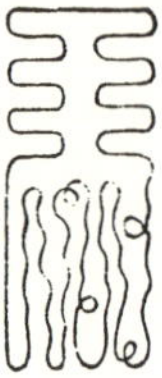
生肺符

生腎符

生陰符

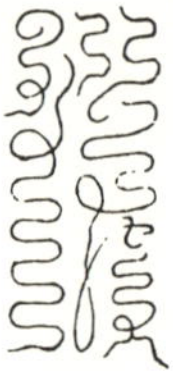
生胞符

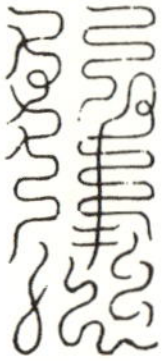
生胎符

解結符

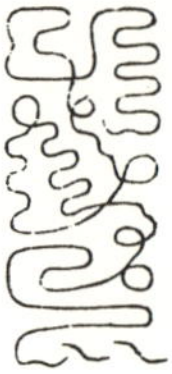
解節符

生血符

生精符

生炁符

生神符

生元命符

天蓬真形符

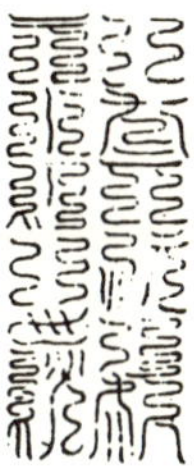
北方天合同符

保胎呑符

玉枢解厄難符

東方青牙童符

厭遊戸破射符

救産難符

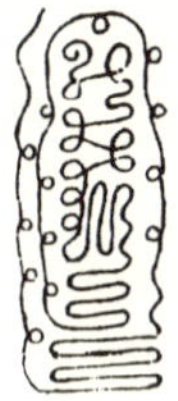
神符

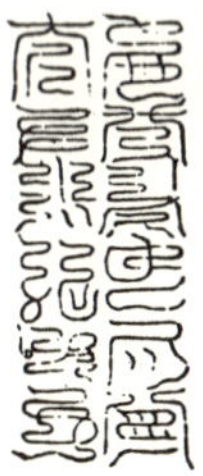
南方赤句王女符

除怪符

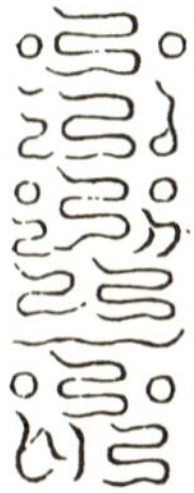
三天生真玉符

召五神王符

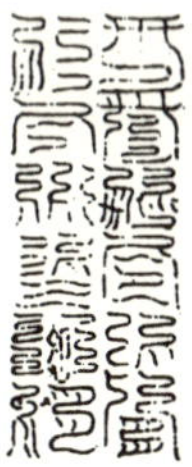
西方大将軍符

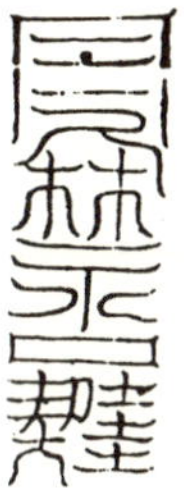
断呪詛口舌符

龍天飛元摂魂玉符

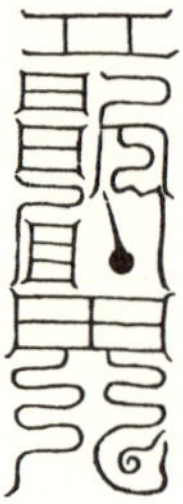
虚星符

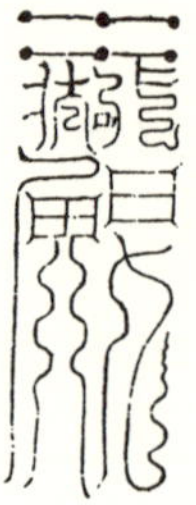
玉清召五龍玉符

滴昔喝伽神符

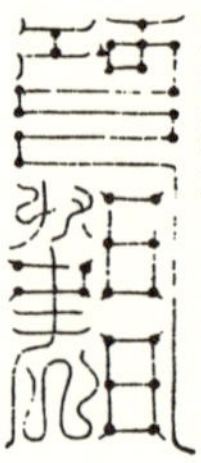
太乙元皇神符

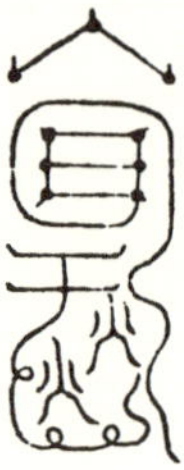
山雷火雲神符

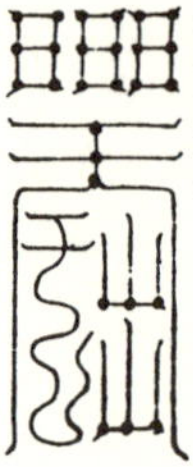
蒼牙鉄面神符

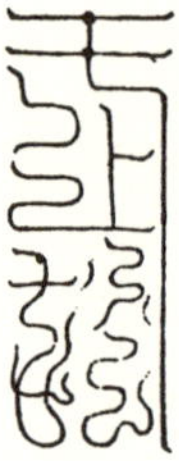
飛鷹走大神符

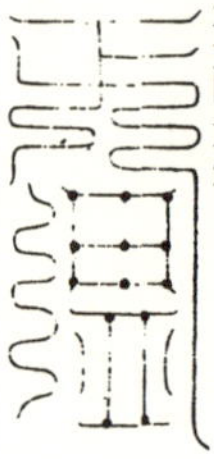
風火元明君符

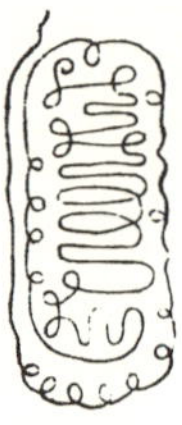
太乙真形符

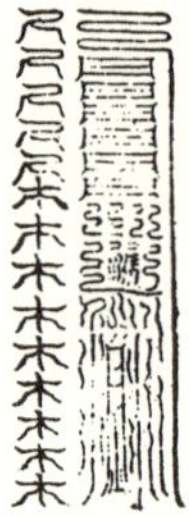
青帝護魂符

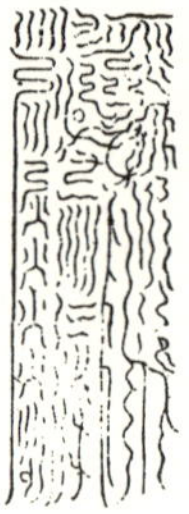
赤帝養炁符

三光導仙符

黒帝通血符

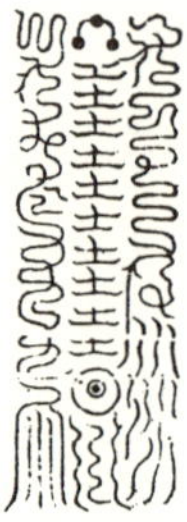
黄帝中主符

変洛室符

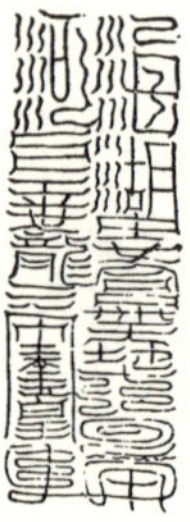
三天召炁和合致雨真符

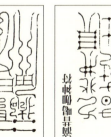

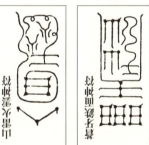

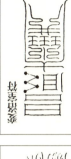

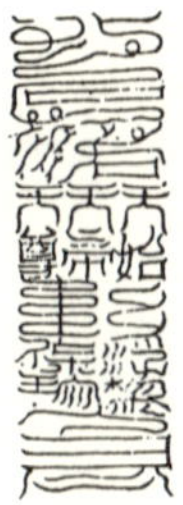
鎮海符

六丁斬水佐符

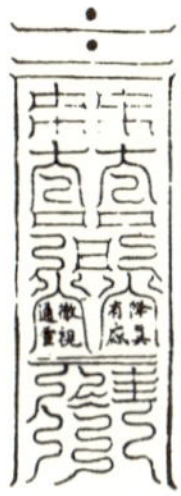
陰霊降真符

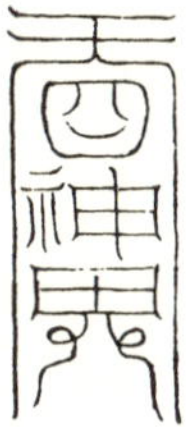
通天目符

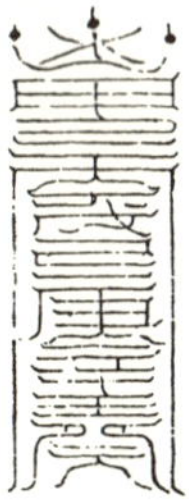
現形符

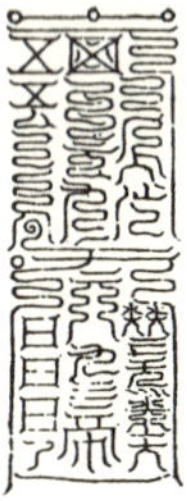
南方赤帝玉符

西方白帝玉符

北方黒帝玉符

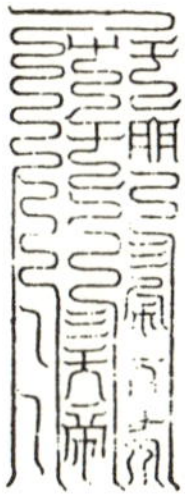
中央黄帝玉符

大九龍符

陽精玉胎錬仙符

玉真錬形符

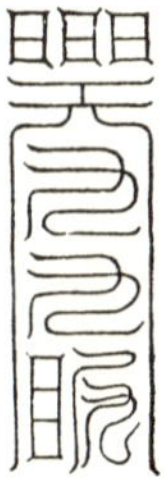
太液錬形符

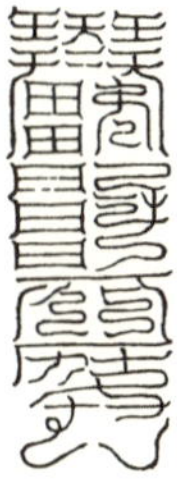
水錬変仙符

蕩翳符

化生腎符

あとがき

霊符とは宇宙に満ちた未知なる力を我が物とする神秘的なアイテムである。それはあらゆる災いを避け、富をもたらし、地位を与え、名誉を高め、能力を向上させ、運気を盛大となし、その他、人間が有するところのあらゆる願いをかなえ、霊視、霊感、幽魂離脱、邪霊を封じるなどの超能力さえも与えてくれるという。

霊符を用いることによって、なぜこのような不思議の妙験を得ることができるのであろうか。

第一の理由としては、道教の経典に「我が身は天地の霊奇にして万物の霊長なり。魂は即ち天一の霊化云々」とあるように、人は宇宙の縮図であり、全宇宙を司掌する偉大な存在の分霊を戴いてこの世に生を享けている。よって、宇宙の偉大な存在がその念を凝らしたとき万象が生成されたと同様に、付与されたる一霊をもって一心に思いを凝らすときには、そこに産霊の力が作用し思い通りのことを化生させることができるのだ。

第二の理由としては、玄にして聖なる存在によって現界にもたらされたとされる奇霊な密約ある霊符には、それ自体に神霊の息吹が感通しており、神霊の特別な加護があるために、それを用いる人はよりいっそう容易に宇宙の偉大な諸力を活用し、天地を動かすことができるのである。

第三の理由としては、霊符に限らず、一定形の形象には、不可思議な力がある。神が定められた形象のひとつひとつは宇宙の玄理玄則を表象するものであり、同時に大宇宙の神秘力を導く秘形である。それは不増不減、一

定不変な玄理そのものである。そうした根源的な元型を写し出した一定の聖なる形象は、現象界と、俗眼をもってしては窺い知れない本源的な世界とを結ぶ、媒介となるのである。かくして、そのような形象を描くことによって、そこに宇宙の玄々妙々なる力が共鳴感応するのである。

よって霊符を用いれば、神明に感通し、人に幸いし、疾病を癒し、災難を除き、雨を降らせ、風を呼び、諸災を祓い、人間が本来有する自由自在無碍なる霊力を発揮することもできるようになるのである。その霊応は影の形に従うがごとく、響きの声に応ずるがごとく、実に奇というべきものがあるのだ。

本書は、数ある道書の中から選りすぐった霊符を掲載し、かつまた類書には見られぬ霊符の由来、その有する意味、書写法の心構えなども記した。霊験の程度はその人の信念の程度に比例するものであり、霊符を理解し、節操ある信をもって受持し、その特性を知って用いる人は次第に万機の感応力を増大し、神秘的な妙験を体験するに至ることと思う。縁あって本書を手にした人々の善用活用を祈る次第だ。

ちなみに今回、八幡書店より増補版を刊行するにあたって、『正統道蔵』より二百二十四符の霊符を撰び巻末に収録し、一層の充実を図った。現在、出版されている類似書で、これ以上のものはないと確信する次第である。

平成三十年九月

大宮司朗

参考文献

◎『道家道教』金師圃　中国文化大学出版
◎『中国道教』卿希泰主編　知識出版社
◎『中国古代的道士生活』党圣元・李継凱　商務印書館国際有限公司
◎『中国護身符』叶明鑑　花城出版社
◎『正統道蔵』中文出版社
◎『雲笈七籤』張君房編　自由出版社
◎『抱朴子』台湾中華書局
◎『符咒大全』諸葛綾・張桜声　龍吟文化出版
◎『符咒全書』辰州余哲夫　東亜新記書局
◎『万法三鎮合編』雲石道人／石居道人編　集文書局
◎『茅山奇術』元光大師編　陳永泰書局
◎『辰州符咒大全』李崇仰編　進源書局
◎『秘伝万法帰宗』新南書局
◎『万法秘笈』泰明子編　創訳出版社
◎『万法大観』霊星道人編　霊星閣本部
◎『霊験神符』龍潭閣
◎『符咒全書』龍潭閣編　瑞成書局
◎『霊験神符大観』龍潭閣編　文林出版社
◎『真本太上老君符訣』龍潭閣編　文林出版社
◎『霊感通神駆鬼術』鳳儒山人　好兄弟出版社
◎『中国符咒秘訣』高銘徳編著　華林出版社
◎『符咒研究』程霊凡　集文書局
◎『中国符咒』黄意明　中華書局
◎『霊宝大法』虚明真人編撰　進源書局
◎『中国伝統科儀本彙編』王秋桂主編　葉明生編著　新文豊出版公司
◎『道教星斗符印与仏教密宗』蕭登福　新文豊出版公司

＊

◎――『天帝尊星霊符秘密集伝』藤崎孝教　八幡書店
◎――『鎮宅霊符神』金華山人編著　三密堂
◎――『抱朴子』石島快隆訳註　岩波文庫
◎――『吉岡義豊著作集』第二巻　五月書房
◎――『道教と中国文化』葛兆光　東方書店
◎――『道教事典』野口鐵郎他編　平河出版社
◎――『中国の道教』（全二巻）蜂屋邦夫　汲古書院
◎――『台湾の道教と民間信仰』劉枝萬　風響社
◎――『中国人の宗教儀礼』大淵忍爾編　福武書店
◎――『初期の道教』大淵忍爾　創文社
◎――『道教とその経典』大淵忍爾　創文社
◎――『六朝道教の研究』吉川忠夫　春秋社
◎――『六朝道教儀禮の研究』山田利明　東方書店
◎――『道教の歴史と文化』山田利明・田中文雄編　雄山閣
◎――『道教と中国社会』野口鐵郎・福井文雅・山田利明編　雄山閣
◎――『道教の教団と儀礼』野口鐵郎他編　雄山閣
◎――『道教』アンリ・マスペロ　平凡社
◎――『唐初道教思想史研究』山田俊　平楽寺書店
◎――『道教祈祷尊祈祷術』張儀　香草社
◎――『太上洞淵神呪經語彙索引』山田利明・遊佐昇編　松雲堂書店
◎――『道教の基礎的研究』福井康順　法藏館
◎――『道教史』窪徳忠　山川出版社
◎――『道教百話』窪徳忠　講談社学術文庫
◎――『道教故事物語』楊麗編　青土社
◎――『「気」と道教・方術の世界』坂出祥伸　角川書店
◎――『道教の本』学習研究社（ブックス・エソテリカ）
◎――『古神道玄秘修法奥伝』大宮司朗　八幡書店
◎――『五岳真形図集成』大宮司朗編　八幡書店
◎――「中国における呪符の一考察」増田福太郎（『福岡大学研究所報』第十八号）
◎――「符疏に関する調査」可児弘明（『史学』第四十五巻第三号）
◎――「道教に於ける符の諸問題」夏目一拳（『日本文化』第三十五号）

【著者紹介】

大宮司朗

霊的環境下に生を享け、幼少の頃より霊学、古神道を研鑽し古社、霊地、霊山を歴訪し、霊格向上、神明との霊的感通に努める。太古真法（斎宮神法）、幽真界から齎された各種神法道術に通暁し、現代日本における玄学の第一人者。後進にその道筋を付けるべく著述に励む傍ら霊縁ある人々の指導に当たる。同時に惟神の武道としての大東流を長年にわたり研究、かつまた修練し、その成果として会得したところの秘伝技、また玄妙なる合氣の奥儀を直接伝授している。

現在は古神道を伝授することを主たる目的とした玄学修道会、大東流合氣柔術を教伝することを目的とした大東流玄修会、両会の主宰者として活動。主な著書に、『太古真法玄義』『玄秘修法奥伝』『神法道術秘伝』『玄想法秘儀』『言霊玄修秘伝』『真伝合気口訣奥秘』等がある。

増補 霊符（れいふ）の呪法（じゅほう）

2018年10月26日　初版発行

著　者　大宮司朗 ©

発　行　八幡書店

東京都品川区平塚 2-1-16 KKビル５F

TEL：03-3785-0881　FAX：03-3785-0882

印　刷　平文社

製　本　難波製本

装　幀　齋藤視倭子

ISBN978-4-89350-790-7 C0014 ¥2800E

※本書は2002年7月5日に学習研究社より刊行された『道教秘伝 霊符の呪法』を増補改訂し再刊するものです。